北京会展业发展报告
2011

中国国际贸易促进委员会北京市分会
北京市统计局
国家统计局北京调查总队
北京国际会议展览业协会

对外经济贸易大学出版社
中国·北京

图书在版编目（CIP）数据

北京会展业发展报告 2011 / 中国国际贸易促进委员会北京市分会等编著. —北京：对外经济贸易大学出版社，2011.8

ISBN 978-7-5663-0136-9

Ⅰ.①北… Ⅱ.①中… Ⅲ.①展览会-产业-区域经济发展-研究报告-北京市-2011 Ⅳ.①G245

中国版本图书馆 CIP 数据核字（2011）第 177186 号

北京会展业发展报告 2011

中国国际贸易促进委员会北京市分会 等编著

责任编辑：倪 燕 汪 洋

对外经济贸易大学出版社

北京市朝阳区惠新东街 10 号 邮政编码：100029

邮购电话：010-64492338 发行部电话：010-64492342

网址：http://www.uibep.com E-mail：uibep@126.com

唐山市润丰印务有限公司印装 新华书店北京发行所发行

成品尺寸：180mm×250mm 13.75 印张 246 千字

2011 年 9 月北京第 1 版 2011 年 9 月第 1 次印刷

ISBN 978-7-5663-0136-9

定价：45.00 元

编　委　会

编者的话

“十一五”时期，北京会展业的国际化、专业化、规模化、市场化程度明显提高，会展设施和市场环境明显改善，会展业对其他产业的引领和互动作用明显提升，会展业经济效益增长显著，会展业日益受到社会各界的关注。

今年是“十二五”的开局之年，认真总结“十一五”时期北京会展业发展中的成败得失，对引导全市会展行业健康发展，完成“十二五”规划的目标任务，意义十分重大。为此，中国国际贸易促进委员会北京市分会、北京市统计局、国家统计局北京调查总队和北京国际会议展览业协会在2010年编辑出版《北京会展业发展报告2009》的基础上，又联合组织编写了《北京会展业发展报告2011》，旨在为有关部门和业界制定相关产业政策和发展战略提供参考和决策依据。

本报告承袭了2009年版的综述篇、行业会展篇和经典案例篇三个部分，新开辟了他山之石篇。第一部分综述篇主要是对“十一五”时期和2010年北京会展业的总结分析，以及“十二五”时期北京会展业发展思路的研究成果。第二部分行业会展篇重点介绍在京举办的汽车、冶金铸造、石油设备等战略性新兴产业的行业展览情况。第三部分经典案例篇集中收录了由北京市政府参与主办的北京科博会、文博会和澳门交易会——北京展等经典案例。第四部分他山之石篇着重介绍国际国内部分国家和城市会展业发展的经验，及其对北京会展业发展的启示。报告附列了2010年在京举办的主要展会的目录和北京市“十二五”时期会展业发展规划。

我们希望《北京会展业发展报告2011》的出版发行，能在北京会展业实现“十二五”规划目标、推动首都国际会展之都的建设中发挥有益的作用。

编　者

二零一一年六月

目　　录

第一部分

综述篇

2010年北京会展业发展报告

内容提要：“十一五”期间，北京会展业发展迅速，业务稳步拓展，接待会议数量逐年增加，会展业务收入大幅提高，会展设施使用率提升，产业集群优势突出，大企业龙头作用明显，奖励旅游成为新的经济增长点。

会展业是城市经济的风向标，影响面广，关联度高，可以有效汇集人流、物流、资金流和信息流，带动交通、旅游、餐饮、通信、广告等相关产业发展，对提高城市知名度，提升城市形象发挥着重要的作用。“十一五”期间，北京会展业发展迅速，业务稳步拓展，收入大幅提高，奖励旅游成为新的经济增长点。

一、会展业发展迅速　奖励旅游成新贵

随着北京经济的快速发展和会展场所的逐步完善，北京接待会议数量逐年增加，专业展览稳步发展，奖励旅游成为新的增长点。

（一）会展业务收入大幅提高

2010年，北京会展业发展迅速，收入增长势头强劲，全市规模以上[①]会展单位的会展收入达172.5亿元，比上年增长31.8%（增速为可比口径，下同），创历史新高，其中会议收入、展览收入和奖励旅游收入分别增长

① 包括年营业收入（收入合计）100万元以上的会议及展览服务业法人单位；年营业收入500万元及以上的旅行社；公安局备案的展会举办单位；各展览场馆；星级饭店、星级饭店以外限额以上住宿业法人单位。

34.1%、27.7%和46.3%。

随着经济、社会的不断发展，北京的国际影响力逐步提升，由此吸引了越来越多的会展项目，不仅大大促进了北京会展业的发展，同时也有力地带动了相关产业的发展。北京的直接会展收入由2005年的61.1亿元大幅提高到2010年的172.5亿元，年平均增长率达到23.1%。

（二）会展设施使用率提升

会议场地方面，北京拥有的会议室数量比在第29届奥运会前有了较大幅度增长，奥运会后，会议室数量总体趋于稳定。2010年年末，北京市规模以上会展接待场所拥有会议室5 679个，比2005年增加1 989个，增长53.9%；会议接待能力大幅提高，至2010年年末，北京的全部会议室可同时接待47.8万人。

展览场馆方面，中国国际展览中心新馆（简称新国展）在奥运前投入使用，扩大了北京展览场馆的规模，2009年年末，国家会议中心和九华展览中心正式启用，进一步缓解了北京大型展览场馆设施不足的问题。至2010年年末，全市专业展览场馆的总展览面积达67.6万平方米，比2005年增加40.9万平方米，增长1.5倍；其中展厅使用面积40.7万平方米，增加了20.3万平方米，增长1倍，室外可使用面积达到26.9万平方米，增加了20.6万平方米，增长3.2倍。北京的会展设施进一步完善（见图1.1）。

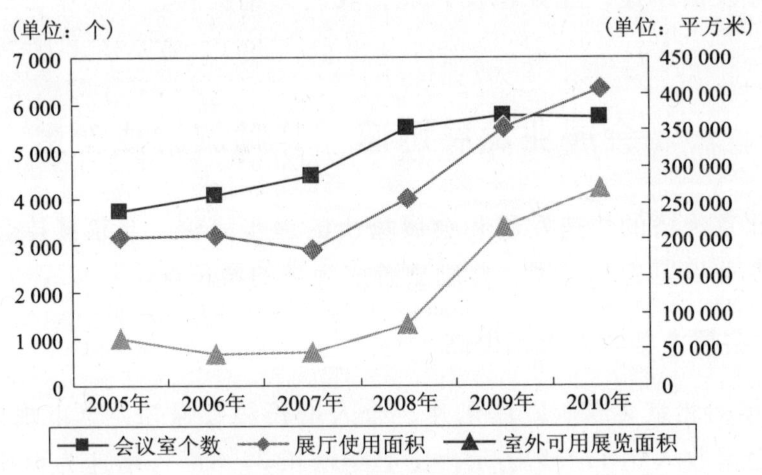

图1.1 北京会展设施情况

注：展厅使用面积和室外可使用展览面积系指专业展览场馆的有关面积。

随着会展设施的进一步完善和会展业务的拓展，北京会展设施的使用效率提高。2010年，北京会议室白天使用率为23.9%，比上年提高了3.5个百分点。夜间使用率为2.6%，比上年提高了0.7个百分点。专业展览场馆使用率为32%，比上年提高了15个百分点。

（三）接待会议数量逐年增加

会展场所的不断完善促进了北京接待会议数量逐年增加，大型会议数量大幅增加。

2010年，各宾馆饭店和展览场馆共接待会议25.7万个，比上年增长16.2%，比2005年增长48%，保持了“十一五”以来逐年增长的势头。随着接待会议数量的增加，接待会议人数也大幅增加，2010年达1 731.3万人次，全市全年平均每个会议室接待45个会议。北京拥有的区位优势和国际化大都市优势，使得国内外许多重要会议都选择北京作为举办地。即使在受经济危机影响，全球经济普遍下滑的时期，北京接待会议数量仍然保持了较大幅度增长。

根据国际大会与会议协会（简称ICCA）发布的数据：2009年接待国际会议数量（ICCA统计的会议是指国际协会组织的在三个以上国家定期轮办的具有一定规模的会议，统计口径范围较小）的全球城市排名中，北京已经上升到第10位。2010年，北京接待国际会议数量略有增加，但排名相对略有下降，至全球第12位（见表1.1①），仍居中国大陆第1位。无论在国内还是国际，北京已经成为名副其实的“会都”。

表1.1 ICCA 2010年举办国际会议数量的排名

排 名	城 市	会议数量
1	维也纳	154
2	巴塞罗那	148
3	巴黎	147
4	柏林	138
5	新加坡	136
6	马德里	114
7	伊斯坦布尔	109
8	里斯本	106
9	阿姆斯特丹	104

① http：//www. iccaworld. com.

续表

排 名	城 市	会议数量
10	悉尼	102
11	台北	99
12	北京	98
13	布宜诺斯艾利斯	98
14	伦敦	97
15	哥本哈根	92
16	首尔	91
17	斯德哥尔摩	89
18	布达佩斯	87
19	布拉格	85
20	香港	82

（四）奖励旅游成为新的增长点

近年来，北京丰富的旅游资源吸引着境内外游客，奥运会的成功举办、中国国际地位的上升和国际影响力的增强使越来越多的游客选择北京作为旅游目的地，相应地，北京也成为更具吸引力的奖励旅游目的地。2010 年，北京接待奖励旅游人次达 21.1 万，同比增长 91.4%，其中境内团增长 79.3%，境外团增长 178.9%。奖励旅游收入达 6.4 亿元，同比增长 46.3%，远远超过会议收入和展览收入的增幅，成为新的经济增长点。

（五）产业集群优势突出

北京会展业呈现鲜明的产业集聚特点。2010 年，北京市的专业展览场馆有三分之二位于朝阳区，朝阳区的场馆接待展览数量占全市专业展览场馆接待数量的 77.3%。朝阳区、海淀区、东城区、西城区是北京市会议活动较为集中的区域，2010 年，该四城区宾馆饭店数量占比为 60.7%，接待会议数量占比为 58.8%；在展览场馆和宾馆饭店的带动下，周边会展服务企业发展较快，四城区会展服务单位数量占比为 83.6%，实现会展收入占比为 91.9%（见表 1.2）。

表 1.2　　2010 年四城区宾馆饭店及服务单位情况

类 别	宾馆饭店		服务单位	
	单位数量（个）	会议数量（万个）	单位数量（个）	会展收入（亿元）
朝阳区	147	4.7	241	45.6
海淀区	158	5.1	79	12.5
东城区	109	2.2	58	16.7
西城区	120	2.9	80	11.8
合 计	534	14.9	458	86.5
占全市比重	60.7%	58.8%	83.6%	91.9%

目前，以朝阳区、海淀区、东城区、西城区四个城区为核心的中部偏北地区已成为北京市会展活动较为集中的区域，产业集群的形成，有利于资源共享，带动了相关产业的发展，产生了联动效应。

（六）大企业龙头作用明显

在会展业快速成长过程中，龙头企业起到了很好的示范带领作用。2009 年，北京会展收入超过亿元的单位有 16 家，2010 年增加到 25 家。其中既有展览场馆和宾馆饭店，又有作为会展服务单位的专业展览服务单位和旅行社，还有作为主办单位的行业协会，涉及会展单位的各个类别。其会展收入占全市会展业的 33.1%，比上年提高 4.1 个百分点。会展收入排名在前 20% 的单位，其会展收入占全市会展收入的 82.6%，龙头企业的作用进一步增强。

二、大型展馆不足　展览业务有待进一步加强

“十一五”以来，北京会展业总体发展迅速，态势良好，但产业内部发展不平衡，其中会议业和奖励旅游业的发展势头强劲，展览业的发展相对滞后。

（一）展览业竞争压力加大

纵向来看，2010 年，北京规模以上单位共接待展览 1 196 个，同比增长 9%；但总数量仍少于部分历史年度。其中各宾馆饭店接待的小型展览业务在全球经济危机后虽有所恢复，但仍未恢复到历史较好水平。同时，随着会议

业和奖励旅游业的快速发展，2010 年其会展收入的占比上升，而展览业会展收入的占比相对下降（见表 1.3）。

表 1.3 会展收入构成

类 别	2010 年		2009 年	
	绝对值（亿元）	比重（%）	绝对值（亿元）	比重（%）
会展收入	172.5	100.0	130.9	100.0
其中：会议收入	95.7	55.5	71.4	54.6
展览收入	70.4	40.8	55.1	42.1
奖励旅游收入	6.4	3.7	4.3	3.3

横向来看，国内许多省市通过进一步强化服务，出台优惠政策等来吸引会展业务，相比之下，北京市会展产业相关部门沟通协调机制不够完善，办展成本较高，会展服务水平仍有待提高，恶性竞争、重复办展问题仍旧较多。办展环境不够理想等诸多因素导致北京原有的部分展览外流。

2008 年，北京专业展览场馆接待的展览数量为 282 个（奥运期间，举办展览活动受到一定的限制），展览面积 558.9 万平方米，而上海展览场馆接待的展览项目共 544 个，展览面积 707 万平方米①。2009 年，北京接待的展览数量为 314 个，展览面积 586.2 万平方米，上海接待的展览项目共 557 个②。2010 年，北京接待的展览数量为 362 个，展览面积 839.6 万平方米；而上海虽有世博会管制因素影响，展览面积仍达 804 万平方米③。另外，广州、深圳、成都、济南、沈阳等许多城市近年来也加大了展览业的发展力度，使得北京的展览业面临越来越大的竞争压力，竞争态势不容乐观。

（二）大型展馆不足

虽然北京目前拥有的展览设施尚有一定的剩余使用空间，但个别优质大型展馆使用率已经较高，长远来看，北京尚需一定的大型专业展览场馆。目前，北京最大的展馆的展厅面积只有 10.7 万平方米，室外可用展览面积 3 万平方米；而上海新国际博览中心展厅面积为 12.7 万平方米，室外可用展览面

---

① 龚维刚，张一隽．上海会展经济发展报告［M］//中国会展经济发展报告．北京：社会科学文献出版社，2009．

② 过聚荣，刘旭霞．展会概述［M］//中国会展经济发展报告．北京：社会科学文献出版社，2010．

③ 《中国贸易报》，5 月 26 日。

积10万平方米；广州进出口商品交易会琶洲展馆展厅面积为13万平方米，室外可用展览面积2.2万平方米；深圳会议展览中心展厅面积为10.5万平方米。在国外，德国柏林展览中心展厅面积为16万平方米；法国巴黎维勒班特国际展览中心展厅面积为19.1万平方米[①]。虽然我们不能一味求大，但从需求来看，北京最大的展览场馆尚不能完全满足一些大型展览（如机械、汽车展览）的需求，致使一些大型的甚至标志性的展览流向了拥有大型场馆的其他城市。

北京近年会展业总体发展较快，但展览业务发展相对滞后，要实现会展业的良性发展，应全面改善会展发展的软、硬环境：进一步完善沟通协调机制，解决恶性竞争、重复办展等问题；加强配套设施建设，大力改善展览场馆周边交通拥堵状况；降低相关收费，研究出台优惠政策；加强人才培养，提高会展服务水平。适时规划和建设具有一定规模的展览场馆，解决展览业发展即将面临的瓶颈问题，为展览业的长远发展创造条件，为会展业的长期、健康、可持续发展打下坚实的基础。

北京市统计局 张勇顺

① 王方华，过聚荣. 中国会展经济发展报告2010［M］. 北京：社会科学文献出版社，2010：20，38，118，142.

“十一五”时期的北京会展业

会展业集商品展示和交易、经济技术合作、科学文化交流于一体，是兼具信息、通信、交通运输、城市建设、旅游、商业贸易、金融保险、招商引资等在内的综合性的关联度非常高的服务贸易活动，是现代服务业的重要组成部分。“十一五”时期，北京市把会展业的发展目标定位为第三产业的支柱产业之一，同时列为文化创意产业九大行业之一，采取一系列积极措施，使北京会展业得到快速发展。会展业的发展，对完善首都城市功能、促进产业结构优化、提升首都国际形象发挥了重要作用。2011 年是“十二五”的开局之年，清楚认识“十一五”时期北京会展业发展情况，分析其得失因由，对引导全市会展行业健康发展，完成“十二五”规划的目标任务，意义十分重大。

一、北京会展业发展现状

北京会展业在经历了改革开放以来的起步、培育和初期发展阶段之后，“十一五”期间产业规模不断扩大，服务水平明显提高，进入了一个快速发展时期。

（一）规划经济指标完成情况

北京市“十一五”时期会展业发展规划对会展业的年均增长预期为 20%～30%，到“十一五”期末预期经济目标为 151 亿～226 亿元。从 2005 年 61.1 亿元的水平起步，2010 年全市会展业直接收入达到 172.48 亿元，5 年内增长 182.3%（见图 1.2），年均增长 23.1%，基本实现了规划的预期经济目标。国际会展收入占会展业总收入的比例，在举办第 29 届奥运会的 2008 年达到 27.5%，2011 年为 25.8%，比 2005 年分别增加了 7.4 和 5.7 个百分点（见图 1.3）。

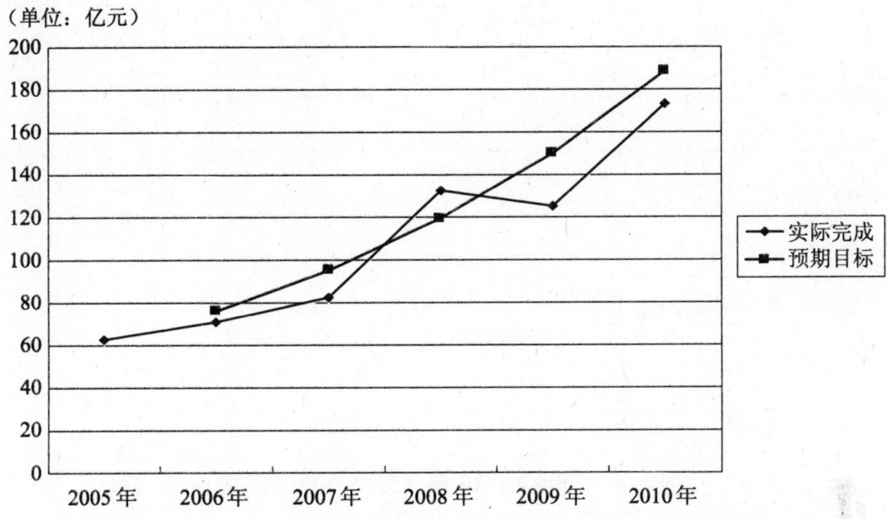

图 1.2 “十一五”期间北京会展业规划经济指标完成情况

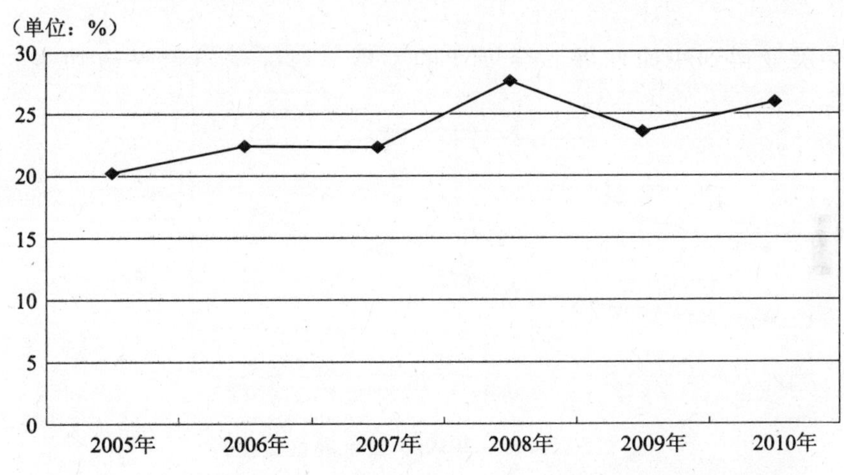

图 1.3 “十一五”期间国际会展收入占当年会展收入百分比情况

（二）展览业国际化、规模化、专业化、品牌化程度提高

2010 年，北京举办展览总数 1 196 个，比 2005 年减少 49.5%；展览业总收入 70.38 亿元，比 2005 年增长 237.5%；其中，举办国际展览项目 291 个，比 2005 年增加 157.5%，国际展览项目收入 34.38 亿元，比 2005 年增长 280.7%（见图 1.4，图 1.5）。

数据显示，“十一五”期间，北京办展数量呈现总体下降的趋势，而展览业收入则在逐年增长，2010 年在京举办的每个展览平均收入达到 588 万元，

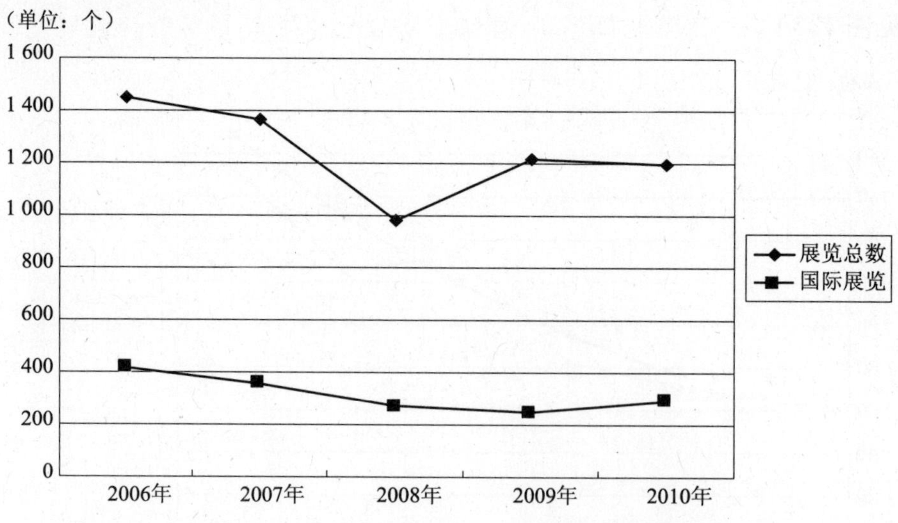

图 1.4　2006～2010 年北京举办展览数量

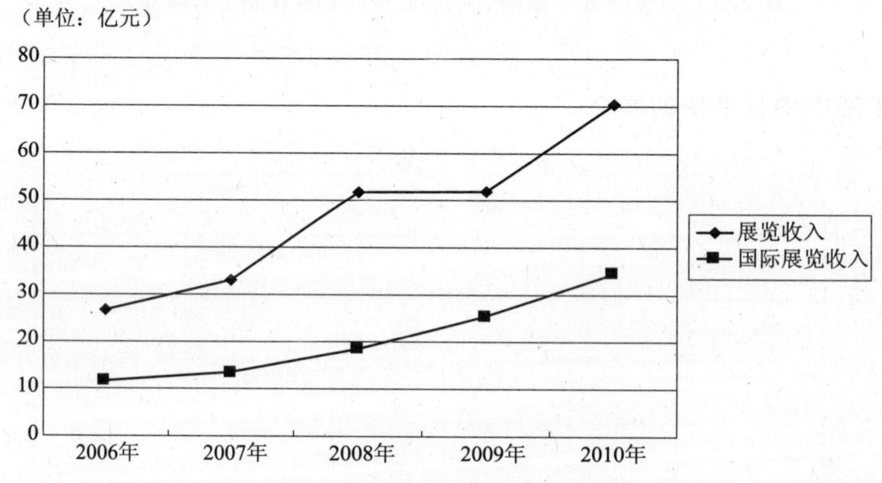

图 1.5　2006～2010 年北京展览业收入

比 2005 年增加了近 2 倍。与全市办展数量减少的情况不同，“十一五”期末，北京的国际展览数量比 2005 年增加了 1.5 倍，且国际展览收入的增速超过国际展览项目数量的增速。这些数据一方面表明北京展览会规模化程度提高，一些规模较小、竞争力较弱的展览会逐步退出竞争日趋激烈的会展业市场；另一方面，反映出北京展览会的国际化程度显著提高。

在展览会规模化、国际化程度提高的同时，展会的服务质量不断改善，国际参展商和海外专业观众大幅增加，提升了展览的专业化程度和品牌效应。经过多年的资源积累和品牌培育，在京举办的国际汽车、机床工具、工程机械、服装服饰、冶金铸造、石油石化、制冷设备、信息通信、建筑材料、灯光音响乐器展等一批专业技术展览会成为本行业的国际名展，位列亚洲或世界前茅。

2010年第十一届北京国际汽车展，展出面积20万平方米，创下国内汽车展会展出面积的新纪录。据主办方统计，来自16个国家和地区的2 120家厂商参加了展会，展出990台展车。其中全球首发车89台，包括跨国公司的14台，国内厂家的75台。国际跨国公司发布亚洲首发车41台，中国首发车35台。展出概念车65台，其中跨国公司37台。展出95台新能源车，凸显了车展“畅想绿色未来”的主题。8天的展会接待观众达到78万人次。北京国际汽车展览会充分显示了展览会对产业的影响力和对消费市场的示范性。

中国国际机床工具展览会（CIMES），每两年举办一届。2010年第十届CIMES展会面积超过12万平方米，参展企业1 178家，国际参展团10个，专业观众人数60 218人，成交金额19.29亿元，是继德国汉诺威国际机床展（EMO），美国芝加哥国际机床制造技术展览会（IMTS）之后，规模第三大的国际机床工具展览会。该展会成为展示中国机床企业新产品全貌和世界先进机床技术的平台、中外机床工业技术交流和贸易互动的大市场，也是当今世界机床展中增长最快的展会。

北京国际工程机械展览与技术交流会（BICES），于1995年创办。因为北京没有适合展示特大型工程机械的室外场地，使得以往每一届BICES在北京展览馆、农业展览馆、京开国际汽车汇展中心等场馆辗转，展览会规模一直难以扩大。2009年，在新建成的九华山庄国际展览中心举办了第十届BICES，展出面积达到15万平方米，比第九届增加了50%；参展企业880家，比第九届增加40%。观众79 000人次，其中来自于73个国家和地区的海外观众七千余人。

中国国际专业音响·灯光·乐器及技术展览会，最初每两年举办一届，展出面积1万平方米。现在每年举办一届，2010年展览面积达到8.6万平方米，参展商1 150家，观众19.3万人次参加了本届展览会。展期举办的“第八届中国国际演艺设备与科技论坛”有来自德国、英国、美国、巴西等国家和中国内地20多省、市、自治区及台湾地区的企业、科研院所、文艺团体、大专院校的260多位代表参加。

中国国际服装服饰博览会，于1993年创办。由最初展出面积1万多平方米，391家参展厂家，发展到2010年展出面积11万平方米，23个国家和地区的900多个服装品牌参展，分别增长了10倍和1.3倍。本届展览会吸引11.5万人到场参观，其中，来自3 856家商场、18 750家代理机构和5 008家外贸公司的专业观众逾10万人次。1 000余名国内外媒体记者到展会现场采访报道。中国国际服装服饰博览会已成为与巴黎、米兰、伦敦、纽约世界四大时装周齐名的服装服饰博览会。

展览业的发展对优化产业结构、促进相关产业发展发挥了重要作用，同时，相关产业的起落兴衰也迅速影响到会展业，会展业成为反映产业经济发展的“晴雨表”。根据对北京主要展馆举办的经贸类展览的调查，“十一五”期间，作为国家战略性新兴产业基础的现代制造业快速发展，与之相对应的汽车、机床工具、工程机械、石油设备、航空航天等制造业类展会面积始终占展会总面积的四分之一左右，2010 年达到26%；国家为应对全球性金融危机，从 2008 年年底以 4 万亿投资拉动内需的政策实施以来，以建材、服装轻纺、生物医药、消费品等为主题的轻工业类展会面积逐年增加，2010 年达到展会总面积的 41%；现代服务业是北京市的重要支柱产业，交通运输、金融保险、文化旅游等一系列服务业类的展会面积在 2010 年达到展会总面积的 24%。

（三）会议数量、品质、效益同步提升

随着北京社会经济整体发展和会展业环境的改善，北京的会议业在“十一五”期间保持了快速发展趋势。2010 年，北京在会展中心和宾馆酒店等办会场所举办各种会议总数达到 25.68 万个，比 2005 年增长 48%，其中，举办国际会议 5 912 个，比 2005 年减少 14.85%（见图 1.6）。实现会议收入 95.74 亿元，比 2005 年增长 184.7%，年均增长 23.2%；其中，国际会议收入 10.12 亿元，比 2005 年增加 212.76%（见图 1.7），年均增长 25.6%。国际会议收入的增速超过整个会议业的增速。举办的会议包括政府会议、社团会议、公司会议和由院校、研究机构、医院、艺术团体等举办的商务会议、学术会

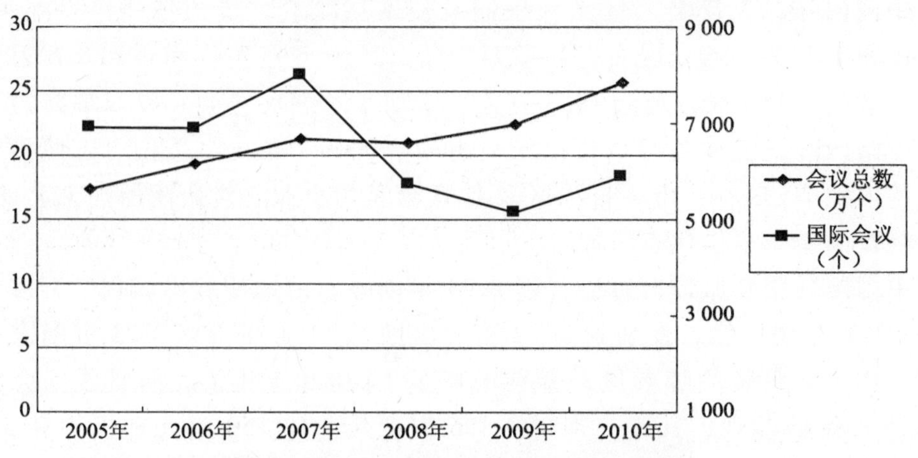

图 1.6　2005 ~ 2010 年北京接待会议数量

议、教育培训会议等类型。2010 年，共接待参会人员 1 731.3 万人次，比上年增加 28.36%。

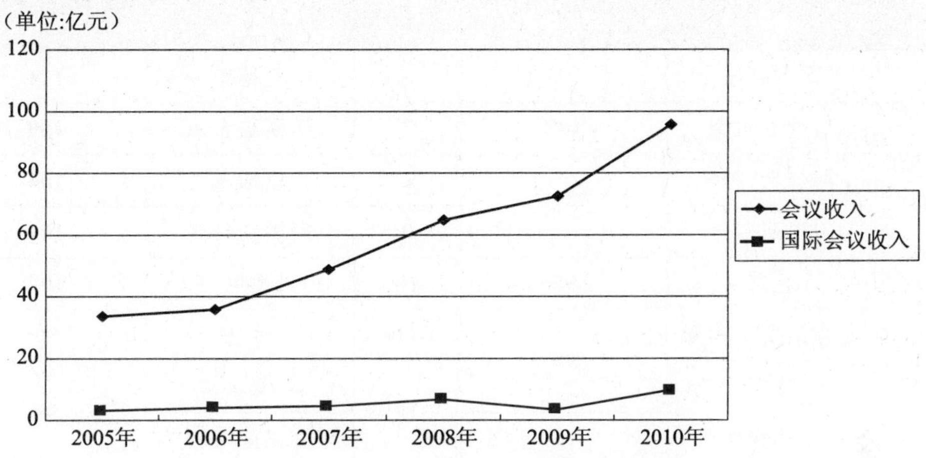

图 1.7 2005～2010 年北京会议业收入

从图 1.6、图 1.7 可以看出，“十一五”期间的五年中，北京举办的会议总量和会议业收入年增长情况比较均衡；国际会议的数量在筹办北京奥运会的 2007 年和国际金融危机的 2009 年分别出现了一个高峰和一个低谷，国际会议收入在 2009 年因国际会议大幅减少相应地出现下滑，反映出国际会议市场有受社会与经济形势直接影响的规律。

根据国际大会与会议协会（ICCA）的统计，2009 年，北京举办国际组织的年会或大会 96 个，在全球城市排名中位列第十，在全国位列第一；2010 年，北京举办国际组织的年会或大会 98 个，在全球城市排名中位列第十二，在中国大陆仍保持第一位（见表 1.4）。北京举办的大型国际会议以科技、教育、医学、文化、艺术类为主，这些会议常有参会者中的境外来宾超过国内人员的情况。

表 1.4 2009～2010 年举办国际会议数量前 20 位的全球城市排名（单位：个）

排名	2009 年		排名	2010 年	
	城市	举办会议		城市	举办会议
1	维也纳	160	1	维也纳	154
2	巴塞罗那	135	2	巴塞罗那	148
3	巴黎	131	3	巴黎	147
4	柏林	129	4	柏林	138
5	新加坡	119	5	新加坡	136

续表

排名	2009年		排名	2010年	
	城市	举办会议		城市	举办会议
6	哥本哈根	103	6	马德里	114
7	斯德哥尔摩	102	7	伊斯坦布尔	109
8	阿姆斯特丹	98	8	里斯本	106
	里斯本		9	阿姆斯特丹	104
10	北京	96	10	悉尼	102
11	布宜诺斯艾利斯	90	11	台北	99
	首尔		12	北京	98
13	布达佩斯	87		布宜诺斯艾利斯	
	马德里		14	伦敦	97
15	布拉格	86	15	哥本哈根	92
16	伦敦	83	16	首尔	91
17	伊斯坦布尔	80	17	斯德哥尔摩	89
18	圣保罗	79	18	布达佩斯	87
19	曼谷	76	19	布拉格	85
20	雅典	75	20	香港	82

2008年，由国际地震工程协会（IAEE）主办，中国国家地震局与住房和城乡建设部联合举办的第十四届世界地震工程大会（World Conference on Earthquake Engineering）在北京召开。此次大会有来自68个国家和地区的专家、学者、官员和企业界人士近3 000人参加。世界地震工程大会是地震工程领域最有影响力的学术性会议，被誉为地震工程界的“奥林匹克”盛会，每4年召开一次。本届大会首次在中国举办。此次大会不仅为各国专家学者提供了学术交流的机会，广泛交流了地震工程最新学术成果，同时还举办了大型展览等系列活动，为国内外相关企业和研究机构提供了展现最新地震工程科研成果和技术设备的平台。

2009年7月，第23届国际保护生物学大会（International Congress for Conservation Biology）在北京召开。此次大会为期6天，由中国科学院、国家林业局和国际保护生物学会联合主办，中国野生动物保护协会、中国动物学会、北京动物学会协办，有来自74个国家和地区的1 200余名学者、生物保护人士和各级管理人士及决策者参加。本届大会的主题为“保护：自然与社会的和谐”，会议通过大会报告、研讨会、展览、墙报、短期课程和野外考察等形式，探讨生物多样性保护与森林资源需求之间的和谐，生物多样性保护及气候变化，世界屋脊的生物保护挑战，湿地、河流及地下水生态系统的综合保护及恢复，海洋保护未来方向等受到全球关注的环境热点。国际保护生物学大会每年举办一届，是生物保护科学领域标志性的国际学术会议，本届大会是该会议第一次在亚洲举行，因此备受各方的关注和支持。

2009 年 10 月，世界高血压大会暨第十一届国际高血压及相关疾病研讨会在北京开幕。来自全球的 4 000 余名相关领域临床专家和医师代表，以“基础研究、临床实践和社区管理”为主题，全面探讨高血压防治和管理方案。由世界高血压联盟与中国高血压联盟联合主办的此次大会共设置 38 场学术研讨会，7 场研究成果报告会、11 场培训课程，内容包括高血压的基础研究、前期管理，高血压与糖尿病、肾病的关联性研究以及社区高血压防控等。

2010 年 8 月，由国际音乐教育学会、中国音乐学院、中国教育学会音乐教育分会等机构共同举办的第 29 届世界音乐教育大会（ISME）在北京开幕。这是世界音乐教育大会自 1953 年创办以来，首次在中国举行。本届世界音乐教育大会共有来自 65 个国家和地区的 3 000 多名音乐家、学术代表以及 50 个国内和 47 个国际演出团队的 2 000 多名演员参与。在为期 6 天的会议中，与会代表围绕“和谐与世界的未来”的主题，通过主题演讲、论文宣讲、工作坊、专题研讨等多种形式展开学术研讨，拓宽音乐观、交流艺术实践。大会期间，举办了 66 场音乐会、6 个学术论坛以及 25 堂教学展示课、700 多场学术研讨会，并举办了第二届北京传统音乐节“中国之夜——民俗音乐狂欢”，通过音乐向世界人民展现中国的文化、历史和教育理念。

公司会议、商务会议等也是会议业的重要市场。中国互联网大会、东风汽车庆典、国旅大会、李宁公司年会等，动辄规模就在千人以上，会期超过一天。

2009 年 11 月，由工业和信息化部等部委指导、中国互联网协会主办的 2009 中国互联网大会在北京开幕，有 6 000 余人次参加本次大会，近 200 位嘉宾作了演讲。本次大会以“危机·转机·契机”为主题，探讨、交流互联网与服务、互联网与民生、互联网与先进文化、3G 与移动互联网等相关话题，并通过多种形式的论坛、展示和互动活动，为发展互联网新技术、新应用、新模式提供展示、交流与合作的平台。

2010 年 10 月，甲骨文全球大会（Oracle Open World）和甲骨文开发者大会同时在北京举办，接待了 9 000 名中外参会者。为期四天的大会为广大客户、合作伙伴、开发人员和技术爱好者提供了一个学习与了解甲骨文公司技术提升和创新科技的平台。会议期间，公司高管和研发人员通过云计算、甲骨文的服务器与存储系统的发展战略和融合管理软件等一系列主题演讲向与会者解析了甲骨文公司“软件和硬件，集成设计”的内涵与功能，以及如何优化运行性能、提供系统可靠性并且降低成本的途径。此外，大会安排的一系列针对不同技术与产品的现场演示、上机操作和成果展览，包括管理软件、数据库、中间件、服务器和存储系统、行业应用、按需服务和支持服务等，也成为大会期间的亮点。

（四）节庆赛事演出市场多元化发展

2008 年，北京成功举办了第 29 届奥运会。在推广和实施科技奥运、人文奥运、绿色奥运理念的过程中，北京进一步改善了城市的整体环境，成为更具竞争力的国际会展目的地城市。奥运会的成功举办，大大拓展了北京会展业的资源空间，形成了新的会展市场格局。2008 年，北京举办了一系列以奥运为主题的会议、展览、演出、文化体育、节庆活动等多元化会展产品。如奥林匹克博览会、中国记忆——5000 年文明瑰宝展、古希腊竞技精神展、世界纪录：当代艺术与体育展、“同一个世界，同一个梦想”大型主题展览、“奥运向我们走来”大型奥运文化展览等精品展会，展示中华民族深厚而独特的文化精粹、展示人类竞技体育的魅力，成为与奥运赛事同样吸引人们目光的又一亮点。

“十一五”期间，在北京举办的作为现代大会展中重要组成部分的节庆赛事演出活动种类繁多、形式多样，水平不断提高，影响力不断扩大，中关村电脑节、朝阳 CBD 国际商务节、北京国际艺术节、北京国际音乐节、北京国际钢琴节、北京国际戏剧·舞蹈演出季、国际马拉松赛、中国网球公开赛、北京科技周、北京国际服装周等大型活动，使会展市场更加活跃，取得了良好的社会和经济效益。

北京国际戏剧·舞蹈演出季于 2008 年由原北京国际戏剧演出季和国际舞蹈季合并而成，每年 11 月举办。由文化部、中国文联、中共北京市委、北京市人民政府共同主办，期间有异彩纷呈的话剧、歌剧、戏曲、舞剧、木偶剧、舞蹈等多种艺术形式的精品在京城展示，历时一个多月。它不仅带来了高水准的演出作品，也为观众带来了国内外演出的最新动态，是北京打造的一个重要文化品牌。

中国花卉博览会（简称花博会）是我国规模最大、档次最高、影响最广的国家级花事盛会，第七届中国花卉博览会（北京展区）于 2009 年 9 月 26

日至10月5日在北京举办。这是第29届奥运会结束后，在京举办的又一次重大活动，这一活动还成为中华人民共和国60年华诞庆典的重要组成部分。花博会共接待游客180万人，来自海内外1 300家企业的20万件展品展示在花博会上。展示内容不仅有鲜切花、切叶、盆栽植物等各类花卉，还有观叶植物、盆景；种子、种苗、种球；干花、仿生花、装饰植物；花肥、基质以及园艺工具。

中国国际时装周是国家批准举办的展示发布中外知名品牌和设计师时装、成衣、饰品及化妆造型等相关时尚设计与技术的专业活动，每年3月和10月在北京举办两届，分为秋冬和春夏系列，主要由专场发布、专项大赛、新闻发布、专题论坛、专业评选等项目板块组成。经过14年的发展，中国国际时装周已经成为发布服装流行趋势、展示时尚创意、推动设计创新、推广品牌形象的时尚服务平台，成为中外媒体和业内外人士关注的时尚焦点。全国高校女装设计邀请赛、“乔丹杯”中国运动装备设计大赛、中国时尚皮装设计大赛、中华元素内衣创新设计大赛、休闲装设计大赛、中国婚纱设计大赛、中国国际时装周彩妆造型设计大赛等专业赛事和中国时装设计师创意大奖评选活动、作品发布及展览，构成服装周期间的重要活动内容。

北京国际马拉松赛由中国田径协会主办，是经国家体育总局和北京市政府批准，并在国际田联和国际马拉松及公路跑协会备案的中国最高水平的马拉松赛。该赛事首届举办于1981年，于每年10月的第3个周末举办，现已发展成为影响较大的传统性国际赛事，并跻身于世界十大马拉松赛之列。比赛设男女马拉松、半程马拉松、10公里、迷你马拉松等项目，吸引着来自世界各地的优秀选手和马拉松爱好者近两万人参赛。2010年是北京国际马拉松赛举办30周年。为进一步提升北京国际马拉松赛事品质和品牌价值，北京国际马拉松赛赛事识别体系进行了全新改造，改名为“北京马拉松”，并设计了全新的赛事标识。

（五）发展会奖旅游成为政府和业界共识

会展业与旅游业既有交叉，又有区别，相互融合的主要部分是在商务会奖旅游领域。相对于一般的会展活动，商务会（议）奖（励）活动的形式更加灵活多样、参与者自我体验的程度更高；相对于传统的观光、度假旅游，会奖旅游是旅游业中的高端产品。国内外数据表明，商务会奖游客是不同旅游细分市场中消费支付能力最强的群体，而会奖旅游消费又是基于商务会奖活动，因此会奖旅游业的发展与会展业和旅游业的发展密切相关。据统计，全球每年旅游业收入的35 000亿美元中，大约有4 200亿美元属于企业的商务会奖支出，占全部旅游收入的12%。中国国家旅游局对中国入境旅游市场的分析数据显示，商务及会议旅游的游客占总游客数量的39.9%。

2010年，北京旅游总人数达1.84亿人次，实现旅游总收入2 768亿元。全市共接待入境过夜旅游者490.1万人次，接待国内游客1.79亿人次，其中外地进京游人数为11 780万人次，北京已经成为世界重要的旅游目的地城市，也同样成为商务会奖旅游的重要目的地。如果按照商务会奖旅游收入占全部旅游收入12%和商务会奖旅游人数占总旅客数量39.9%的规律计算，北京2010年全年的商务会奖旅游收入可以达到332亿元人民币，人数达到7 340万人次。

将商务会奖旅游作为会展业的业态之一得到充分重视和发展，是北京会展业在"十一五"期间的重要突破。为促进北京会议奖励旅游的发展，2009年，北京市地税局在全国率先实行了对举办会议业务的全部收入中扣除场地租金、宣传广告、交通和餐饮等费用后缴纳营业税的税收政策；北京市旅游局采取鼓励会议组织者申办国际性会议并给予资金补贴，构筑国际化的会议旅游营销网络、在全球推广北京作为会议奖励旅游目的地，积极与国际会议专业协会建立良好的互动合作关系、引进国际会议专业管理培训等措施，这些政策措施在为会奖旅游企业降低经营成本，提升抗风险能力，拓展国际市场和储备管理人才等方面发挥了积极作用。2010年，北京市统计局第一次将奖励旅游情况纳入全市会展业调查统计的经济指标范围，使会展业细分市场的统计数据更加精细化，为引导行业发展，制定发展目标和政策措施提供了科学有效的依据。对规模以上单位的调查统计数据显示，2010年北京举办会奖旅游项目5 586个，参加人数21.12万人次，实现收入6.37亿元。

二、"十一五"期间北京会展业发展特点

（一）基础设施条件明显改善

过去的10年，会展设施不足始终是制约北京会展业发展的重要因素。原有展览场馆和会议中心均为20世纪90年代以前所建，规模普遍偏小，有的结构不合理、有的设施陈旧落后，难以适应会展业发展的要求。为此，部分场馆进行了扩建或改造：北京展览馆将原东西广场改建为1万平方米展厅，并进行信息通信等设备改造；全国农业展览馆新建1.3万平方米的展厅；中国国际展览中心进行了管理系统数字化建设。也有个别展馆由于建筑形式、规模或所有权性质等原因在"十一五"期间先后退出北京会展市场，改作他用。

新展馆陆续建成。2008年3月，有10万平方米展厅的中国国际展览中心

新馆竣工运营；2009 年 9 月，由奥运会击剑馆改建的 3.5 万平方米的国家会议中心展厅投入使用；同年 11 月，有 7 万平方米展厅的九华国际展览中心落成。截至 2010 年，全市有专业展览场馆 9 座，展厅使用面积 40.7 万平方米，比 2005 年增加了 20.3 万平方米，室外展览使用面积达到 26.9 万平方米，比 2005 年增加了 20.6 万平方米，北京展览场馆不足的矛盾得到部分缓解。2010 年全市接待展览总面积近 900 万平方米，比 2005 年增加了 207 万平方米。

“十一五”期间，北京的会议接待能力也有了大幅提高。2010 年，北京有可出租的会议室 5 679 个，比 2005 年增加 53.9%，全部使用面积达到 78.9 万平方米。其中，500 座以上的会议室 175 间，比 2005 年增加 106%。2008 年，北京国际饭店二期建成 2 000 平方米的会议大厅；2009 年，奥运主新闻中心改建的国家会议中心最大会议室可容纳 6 000 人，另有 100 余间合理配置的大中小会议室，与北京国际会议中心、北京会议中心、九华山庄等单位成为北京接待大型、高端会议的重要场所（见图 1.8）。散布在全市各区县的规模不等、各具特色的宾馆酒店、休闲度假场所和企事业单位的设施也为举办各类会议提供了丰富的会议室资源。

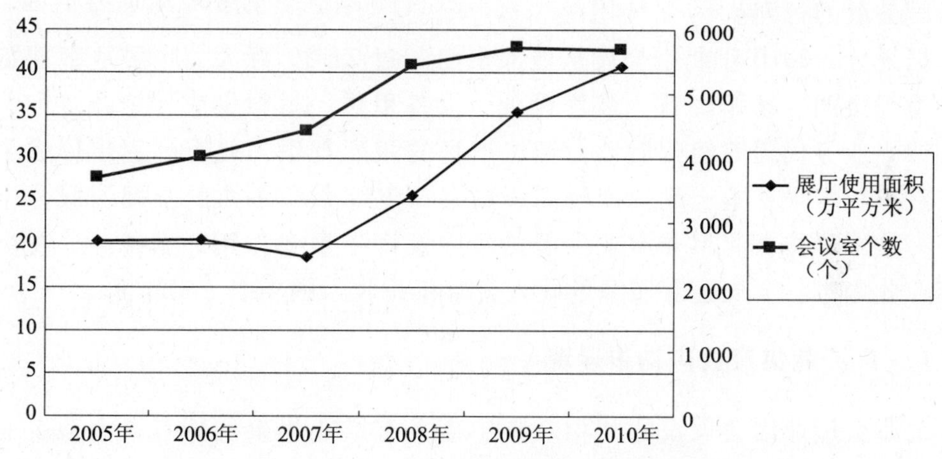

图 1.8 “十一五”期间北京会展设施情况

此外，“鸟巢”、“水立方”、国家体育馆、首都体育馆、朝阳公园、劳动文化宫及其他一些体育场馆、文化中心、公园或博物馆也对外承接会展业务，成为颇具特色的举办大型活动、文艺演出的场所，对专业会展场馆形成了有利的补充。

（二）市场主体的构成更加合理

北京的会展行业主体发育较早。“十一五”初期，北京有会展服务业法人单位 1 700 家，从事展览会议的组织、场馆经营、装修设计、中介咨询、代理等经营活动。中央和北京政府部门的招待所、内部会议设施和星级宾馆 3 000 多家。由于历史原因，我国展览和大型会议的主办单位主要是各类行业协会组织。全国共有约 500 个国家级行业组织，其中半数以上在北京。目前，这些机构和单位依然是北京会展市场主体中最为重要的力量。根据调查分析，“十一五”初期，北京地区整个会展市场主体的所有制性质中，国有机构占 21.41%，集体企业占 14.06%。随着会展市场的逐步放开，近年来，非公有性质的会展企业大量涌现，私营企业占到 34.9%，股份合作、股份有限与有限责任制企业占 26.58%，港澳台与外资独资或合资合作企业占 2.05%，其他类型企业占 1%。从细分行业看，会议和展览服务业中的私营企业比例最高，达 66.45%，体现出会展服务业市场化程度较高的特点。随着我国会展领域开放程度的提高，境外会展公司进入中国市场的步伐加快，北京会展市场也吸引了国际会展企业的进入，带来新的运作理念、国际化管理经验、全球会展资源和营销体系，为北京会展业的发展注入了新的活力。会展业市场化程度的提高，为民营企业的成长创造了条件，一些民营企业已经进入举办国际品牌会展的行列。

据统计，2010 年北京会展从业人员已超过 21.37 万人，主要从事展览会议的组织协调、场馆经营、装修设计、设备租赁、材料供应、中介咨询、旅游接待、业务代理等经营活动。经过市场的激烈竞争，北京已逐步形成了一个接近国际水平、本土化程度较高、具有一定综合竞争力的会展业服务企业群体，这个群体在北京会展业发展进程中发挥了重要作用。据统计，在全部会展业收入中，会展配套服务的收入占全年总收入的 40%~50%。

（三）产业集聚效应初步显现

北京会展业因会展设施的相对集中而具有产业集聚的特点，大型企业的规模效应也逐步显现。2009 年，朝阳、海淀、东城、西城四城区，凭借全市商务中心、政务中心、科技文化教育中心、信息交流中心和国际交往中心等资源优势，集中了全市 80.9% 的会展服务单位，实现会展服务收入占全市会展服务单位会展收入的 88.4%。专业展览馆使用面积占全市专业展览馆面积的 52%，接待展览数量占全市专业展馆接待展览数量的 90% 以上；宾馆饭店数量占全市宾馆饭店数量的 54.2%，接待的会议数量占全市宾馆饭店接待会议数的 54.7%。

位于朝阳区东三环一线的中国国际展览中心老馆、全国农业展览馆、中国国际贸易中心，位于朝阳区奥运园区的国家会议中心和位于昌平区的九华山庄分别形成了全市会展业的核心区。2010 年，国展老馆、农展馆、国贸展厅和国家会议中心分别接待展览 95 个、76 个、31 个和 58 个，四馆合计接待展览 244 个，占全市举办展览总数的 21.7%；仅九华山庄一处全年接待会议 7 500 个，占全市举办会议总数的 2.9%。大型企业的成长、规模化经营程度的提高显示出北京会展业在“十一五”期间逐步走向成熟。

2008 年，北京市政府批准以新国展作为核心企业的“顺义国展产业集聚区”成为北京唯一的会展产业集聚区，集聚区的优惠政策目前已经吸引了一批会展企业入驻。2009 年，北京奥林匹克文化促进中心成立，每年在北京奥运会开幕纪念日举办奥林匹克文化促进系列活动，旨在充分发挥国家会议中心、国家体育馆、国家体育场、国家游泳中心和奥林匹克公园等资源优势，促进一个富有浓厚奥林匹克色彩的会展活动聚集地的形成。

（四）会展与社会经济的联系更为紧密

会展业对地区经济具有明显的依赖性，会展业的发展状况可反映出城市的产业基础、市场功能、贸易水平、消费水平、旅游资源等特点。经过对“十一五”期间北京主要展览场所举办的展会所做的跟踪调查，我们发现过去北京展会主要集中在居民消费领域，涉及住房建筑、汽车交通、纺织服装、旅游餐饮等类展览会；加工制造领域，涉及能源环保、机械加工、生物医药等类展览和文化教育领域，以教育培训艺术类展览为主。这种情况与北京产业结构中服务业占较大比重，居民物质文化消费水平层次较高密切相关。随着举办奥运会的影响和实施国家节能减排、发展战略性新兴产业的要求，近两年，在京举办的旅游、体育休闲、文化创意及节能技术与新能源、高端制造业类的展会逐渐增多。中国北京文化创意产业博览会随着“十一五”时期北京文化创意产业发展战略的确立应运而生，从 2006 年起，每年举办一届，5 届共接待了 253 个外国政府、国际组织和企业团组，6 200 多家参展商，签订了 1 311 个贸易或投资项目。

会展活动所具有的传播新知识、新理念，展示先进科技成果，推广新产品、新工艺的示范作用，以及对城市产业优化升级所具有的推动和促进作用在“十一五”时期体现得更加充分。每年一届在北京举办的中国国际服装服饰博览会、中国国际纺织面料及辅料博览会、中国国际纺织纱线展览三大展会紧密围绕“新产品、新技术、新工艺、新趋势”四大主线，向全世界、全行业展示中国纺织服装行业的创新活力及调整振兴纺织产业的主要方向和具体途径，促进产业链上下游环节之间的联动，成为中国服装品牌发展壮大、走向国际的过程中不可或缺的助力。

（五）政府主办的品牌展会导向作用突出

“十一五”时期，由北京市政府参与主办的品牌展会政策导向作用和产业引领作用显著。北京—香港经济合作研讨洽谈会、中国北京国际科技产业博览会、国际文化创意产业博览会、国际旅游博览会、节能环保博览会、服务业大会、CBD 国际商务节等一批由政府相关部门发起并主办、与市场化运作结合的会展项目逐渐形成品牌，主题符合北京社会经济、产业结构发展方向，常有新的产业政策、动态分析在展会上发布，对相关产业发展产生了积极影响，对会展业发展也起到了很好的促进作用。

经过培育，已连续举办十三届的中国北京国际科技产业博览会逐步发展成为国内外展示最新科技成果、传播前沿思想理念、发布产业政策信息、促进国际经济技术合作的专业化、国际化水平较高的标志性品牌活动，显示出充分的创新活力和旺盛的生命力，有力促进了高新科技成果向实体产业的转化。近年来，政府主办的展会不断强化对展会实效的追求，十三届科博会共达成 4 345 项科技成果转化合作、产品交易和投资项目的签约，总金额达 559. 1 亿美元；参会外国政府和代表团组 740 个，参会人数近 383 万人次；展览总面积 75 万平方米，中外参展机构和企业 2. 25 万家；举办论坛会议 172 场，中外演讲者 3 916 人；举办经贸洽谈活动 132 场，参加经贸洽谈活动的中外客商 10. 1 万人。

（六）“参博”工作和国际国内会展合作成绩斐然

2010 年，北京组团参加了上海世博会。世博会期间，北京参博团队高水平完成了展览展示、北京活动周、网上世博会的各项任务。各项活动亮点纷呈，在世博园掀起了一股“北京热潮”，展现了“魅力首都——人文北京、科技北京、绿色北京”的新形象，让广大海内外游客充分感受到了北京的首都风范和城市魅力。北京馆共接待观众 512 万人次，平均日接待观众近 3 万人次，最高单日客流峰值近 5 万人次，成为接待中外宾客数量最多的省区市馆之一，也是获得好评最多的场馆之一。

海外展是北京会展业的重要组成部分，行业协会是组织境外参展团组的主要力量，机床协会、电子协会、汽车贸促分会、建材协会等每年组织数十个、甚至上百个团组，方便企业参加境外专业展览会，拓展海外市场。随着会展市场开放程度的加深，北京会展业与外国会展行业间的联系与合作不断加强，北京国际会议展览业协会作为发起方之一，成为亚洲会议展览业联盟的常务理事单位，通过每年的年会探讨如何促进亚洲地区各国会展业的合作与发展。国际大会与会议协会（ICCA）、国际会议专业工作者协会（MPI）、国际展览业协会（UFI）等国际会展组织和机构纷纷进入中国特别是北京会展市场，带来了国外先进经验和市场资源。

随着香港、澳门的回归，海内外会展业的联系更为紧密，北京参与和举办海外会展活动的热度逐年升温。为了进一步深化京台两地文化创意产业交流合作，2009 年和 2010 年，北京市委宣传部、市台办、市贸促会、海峡两岸民间交流促进会、市文化创意产业促进中心、北京工美协会以“合作·发展·共赢”为主题，在台北世贸中心连续举办两届“海峡两岸文化创意产业展”，提升了北京文化创意产业的整体形象和知名度，促进了京台两地文化创意产业的深化合作。2010 年 10 月，北京市政府组团参加第十五届澳门国际贸易投资展览会。以“魅力北京、相约澳门”为主题的北京展区成为亮点，在澳门掀起了一股“北京热潮”，吸引了中外企业家、参展客商和澳门各界观众的特别关注。

（七）政府和行业协会联动作用加强

为促进会展业的健康有序发展，北京市委、市政府十分重视会展业发展，有关部门也从各方面为会展业发展制定相关促进措施。2006 年，北京市政府在全国率先将会展业纳入全市社会经济发展专项规划，编制了《北京市“十一五”时期旅游与会展业发展规划》，明确了会展业发展的指导思想、目标和原则，提出了具体措施和工作步骤。同年，北京市委又将会展业列为北京市“十一五”时期重点发展的文化创意产业的九大领域之一，制定了产业发展指导目录。2008 年，批准顺义国展产业集聚区挂牌成立，允许集聚区根据实际情况制定扶持政策和鼓励措施吸纳企业进驻、促进会展业发展。为解决多年困扰北京会展业的大型场馆不足的问题，北京市把中国贸促会投资建设的新国展列为 2006 年全市重点建设工程，敦促相关部门积极协助解决新国展建设和运营中出现的一些问题，使新国展项目如期完成；场馆投入运营后，有关部门听取业界呼吁，修改规划，把原定于 2015 年通车的 15 号地铁线路提前于 2010 年年底开通至新国展。

法制建设开始起步。为解决展会涉嫌知识产权侵权纠纷时有发生的问题，继国家商务部、知识产权局等四部委 2006 年颁布《展会知识产权保护办法》之后，2007 年，根据北京会展业的具体情况和特点，北京又出台《北京市展会知识产权保护办法》政府令。北京国际会议展览业协会和北京市知识产权局共同组织“北京市展会知识产权保护培训班”、“会展蓝天北京行动”，向展会组织者发出加强展会知识产权保护工作的倡议，组织专业知识产权服务机构进驻专业品牌展会，在展会期间进行知识产权保护的宣传和侵权纠纷的受理，使行业内展会知识产权保护意识深入人心，展会中知识产权纠纷大为减少。2005 年、2007 年和 2008 年，相继出台《北京市大型社会活动安全管理条例》、《北京市大型社会活动安全检查办法》和《北京市大型社会活动安全检查办法》细则（试行），以加强对在京举办的各种会议展览和大型活动安全的规范化管理。

政府部门作用突出。在全国率先实行的北京会展业调查统计工作在“十一五”期间持续进行，指标体系不断完善，为有关部门和业界制定发展规划、政策措施和理论研究提供了量化的科学依据。为应对全球性金融危机对会展业的影响，减轻企业负担，北京市地税局根据《国家税务总局关于营业税若干问题的通知》和《北京市地方税务局关于对代理业征收营业税问题的补充通知》等文件精神，明确展览和会议组办业务属于代理服务，可以扣除规定的实际代付的场租费、展台搭建费、参展商差旅费、宣传广告费及广告印刷品印刷费等营业项目收入，以此计算营业税税额。为了方便会展业有关单位按照规定差额缴纳营业税，北京国际会议展览业协会连续举办两期培训班，请税务部门专业人员进行宣讲辅导，近 400 家会展机构的经营管理者或财务人员参加了培训。此外，东城区、朝阳区、昌平区和顺义区还分别制定了本区的会展业鼓励政策。

行业协会有所作为。北京会展业是首都会展业作为中央单位与地方、政府与企业、国内外同行业间的桥梁与纽带，北京国际会议展览业协会在市场调研、政策建议、信息交流、国际联络、专业咨询、中介服务等方面发挥着越来越重要的作用，政府、行业协会与企业之间的沟通方式和协调机制逐步建立。2008 年，当奥运会禁、限办问题与行业发展矛盾突出，金融危机对会展业的影响加剧，国展新馆交通、停车问题严重等重大事件出现时，协会迅速做出反应，代表会员单位和业界向有关部门及时反映问题并提出解决问题的具体建议。协会还充分发挥所拥有的会员和专家资源的优势，积极参与政府决策，协助完成“十一五”和“十二五”北京会展业发展规划的编制；协助进行北京会展业统计指标体系的修订和每年的调查统计；参与《北京市展会知识产权保护办法》地方法规的立项论证和立法过程；为北京市发改委、商务委、旅游局、文创办等部门制定促进生产性服务业、文化创意产业、旅游业等方面的鼓励政策，提供有关促进会展业的政策建议及依据；为合理配置北京会展资源、加速会展设施的建设及配套环境的改善、会展项目专项资金补贴等重大事项，提供专家咨询；参与会展人才储备建设，为建立会展专业的院校提供实训基地和实习机会；扩大国内外行业交流与合作，与德国、美国、新加坡、日本、泰国、韩国、巴基斯坦、加拿大以及中国的香港、台湾、澳门等国家和地区的会展业管理机构、行业组织和企业建立了密切联系，多次举办推介交易、论坛研讨活动；为促进行业服务水平的提升，多次举办有关知识产权保护、大型活动安全管理、税务知识等方面的培训教育和考察活动；推进会展业理论研究，先后完成“奥运经济与北京会展业发展研究”、“会展业与旅游发展研究”、“昌平区会展业发展可行性及政策研究”、“‘十二五’时期北京会展业发展规划研究”等一系列研究课题，组织编撰《北京会展业发展报告》。

社会各界普遍关注。“十一五”期间，北京展业的发展取得了令人瞩目的经济效益，扩大了社会影响，为城市发展作出了重要贡献，得到社会各界的认可。市人大、政协代表多次在人大、政协会上提出议案，为促进首都会展业发展建言献策。2010 年，市人大、市民主同盟、市发改委等单位和部门对会展业发展给予高度重视，分别组织调研团与会展企业直接对话，进行深入调研。色彩纷呈的会展活动也成为吸引各种媒体关注和报道的活跃舞台。

三、存在的主要问题与对策建议

至“十一五”期末，困扰北京会展业多年的管理体制问题仍未得到根本解决。会展业涉及面广、产业关联度高、带动效应明显，需要政府的公共资源、社会相关资源和产业资源的合理配置与充分利用，以形成促进产业发展的合力。但北京市对会展业协调管理的机制至今仍未建立，缺少协调中央与北京市政府各部门之间工作的有效手段和渠道，使会展业发展仍处于政府管理的边缘地带，出现问题常常是议而不决、决而不行，迫不得已时则采取临时手段，没有实现常规化、制度化。未建立有关会展行业的法律法规和自律机制，政策扶持力度明显偏弱，会展环境有待改善，公共服务不尽如人意。展馆规模偏小仍是制约北京会展业发展的主要问题之一。“十一五”期间，北京场馆规模有所增加、但单体展馆规模仍然偏小，一些展览会因场馆原因，或在 2 ~3 个不同场馆同时举办，给主办方、参展商和观众带来不便，也影响了办展质量；或不得已压缩展会规模，给参展商要求的展位面积大打折扣；在用的会展场馆周边环境和配套设施方面存在的问题也不容忽视。近年来，国内其他省市纷纷推出促进会展业发展的政策措施、设立专门机构指导和管理会展业发展，建设大型会展设施，低成本、高礼遇必然吸引一些在京会展机构和会展项目移师外地。据不完全统计，“十一五”期间，北京流失到全国其他省市的万米以上的品牌专业展览已达 18 个，北京打造并保持多年的大型国际品牌会展集聚区的地位，从2008年起即已让位上海市。目前，又面临全国更多新兴会展城市采取兴建展馆、政府支持、资金补贴等措施，吸引北京会展优势资源的形势，北京如不采取积极对策，会展中心城市的地位将出现危象。

在2009年12月召开的北京市委十届七次全会上，市委市政府从建设特色世界城市的高度，提出把北京打造成国际会展之都的目标，在全市“十二五”社会经济发展规划的编制计划中，又把会展业列为独立的专项产业规划，北京会展业面临着千载难逢的发展机遇，同时，也促使会展行业肩负起光荣的历史使命。根据北京市中长期社会经济发展战略要求，《北京市“十二五”时期会展业发展规划》提出了要把会展业发展成为推动首都战略性新兴产业快速增长的重要支撑，实现北京建设中国特色世界城市目标的重要抓手，经过“十二五”期间的奋斗，将北京建设成为亚洲会展之都、全球会议五强举办地之一、亚洲排名领先的会奖旅游目的地、中国会展行业的引领者，力争实现会展业以高于全市GDP增长的倍增速度发展，2015年全市会展业收入达到300亿元以上的目标。为此，今后一段时间北京会展业将面临诸多重要任务。

（一）继续推动会展品牌战略

国际会展著名的城市无一不是拥有一批著名的品牌展会、拥有世界顶级的会展品牌，汉诺威的工业博览会、慕尼黑的工程机械展览会、法兰克福的消费品博览会、巴黎的成衣展、拉斯维加斯的国际五金展览会、香港的玩具展、达沃斯的世界经济论坛、芝加哥的会议与奖励旅游交易大会等，这些会展项目都具有国际化、规模化、专业化和高规格的特点，且具有在相关领域的权威性。北京要创建世界城市和国际会展之都，还必须在品牌会展上下大工夫，把中国著名变为国际著名，打造一批世界一流的展会项目。同时，也要普遍提升在京展会的规模、品质和服务水平。

（二）继续扩大会议产业规模

2008年12月，在北京文博会期间举办的第二届中国国际会议产业论坛上，应邀出席的国际大会和会议协会（ICCA）副主席拉斯·克里斯滕森公布了ICCA的全球2007年调研报告。报告显示，在2007年举办国际组织大型会议的国家排名中，美国位居第一，全年举办467个大型会议；中国与荷兰并列第11位，全年举办195个大型会议。在同一报告的城市排名中，北京排名第8位，香港排名第12位，台北市排名第18位。这一排名，2009年分别是中国排名第9位，北京排名第10位。这一情况表明，中国在世界会议市场中占有越来越多的份额，北京已经进入世界主要会议城市之列。国际会议专业工作者联盟（MPI）主席布鲁斯·麦克米林在论坛演讲中提到，会议产业对城市有促进经济发展、提高创新能力、提升国际品牌影响力的功能，举办奥运会曾对洛杉矶、亚特兰大、悉尼等主办城市的会议产业发展产生了重要作用，使之今天都成为了世界著名的会议目的地城市。北京在举办奥运会获得圆满成功的同时，也获得了发展会议产业的难得机遇和最佳时机。布鲁斯认为北京的会展经济前景可观，表示“奥运会后，北京在基础设施、安全、专业知识和国际影响、信誉等方面已经具有很大优势，可以创建具有吸引力的世界级会展目的地城市。”北京市旅游局对北京会议产业的发展也给予大力支持，2009年，北京市旅游局开始与国际会议专业工作者联盟合作进行人才培训，鼓励北京会展企业、专业学会/协会积极申办具有国际影响力的重要国际会议，还从旅游业发展专项资金中拿出一部分，用于“补贴国际会议的申办”。

（三）注重会展和旅游产业协调发展

会展业与旅游业有着相辅相成的关系，大多国际会展城市也是世界著名的旅游城市。会展能够拉动旅游，旅游可以促进会展。会展活动能够形成集交通、住宿、餐饮、娱乐、观光、购物于一体的“消费链”，而且是高端消费，通过会展的凝聚效应和辐射效应来拉动旅游业的发展；旅游业的成熟也是办好会展的必备条件，借助旅游业的资源和优势，可以促进会展业服务的专业化和规模化，并增强其拉动效应，同时，会前会后旅游也常是会展活动中的重要内容。在2008年北京市人民政府举办的北京旅游产业发展大会上，明确把旅游业定位为北京经济发展的支柱产业。

奥运会的成功举办为北京会展业和旅游业提供了共同的机遇和有利条件：城市知名度和美誉度，优良的场馆设施和景观资源，完善的组织和接待能力，和谐的人文环境，都是申办国际会议、引进展览项目和进行旅游产品海外宣传促销所必需的。将大型精品旅游节庆活动、展览会议、体育赛事以及演出活动有机结合，形成相辅相成、良性互动、共同发展的模式，也是奥运会带给会展业和旅游业协调发展的启示与经验。

（四）强化文化会展优势

北京作为中国的首都，有着东方文化的深厚底蕴和现代时尚文化发端的影响力、辐射力，还有国内其他城市不能比拟的文化产业资源和文化消费能力，这些都为文化会展的发展提供了重要的保障。国家对文化产业发展推动战略的实施，也为北京文化会展提出了更高的要求。因此，充分发挥北京的历史、文化艺术、自然、科技类博物馆和商业展览馆的硬件资源优势，发挥研究机构、大专院校、社会团体、各类媒体所拥有的人才资源优势，进行文化产品、文化项目的信息交流、展示与交易，强化北京的文化会展中心地位，必将促进北京会展业的跨越式发展。

（五）加速培养会展专业人才

与国外会展业发达城市相比，北京会展业尚缺乏资金雄厚、竞争力强的大型专业会展服务公司和一支稳定的、高质量的专业人才队伍。调查显示，2008 年在北京会展业 20 余万从业人员中，大学本科及以上学历人员仅占 9.3%。从国际会展业发达国家的情况看，德国、英国、美国、新加坡等国家，不仅有正规的会展专业教育，还具有完备的职业教育和继续教育体系。北京面临会展业专业人才不足的局面，高级会展管理人才外流的情况也不容忽视，从业人员整体素质和会展高级管理人才的培养问题日益突出。目前全市至少有六所大专院校设置了会展相关专业或专业方向，境外一些培训和认证机构也陆续进入国内会展人员培训市场，会展专业的教育培训开始步入正轨；会展研究机构使会展理论研究逐步加强。北京仍需采取有效措施，加速培养和引进既有创新和策划能力，又有现代经营理念的会展高级管理人才，以提升会展业整体服务水平。

（六）注意区域错位发展

会展业带来的巨大社会影响力和经济拉动作用为北京各区县发展会展业提供了直接的动力。会展活动带动举办地餐饮、宾馆、饭店、金融、旅游、交通、广告、装饰、通信等服务需求的大幅增加，能够吸引相应的人才和资金进入上述服务行业，使举办地周边的商业服务得以改善，并推动政府加快对区域交通、卫生、海关等公共服务的配套建设，从而促进区域经济的发展。因此，各区县都在积极规划会展建设项目，发展会展经济。但会展业的发展需要有产业资源、市场资源和自然资源作为支撑，因此，应在统筹全市会展业发展大局的前提下，根据具体情况，合理规划各区县会展业错位发展的格局。

（七）加大财政支持力度

财政性支持是做大做强会展业的重要手段和基本经验之一。与会展发达国家、地区和国内兄弟城市的做法相比，北京市在如何运用财政性政策促进会展业发展的问题上尚缺乏整体研究，财政对会展业的支持体系不够稳定，扶持力度偏弱。“十一五”期间，上海、天津、重庆、成都、广州、杭州、南宁、深圳、大连等城市，都相继出台了对会展业的财政资金支持政策；国际上，德国、英国、新加坡、泰国等国家也设有针对会展业的财政专项资金。北京可以参考外国和国内其他省市经验，瞄准“十二五”时期建设“国际会展之都”的战略目标，制定中长期发展战略规划。加大投入建设符合北京会展业发展大局要求的会展中心项目，进一步改善会展场馆环境和设施条件，为会展业发展搭建必要平台。设立扶持会展业发展的专项资金，重点用于鼓励大型品牌会展，申办或引进知名国际会展活动，组织会展人才的培训和为北京市会展行业提供市场宣传推广、信息发布等项服务。

（八）完善产业发展的服务体系

整体上看，北京会展业促进体系建设薄弱，公共服务体系有待制度化，公共服务内容有待拓展。最主要的问题表现在：环境治理力度不够，收费标准不合理、不规范；对北京会展发展环境的整体营销推广不够；会展信息咨询服务缺乏针对性，信息发布系统不健全；法规化建设、标准化体系建设滞后等，这些都妨碍着北京会展业的进一步发展，有待于在“十二五”期间的逐步完善和改进。

北京国际会议展览业协会　张　羚

2010年北京会展业特点分析

近年来，会展经济成为全国许多城市产业扶持的重点。大力发展会展业，正在成为世界城市国际化的重要手段之一。如美国纽约、法国巴黎、德国的汉诺威和法兰克福，都是国际上著名的会展城市。会展业在为城市带来巨额利润的同时，也促进了当地经济的繁荣。尤其是一些首都（府）城市凭借其场馆规模大、设施全、品牌展会多、专业化和国际化运作程度高等优势，频繁举办大型国际会议和展会，如东京、柏林、巴黎、伦敦等，都拥有自己的知名品牌展会，通过举办会议和展会吸引了世界各地参展商和采购商，以及媒体的广泛关注。被誉为“世界会议城”的巴黎，拥有联合国教科文组织、经济合作与发展组织等国际组织的总部，借助各类会展活动，使服装之都的美誉享誉全球。北京因举办了2008年第29届奥林匹克运动会而使其国际声誉大幅提高。奥运会后，北京市政府借势后奥运机遇，提速会展经济的发展，使会展业成为北京经济增长的强劲新引擎。

2010年是我国会展经济概念正式提出的第10个年头。在21世纪的第一个10年中，中国会展业全面发展。2010年也是“十一五”规划的最后一年。“十一五”时期，会展业首次被列为北京市的专项规划。在2006年至2010年期间，北京会展业的发展可圈可点，会议产业尤其令人瞩目。国际大会及会议协会（ICCA）的一份统计报告显示，在全球举办会议城市的排名中，北京已经从10年前的第24位跻身进入了10强，也是唯一入选世界10强的中国内地城市。北京已经具备成为亚太地区乃至全球重要的会展中心城市的条件。

重要国际会议、大型论坛及展会选择在北京举办，这和北京独特的区位优势、人才优势、信息优势密不可分，选择北京为新理念、新经验、新视角、新成果进行信息发布地，其影响力无疑是最大的。此外，北京的全国交通枢纽地位，以及市内立体交通的便捷网络都为大型会议展览的举办提供了便利条件。2010年，北京会展业总体看好。北京市统计局的统计数据显示，北京会展经济收入2010年达到了172亿元，比2009年增长了30%。资料显示，2010年年初，北京国家会议中心全年的会议、展览场地已被预订一空。北京丰富的旅游资源和商业设施进一步延长了会展经济的链条，从而创造出更多附加值。

一、会议业增长快速

随着我国会议业的发展，越来越多的城市开始重视会议产业，并采取多种措施加以鼓励。对于会议组织机构来说，选择什么样的城市举办会议，对于会议取得的效果将会产生重要的影响。一段时期以来，在北京举办的大型国际会议，接待和服务都颇受国际会议组织者的赞誉。

2010年新年伊始，全球最大的企业管理软件巨头SAP的亚太及日本区年度大会在北京国家会议中心举办，这是SAP开年大会首次登陆中国内地城市，SAP大会参会人数900多位，主要是SAP海外中高层管理人员。2010年6月，在国家会议中心召开的世界心脏病大会到会人数超过1.8万人，260场主题会议、502个口头报告的会议规模，创下了迄今为止亚洲地区学术会议之最。截至目前，这是我国承办的最大规模的世界学术会议，在未来，这样规模的国际会议、展会将会越来越多，并成为常态。

很显然，会议组织机构在选择会议城市时的要求会有一定的差异，且每个机构在不同的时间段，或因为不同的会议及活动内容对于目的地的要求也会所不同（见图1.9），会议组织机构对于会议城市的基本要求颇值得关注。

据《会议》杂志的调查显示，交通的便利性无可争议的是会议组织者第一考虑的要素。此外，对于中型以上的会议，会议场馆、会议设施的条件始终是基本条件之一。“酒店配套”实际上是两个方面，一是指场馆（会议中心或会议酒店）自身的酒店客房配置情况，另一是指场馆周边的酒店配套情况。从会议组织者角度来说，酒店客房距离场馆越近越好，最好是客人中午能回酒店客房休息片刻，下午再回来开会。

从国际会议产业发展的趋势看，会议的休闲化、旅游化、度假化甚至娱乐化的特征将会越来越明显。从理论上讲，一个会议旅游目的地具有的吸引会议旅游团队的服务项目越丰富，受到会议组织者与会议代表欢迎的概率就越高。

综上所述，目的地吸引会议团队的因素是多样化的，这些因素发挥作用的方式也不大相同：有时候一个因素就足以吸引一个大型会议前来，而很多时候需要的是多种因素的综合。展览、旅游与会议有所不同，一个目的地吸

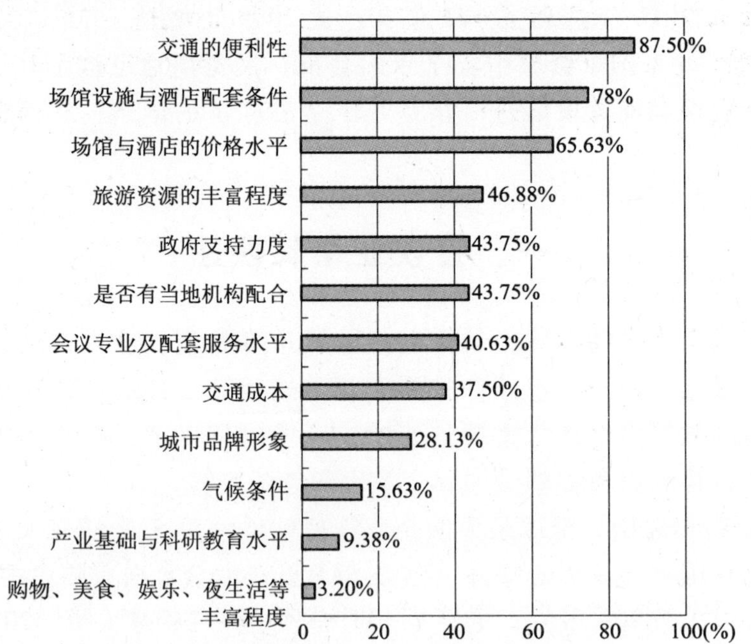

图 1.9 会议组织机构对会议目的地城市的要求分析

资料来源：根据《会议》杂志社调查结果整理。

引展览组织者的原因主要有两点：一是消费市场；二是产业基础。而旅游（休闲游和度假游）目的地的吸引之处则主要在于景点、气候、自然条件以及美食、购物、娱乐、休闲等。从上述条件看，北京举办会议的环境正日趋完善。

北京会展业的发展也得益于北京政策环境的改善。自 2001 年，北京就对展览业务实行了差额缴纳营业税，2009 年 7 月，北京又成为国内第一个实施会议业差额纳税的城市。这些优惠政策获得了业界的认可，为北京会展经济的发展创造了良好的环境。发展会议业，有助于带动区域旅游经济的发展，形成区域经济增长的新亮点。为推进“国际化、现代化新东城”的建设，加快会议业的发展，2010 年 8 月，北京市东城区召开了东城区会议产业专家顾问小组成立大会，聘请国际会奖旅游管理者协会主席肖恩·马霍尼、中国旅游研究院院长戴斌等 9 位会议行业专家作为区政府的会议顾问。2010 年 11 月，北京首家会议工作者联盟正式成立。会议工作者联盟是北京市东城区旅游行业协会的分支机构，它的成立是北京市东城区为打造国际高端会议旅游目的地做出的又一项重大举措。其宗旨是联合从事会议旅游业的企事业单位，进行信息发布、资源共享、业务交流等互动服务，达到合作互赢，增强区内会议旅游企业的竞争力和凝聚力，发挥区域会议产业的整体优势，实现信息共通、市场共促、资源共享，助推会议业的发展。东城区政府还将通过陆续推出的扶植政策和鼓励办法，吸引国际、国内会议的落地，吸引大型会议服务企业的落户，打造完整的高端会议产业链，树立“国际高端会议品牌目的地”的形象。

根据北京国家会议中心销售部门的统计数据显示，2010年，国家会议中心共接待各类会议总数为526个，其中，1 000人以上的会议84个；2 000人以上的会议29个；3 000人以上的会议14个；5 000人以上的8个；1万人以上的1个。其中，超过1 000人的大型国际会议超过会议总数的25%。

二、专业展会带动上下游产业链发展

面对激烈的市场竞争，北京会展业曾出现两次“孔雀东南飞”的危机。2000年年初，由于展馆设施的不足，加上软件不是很配套，北京出现了展会东南移的情况。2007年，因受到举办奥运会对大型会展活动限制的影响，北京的展会，特别是大型展会再一次扎堆外移，情况令业内人士堪忧。这一情况，随着2008年北京中国国际展览中心（新馆）、2009年北京国家会议中心的相继落成有所改变，一些展会又回到北京举办。如音响展、多国仪器仪表展等，纷纷回归北京举办。表面上看，北京举办专业展会，并不完全具备产业优势，但有些专业会展却因特定的原因坚持在北京举办。如铸造展、音响展去而复还，坚守北京市场，这其中既有主办机构设在在北京的原因，也有北京更适合参展商公关交际，在展会期间便于进行专业交流和交易的缘故。

突破展馆瓶颈的北京会展业，2010年再次迎来了展会的高峰期。第十一届北京国际汽车展览会首次在北京中国国际展览中心新、老两个场馆同时举办，共使用19个室内展馆和国展新馆的部分室外场地，展出总面积近20万平方米，为北京车展历届以来的最大规模。

随着北京车展规模的不断扩大，北京车展已跻身全球A级车展行列。2010年北京车展更是吸引了全球汽车制造商的眼球，国际著名跨国汽车公司和国内汽车厂商都投入了巨大的人力和财力高调参加2010年北京车展。通用、法拉利、大众、兰博基尼、奥迪、本田、福特、现代、梅赛德斯奔驰、保时捷等均有新车在2010北京车展全球首发，创历史新高。此次北京车展，上述汽车品牌除参展规模大，还大手笔地超豪华特装展台，这些举措，无非是看好中国汽车销售市场的巨大潜力，而北京作为首都，更是引领汽车消费的前沿城市。

根据北京市商务委员会的统计，2010年北京车展，共有来自16个国家和地区的2 100家汽车企业参展，参展规模、参展厂商以及参展车辆数量刷新近年来各大车展纪录。专业人士表示，在各种行业展会上，该行业顶级巨头及“重量级”厂商的参与程度是衡量展会权威性的重要标准。目前，北京车展已与底特律、法兰克福、日内瓦、东京四大“老牌”汽车展一同位居世界五大汽车名展。

北京车展的火爆也带动了北京汽车市场的繁荣。北京市统计局发布的统计数据显示，2010年全年，北京共销售机动车143.2万辆，同比增长24.7%。截至2010年年末，北京机动车拥有量已达480.9万辆，比2009年年末增长19.7%。其中私家车374.4万辆，私人汽车中轿车拥有量275.9万辆，同比增长24.7%和26.5%。“十一五”期间，北京累计销售机动车497万辆，是“十五”时期的2.6倍（见图1.10）。

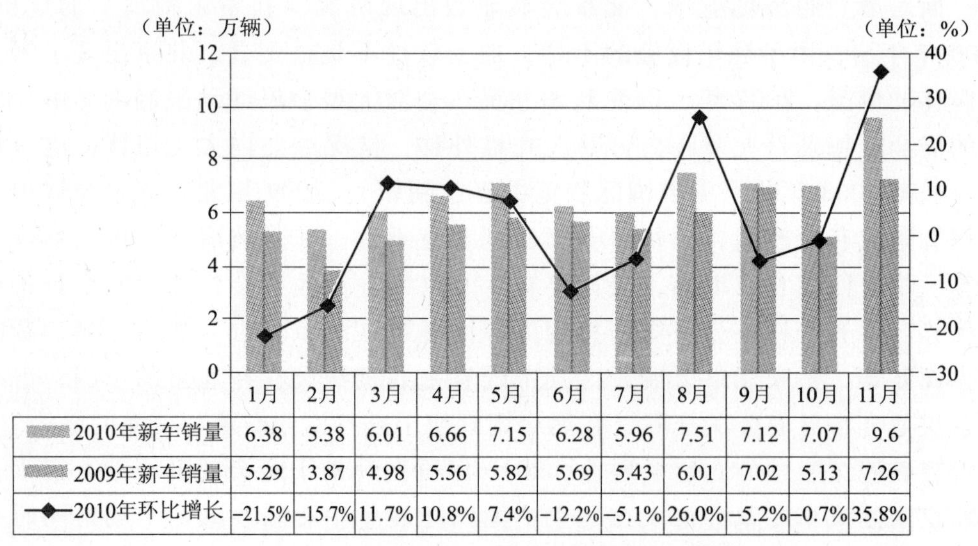

	1月	2月	3月	4月	5月	6月	7月	8月	9月	10月	11月
2010年新车销量	6.38	5.38	6.01	6.66	7.15	6.28	5.96	7.51	7.12	7.07	9.6
2009年新车销量	5.29	3.87	4.98	5.56	5.82	5.69	5.43	6.01	7.02	5.13	7.26
2010年环比增长	−21.5%	−15.7%	11.7%	10.8%	7.4%	−12.2%	−5.1%	26.0%	−5.2%	−0.7%	35.8%

图1.10 2010年1～11月北京汽车销量情况

资料来源：万车网调查。

根据统计，目前北京平均每百户居民拥有36辆汽车，千人汽车保有量为228辆，接近国际大都市中等水平。

数据显示，最近5年来，北京一直是全国最大的汽车消费市场之一。亚运村汽车交易市场信息中心的一项调查显示，2010年北京汽车销量超过80万辆（见图1.11）。

调查显示，近年来，北京部分消费者购车目标有从10万元左右的经济型车向中高级车转变的趋势，雅阁、凯美瑞、奥迪、宝马等中高级车在北京地区消费增长明显。与此同时，来自万车网北京站的点击率统计也显示，中高

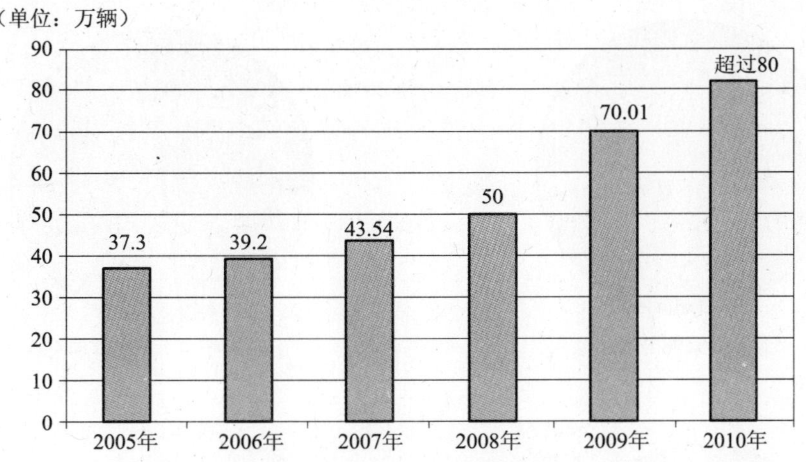

图 1.11 2005～2010 年北京新车年销量

资料来源：媒体对北京汽车市场调查。

级车型的点击率明显呈现上升趋势。有业内人士分析认为，对部分北京人而言，购买微型轿车和经济型轿车仅仅是代步工具的需要，中高级轿车更能满足消费心理需要。

与此同时，随着北京车展影响力的加大，消费者对购买汽车的需求和意向也有明显的变化（见图 1.12）。

需要提及的是，北京车展媒体日，三千余名媒体记者的庞大采访队伍，成为北京车展一道最抢眼的风景。北京车展组委会表示，积极与媒体合作，尽全力支持记者采访、报道。2010 年北京车展在新、老国展都设立了便于记者采访、休息、工作、上网的设备和区域的新闻中心，为中外记者的宣传报道工作提供便利条件。

此外，2010 年北京车展秘书处与多家专业和大众媒体合作，以新闻发布、展前广告、快报、专刊及特刊、电视台、电台、网络直播报道等各种形式宣传展会。

2010 北京车展继续开辟了中英文双语的官方网站——www.china-autoshow.com，全面、快速、准确地传播 2010 年北京车展的各种信息。以满足关心、了解北京车展各界人士的实时信息需求。各主流网站也都实现了与车展官方网站的链接。

2010 年北京车展引起了国内外新闻媒体的高度关注，中央人民广播电台中国之声、都市之声、北京交通台以及京外多家电台、电视台均在展会现场采用直播、录播等形式报道本届展会盛况。中国网络电视台首次集中时段报道本届车展。北京电视台对车展进行为期 10 天，每天 6～7 个小时的超大规

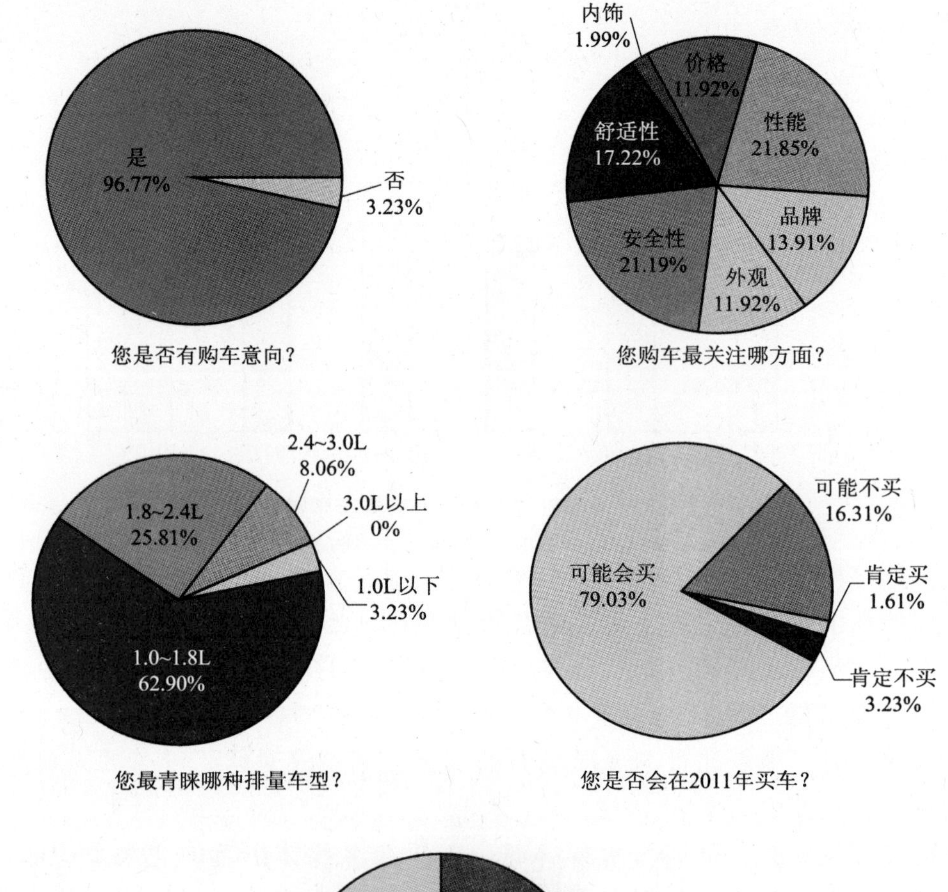

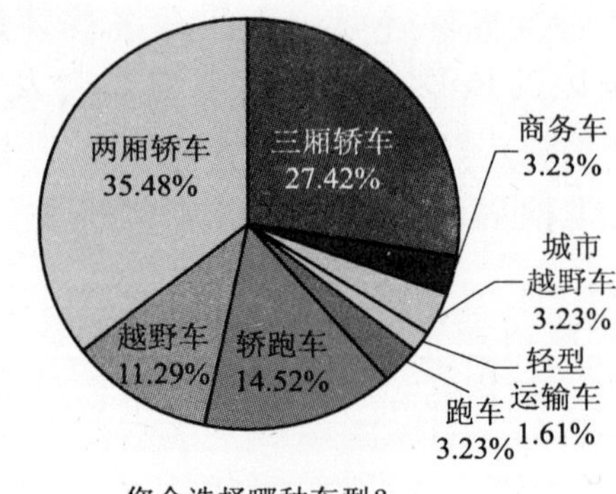

图 1.12 车展对消费者够购买意向的调查

资料来源：媒体对北京汽车市场调查。

模、超长时间、超大强度的现场直播。提升北京国际车展的影响力和关注度。国内近 80 家门户和专业网络媒体，130 多家报纸、杂志参加了本届车展的展示活动并以多种形式宣传本届车展。全国 1 500 多家媒体，近万名记者在现场参观、报道。一批国外媒体记者申领了车展的媒体证件，通过多种形式向全球观众报道北京车展。

三、经贸类展会中轻工业展会增速最快

在以往北京举办的经贸类展览会中，服务业类展览会一直占据举足轻重的地位，数据显示，2008 年以来，轻工业展会取得了更快的发展，成为促使北京经贸类展会总面积快速增长的重要原因。

据统计，2010 年在北京主要展馆举办的轻工业类展会总面积为 188 万平方米，占经贸类展览会总面积的 40.88%（见图 1.13），略高于全国平均水平（40.77%），比 2009 年增加 2.3 个百分点；同年，服务业类展览会总面积为 112 万平方米，占经贸类展览会总面积的 24.27%，仅次于重工业展览会的 25.99%（见图 1.14）。

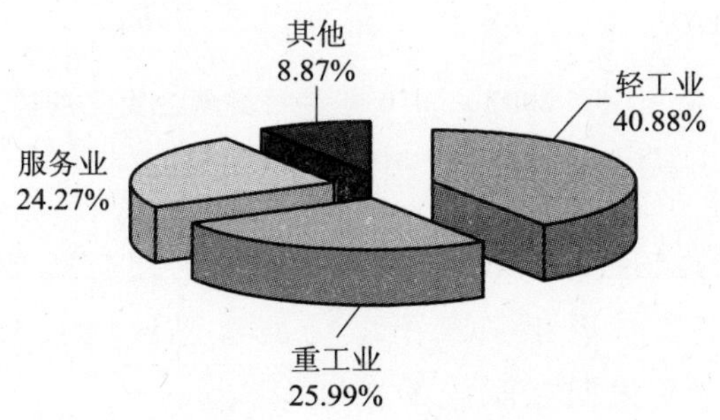

图 1.13　2010 年主要展馆举办的经贸类展览面积行业分布情况

资料来源：北京中国国际展览中心集团公司统计。

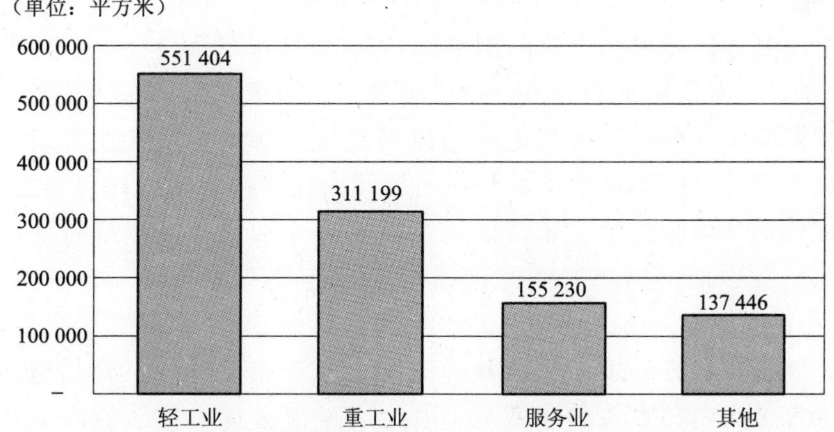

图 1.14　2010 年主要展馆举办的不同行业展会面积增量情况

资料来源：北京中国国际展览中心集团公司统计。

从图1.15可以看出，轻工业类展会自2006年以来保持持续增长的趋势，重工业类展会则呈现较为明显的单、双年特征，服务业类展会有小幅波动。

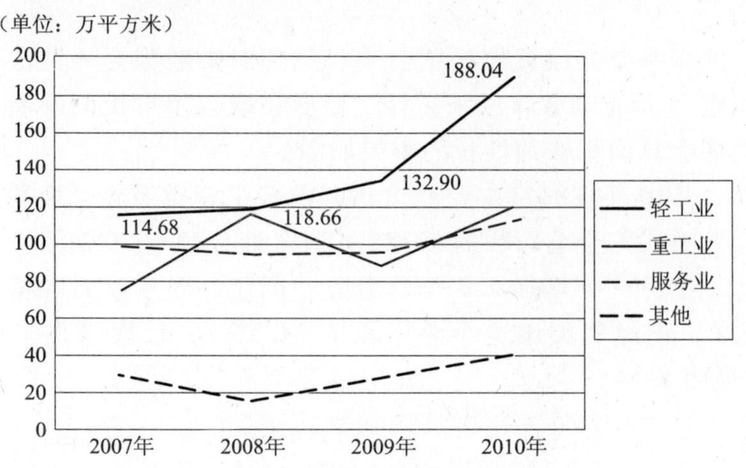

图1.15 2007～2010年经贸类展会变化趋势

资料来源：北京中国国际展览中心集团公司统计。

轻工业类展会的增长主要依赖于近年来北京建材工业和市场的发展；重工业类展会的增长主要受近年来汽车市场需求迅速增长的影响；服务业类展会的增长主要与北京文化创意产业的发展有关。

四、北京会展业面临挑战

数据显示，2010年，上海共举办81个国际协会会议，比2009年增加23个，使上海举办国际协会会议的世界排名从2005年的第37名上升到2010年的第21名。上海市旅游局表示，今后聘请“会议大使”将成为一种制度延续下去。据国际会议发达国家和地区的成功经验，聘请会议大使普遍由城市旅游会议局负责，目的是牵手该城市突出领域的代表或隶属于国际协会的代表，共同为城市招徕国际会议，从而推动当地旅游业和相关专业或行业的共同发展。上海是在中国国内率先实施聘请“会议大使”举措的城市。从2006至2010年，上海市旅游局已经连续五年共聘请了61名“上海会议大使”。2008年以来，聘任工作开始迈向国内其他城市，甚至走出国门。除了国内各领域的著名专家，先后还有8位外籍人士加入“上海会议大使”这一队伍，凸显“上海会议大使”日益扩大的影响力和重要作用。这一举措对于提升上海的国际知名度，争取更多的国际性会议来沪举办，必将起到不可低估的作用。

目前，上海拥有上海新国际博览中心、上海国际展览中心、上海光大会展中心、上海国际会议中心等一批会展场所。其中上海新国际博览中心（SNIEC）的全面扩建已于2010年完成，室内展厅面积达到20万平方米，室外展览面积13万平方米，可以举办超过30万平方米的超大型国际展览。

近几年来，成都会展业的发展也得到快速增长，突出表现在会议市场的兴旺，也即成都作为会议目的地城市的影响力大幅提升。成都以"休闲"、"美食"而著称——这一点恰好迎合了会议市场休闲化、娱乐化的发展趋势。近两年提出的打造"世界现代田园城市"的战略目标，又使成都作为会议城市的特色更加鲜明，内涵也更加丰富，会展城市的竞争力更为充分。

与成都会议业发展得同样有声有色的是，近年来，杭州会议业也取得了骄人的成绩。2009年，杭州共举办各类会议7 208个，其中国际会议412个，并首次进入国际会议及大会协会（ICCA）的城市排名。

杭州举办的会展节庆活动中，除少量政府主办的项目外，90%以上的项目是通过市场化的方式筹集经费，绝大部分项目能够实现举办经费的收支平衡，部分项目已取得较好的经济和社会效益。

未来几年，北京会展业将迎来前所未有的发展机遇，也将面临全国许多城市后来居上的严峻挑战。根据会展业目前的现状和发展趋势，北京迫切需要在3~5年内建设一座35万平方米的综合性展览场馆才能满足会展业的基本需求，同时也需要在完善管理、制定鼓励政策和促进措施等方面加快步伐。

《中国贸易报》周春雨

“十二五”时期北京会展业发展规划研究

“十一五”期间，北京市会展业保持良好发展态势，产业规模稳步扩大，会展设施不断完善，“文博会”等新的会展品牌不断发展，成为北京现代服务业的重要组成部分。2009年北京市实现会展收入124.4亿元①，比2005年翻了一番，按当年价格计算，四年间北京会展收入年均增长18.5%。会展业的发展，对于首都城市功能完善、产业结构优化、城市辐射能力提升发挥了积极的作用。

“十二五”时期是北京以世界城市建设为目标，深入推进“人文北京、科技北京、绿色北京”战略的关键时期，会展业发展面临难得的机遇。会展业的发达程度是衡量城市国际化水平的重要标志，一个城市拥有的国际会展品牌越多，标志着这个城市的国际化程度越高，加快会展业发展对北京建设世界城市具有重要意义。“十二五”时期，北京要从世界城市建设高度，充分认识会展业在首都经济发展中的地位和作用，突破会展业发展的深层约束，着力培育多元化的市场主体，提升会展设施承载能力，打造具有国际影响力的会展品牌，强化会展业发展的体制机制和服务体系保障，加快北京“国际会展之都”的建设步伐。

一、“十一五”北京会展业取得较好成绩，发展面临深层制约

“十一五”时期，北京会展业发展面临复杂的外部环境。北京奥运会和新中国成立60周年大庆活动的举办，为北京会展业发展提供了良好契机；国

① 北京：“会都”地位继续巩固，“展都”建设亟须加强［R］. 北京：北京统计局、国家统计局北京调查总队，2010.

际金融危机爆发，给北京会展业带来了严重冲击。在外部环境复杂多变的形势下，北京会展业仍然保持平稳较快增长，对推动首都产业结构升级和城市功能提升都产生了积极促进作用。

（一）“十一五”期间北京会展业规划目标完成情况

“十一五”期间，北京会展业以法制化、市场化、产业化和国际化发展为目标，大力实施政策支持和行业协调并重、会议展览并举的发展战略，基本完成了“十一五”确定的主要目标和任务。

会展收入中期目标已完成，期末目标有望实现。“十一五”时期北京市会展业规划中设定了会展业直接收入年均增长20%~30%、2008年达到105~134亿元、2010年达到151~226亿元的目标。2005~2008年期间北京会展收入年均增长率为26.9%，2008年实现会展收入128.9亿元，均达到预期目标；2009年北京实现会展业收入124.4亿元，从目前国内外经济形势和北京会展业发展趋势来看，2010年会展收入有望超过151亿元。

国际会展收入增长势头良好。2009年全市实现国际会展收入29.1亿元，比2005年增长121.87%；其中国际展览收入25.4亿元，比2005年增长169.2%；国际会展收入占会展总收入比重为23.4%，比2005年提高约3个百分点，国际会展收入实现较快增长。

展馆使用面积增长量基本实现预期目标。从场馆设施规模来看，截至2009年年底，全市总展览面积达到56.9万平方米，比2005年增加30.6万平方米，完成预定增长目标的93%。

通过国际认证数量大幅提升。截至目前，北京共有17个展览通过国际展览业协会（UFI）认证，比2004年增长70%，香港、新加坡和上海目前通过认证的数量均为16个，日本东京为9个；通过国际大会与会议协会（ICCA）认证的企业和场馆有10家，香港有6家，新加坡有14家，上海有10家。北京已逐渐成为亚洲重要的会展城市。

会议内聚、展览外移的空间格局基本形成。“十一五”期间，首都功能核心区基本以会议业为主，城市功能拓展区会议设施数量不断增加，北京国际会议中心、国家会议中心等一批新设施相继投入使用。此外，随着新国展的投入运营，以顺义为主的城市发展新区的展览业逐渐发展壮大。

五大会展中心区尚未形成规模。“十一五”规划中提出要结合北京新城建设规划，重点完善和建设朝阳CBD、海淀北部、奥运场馆、顺义天竺、亦庄五个会展中心区。从目前情况来看，顺义天竺展览中心区和奥运场馆会议中心区刚刚起步，朝阳CBD和海淀北部地区会展业尚未形成规模，亦庄会展中心区有待重新定位，建设两座大型展览中心的目标未能完成。

（二）“十一五”期间北京会展业发展取得的成绩

1. 会展数量和产业规模稳步提升

“十一五”期间，北京接待会议数量和实现会议收入逐年增加，接待展览“量”减“质”升。总体而言，会展业整体规模持续扩大，经济效益稳步提升。2009 年，全市共接待会议 22.4 万个，比 2005 年增长 25.3%；实现会议收入 72.5 亿元，比 2005 年增长 115.5%。由于国际金融危机的影响，许多企业取消了自办展览，2009 年全市举办展览 1 216 个，比 2005 年下降了 14.4%，但展览规模普遍扩大，实现展览收入 51.9 亿元，比 2005 年增长 129.9%①。

会展业除了直接创造经济效益外，更重要的是发挥“城市经济助推器”作用，对展台搭建、广告印刷、鲜花礼仪等会展相关行业，以及住宿、餐饮、零售、旅游、娱乐等相关服务行业，产生较大的带动作用。比如商务部研究院中国会展经济研究中心对 2008 年在新国展举办的北京国际汽车展览会、中国国际服装服饰博览会和中国国际体育用品博览会的跟踪调查研究发现，三个展览实现总收入 2.4 亿元，拉动北京市相关行业实现总收入 24.5 亿元，三个展览对相关行业的综合带动系数达到 1∶9.85②，充分体现了会展业的强力带动效应。

2. 北京会展和节庆品牌影响力显著提高

北京重视会展品牌建设，在巩固提升“科博会”、“国际汽车展”、“中国发展高层论坛”、“中国金融（专家）年会”等原有会展品牌的基础上，“十一五”期间又培育了“文博会”、“艺术北京”系列博览会、“北京节能环保展览会”等一批新的会展品牌，成为北京会展业发展的新亮点，推动北京会展业整体规模和行业影响力更上台阶。比如“文博会”正逐渐成为文化展示和文化贸易的重要平台，2009 年举办的第四届文博会吸引了以专业人士为主的各界观众 43 万人次，签署文艺演出、出版发行、版权贸易等合作意向、协议 322 个，总金额达 55.2 亿美元③；北京国际汽车展览会已跻身全球最大车展行列，2010 年第十一届北京国际汽车展览会在中国国际展览中心新馆和老馆同时举行，展出总面积近 20 万平方米，国内外观众达 55.7 万人次。

“十一五”时期，北京会展业的国际化程度不断提高，一方面国际会展

---

① 数据来源于北京市年度统计年鉴或根据年鉴相关数据计算。

② 俞华．会展活动对区域经济的拉动影响——以北京 2008 年服博会、汽车展和体博会为例［M］//北京会展业发展报告 2009．北京：对外经济贸易大学出版社，2009.

③ 中国北京国际文化创意产业博览会官方网站：http：//www.iccie.cn.

收入显著提升，另一方面通过国际会展组织认证的会展活动、会展企业、会展场馆日益增多。2009 年全市共接待国际会议 5 174 个，其中外国及中国港澳台在北京举办的会议较上年增长 30.9%，接待国际展览 248 个，国际会展收入占会展收入的比重上升到 23.47%[①]。目前，北京共有 9 家会展公司（代表处）和场馆通过国际大会与会议协会（ICCA）认证[②]，有 18 个展览通过国际展览业协会（UFI）的展会认证[③]，制冷、机床、纺织、汽车、印刷、冶金、通信等大型国际专业展成为世界先进展会。

“十一五”期间，北京节庆活动的主题向多样化发展，覆盖了包括自然、民俗、文体、信息等多个领域，传统节庆与外来节庆活动交融发展，节庆品牌影响力不断提升。据不完全统计，“十一五”期间北京市新增“王府井国际品牌节”、“国子监博物馆文化节”等多个新的节庆品牌，连续举办超过十届的品牌节庆继续发展壮大，例如“北京国际旅游文化节”、“北京国际音乐节”、“北京大学生电影节”、“北京大兴西瓜节”等。以成功举办二十一届的“大兴西瓜节”为例，西瓜节已成为国内外知名的节庆品牌，西瓜节期间举办的“活力大兴、魅力新城”主题旅游等节庆活动已成为助推经济发展、扩大文化交流、提升区域品牌的重要平台，在节庆期间举办的甜瓜擂台赛等活动让西瓜节吸引力不断增强，品牌优势不断显现。

3. 会展设施支撑能力进一步增强

“十一五”期间，北京在积极推进原有会展设施改扩建的同时，启动建设了一批新的会展设施，特别是一部分奥运场馆改为会展设施后，进一步增强了北京会展设施的承载能力。随着凯悦莱温泉会议中心、亚丁湾商务酒店等的相继投入运营，截至 2009 年年底，北京拥有会议室 5 718 个，比 2005 年增长 56.0%；其中座位数超过 500 座的大会议室 179 个，比 2005 年增长 88.4%；全部会议室使用面积达 83.1 万平方米，较 2005 年增加 21 万平方米，增长 33.8%[④]。

展览设施方面，中国国际展览中心（新馆）和国家会议中心相继投入使用，九华山庄也新建了大型展览馆，在一定程度上缓解了北京大型展览设施

---

① 北京：“会都”地位继续巩固，“展都”建设亟须加强［R］. 北京：北京统计局、国家统计局北京调查总队，2010. 8.

② 国际大会与会议协会：http：//www. iccaworld. com.

③ 北京：“会都”地位继续巩固，“展都”建设亟须加强［R］. 北京：北京统计局、国家统计局北京调查总队，2010. 8.

④ 绝对值数据来自“北京：‘会都’地位继续巩固，‘展都’建设亟须加强［R］. 北京：北京统计局、国家统计局北京调查总队，2010. 8”，增长率根据上述报告和“北京市会展业发展情况，http：//www. bjstats. gov. cn/ldcxxt/tjfx/tjbg/200609/t20060901_ 62531. htm”相关数据计算。

不足的矛盾。截至 2009 年年底，全市专业展览场馆的总展览面积达到 56.9 万平方米，其中展厅使用面积为 35.4 万平方米，比 2005 年增加 15 万平方米，增长幅度达 73.5%[①]。除了专业展览场馆外，国家体育馆、国家体育场及其他一些体育场馆等也对外承接展览业务，对专业会展场馆形成了有利的补充。

"十一五"时期，北京不断完善城市交通体系，加快公共交通设施建设，推进住宿、餐饮、购物等配套设施建设，特别是在筹办奥运会的过程中，北京的城市功能得到大幅提升，有效完善了会展业发展的外部条件。第三航站楼的建成并投入使用，使首都机场成为全球第二大国际机场；截至 2009 年年底，北京轨道交通运营里程已达到 228 公里，线网客流达到日均 480 万人次，占公交出行比例达 34%；按照相关规划，2015 年北京轨道交通运营里程将超过 561 公里。北京星级饭店已超过 800 家，为会展活动的开展提供了良好的餐饮、住宿条件。

4. 产业发展政策环境进一步完善

"十一五"时期，北京市不断完善会展业发展的相关扶持政策，为加快会展业发展提供了重要支撑。一是通过"北京市文化创意产业发展专项资金"等文化创意产业相关政策为会展业发展提供有力支持。2008 年，北京会展业 10 余个项目得到"北京市文化创意产业发展专项资金"支持，补贴额度达 5 000 余万元；2008 年 3 月，顺义国展产业园被认定为"北京市文化创意产业集聚区"，享受到市级文化创意产业集聚区的各种优惠政策。二是进一步明确了"会议行业差额缴纳营业税"的规定。2009 年 6 月，在北京市促进会议产业发展政策介绍会上，北京市地税局解读《北京地方税务局关于代理业有关营业税问题的批复》（京地税营［2005］578 号），明确指出："中介服务机构受托在北京组办会议，属于代理服务，允许其依照合法受托合同或协议，以全部收入额减除实际代付的会议场租费（含会场布置费）、参会人员食宿差旅费后的余额为营业额，照章征收营业税。"这意味着继展览业之后，北京会议行业也实现了差额缴纳营业税，将有效缓解北京办会单位运营成本过高的问题。三是北京市旅游局为了鼓励北京办会企业、专业学会和协会积极申办具有国际影响力的重要国际会议，出台了"会议申办补贴"的具体政策。

北京市不断完善会展业统计体系和法规保障，提升对会展业的宏观管理能力。2006 年，北京市统计局、国家统计局北京调查总队发布了《会展及相

---

① 绝对值数据来自"北京：'会都'地位继续巩固，'展都'建设亟须加强［R］. 北京：北京统计局、国家统计局北京调查总队，2010. 8"，增长率根据上述报告和"北京市会展业发展情况，http://www.bjstats.gov.cn/ldcxxt/tjfx/tjbg/200609/t20060901_62531.htm"相关数据计算。

关产业等统计办法的规定（试行)》，把会展业纳入首都新兴产业的统计，并在2008年全市第二次经济普查中专门发布会展业专项调查报告。2008年3月，北京市颁布了《北京市展会知识产权保护办法》，对北京市行政区域内举办的展览会、展示会、博览会、交易会等活动中有关专利权、商标权、版权等知识产权起到了保护作用，明确了会展活动中知识产权受损的相关处理办法和快速处理机制，为强化北京会展业知识产权保护提供了有效保障。

各区县发展会展业的积极性日益增强，通过设立专项资金、成立专门促进机构等，加大了对会展业的扶持力度。顺义区制定了《顺义区促进会展业发展财政扶持意见》及实施细则，积极培育会展市场主体，以优惠政策吸引国内外会展服务公司落户；东城区2008年起设立了每年100万元的专项资金，对会展业的主办方进行补贴。一些区县设立了专门的会展业促进机构，明确职责分工，有效促进了会展业发展。怀柔区成立了商务会展促进中心及怀柔区商务会展业协会；朝阳区在商委专设“会展产业促进科”，并成立了朝阳区会展行业协会，搭建了会展企业与政府之间的交流平台。

（三）北京会展业发展面临的制约因素

1. 新市场主体培育不足，部分原有资源优势明显减弱

我国会展业发展大致经历了三个阶段：第一阶段是政府主导阶段，大部分会展活动由政府部门负责组织和运营；第二阶段是商会、协会、贸促会系统主导阶段，会展功能逐步从政府部门向商会、协会、贸促会系统转移，但这些机构往往都具有政府背景，政府依然是会展活动背后的重要推动力量；第三阶段是市场化阶段，行政力量对会展资源的配置能力逐步弱化，会展活动主体呈现多样化，商会、协会、贸促会系统、国有企事业单位、民营企业、外资企业等都可以公开参与会展市场角逐。随着经济社会发展和行政体制、国有体制改革深化，我国会展业发展正迈向第三阶段，特别是在一些新兴会展城市中，民营会展企业逐渐成为会展业发展的主力军。

北京拥有最丰富的行政资源，是大部分商会、行业协会总部所在地，因此在会展业发展的前两个阶段，北京市理所当然地取得了优势地位。这同时也意味着，北京的国有单位在会展资源配置方面的主导地位比较稳固，表现为：北京会展场馆所有者和经营者以中央单位、国有企业为主；大型品牌会展大多数由行业协会、商会来举办；多数节庆活动由政府牵头主办。国有单位为北京会展业发展做出了重要贡献。但随着会展业市场化程度的加深，也显露出一些问题，得到比如一些行业协会、商会尚未脱离政府背景，聘用的退休人员比例偏高，专业会展从业人员偏少，创新、创意动力不足，需要依

靠政府业务主管部门出面组展招展；再如一些由政府主办的节庆活动过于注重开闭幕式的形式，而经营意识不足，很难收回成本。国有会展活动主体的优势减弱、制约显现，运营机制灵活、发展动力强劲的新兴民营会展主体发展不足，成为北京会展业可持续发展的重要制约因素。

上海、广州、深圳等东部沿海发达城市利用民营经济比较发达、市场机制比较健全的优势，推动会展活动主体多元化，区域性行业协会、商会、民营会展企业等新兴会展主体蓬勃发展。一些区域性的商协会组织在业内拥有了较大的影响力和市场动员能力，对会展资源的配置能力不断提高，具备了组织全国性会展活动的能力。比如上海建设材料行业协会虽然是一个区域性协会，但其举办的"中国（上海）国际建筑节能和新型建材展览会"成为国内规模最大、产品最全、专业化水准最高、社会影响最广的节能建材展览会，并于2006年通过了国际展览业协会（UFI）认证。一批民营企业成为会展和节庆活动的运营主体，他们机制灵活，发展动力十足，具有很强的市场运作能力，为当地会展业发展做出了积极贡献。比如广州光亚展览公司是广州市最早成立的民营会展企业之一，其创办的广州国际照明展已经成为亚洲第一、世界第二大的照明展。

在激烈的市场竞争中，北京作为我国品牌专业展览、大型国际展览聚集区的地位正在动摇。来自北京会展行业协会的资料显示，近年来北京多年来培育的中国国际纺织机械展览会、中国数控机床展览会、全国五金商品交易会等规模品牌展览纷纷转移到上海、南京、成都等地举办（见表1.5）。据中国会展研究中心统计，2009年全国主要会展城市举办的规模在3万平方米以上的展览共计254个，其中上海47个，居各城市首位，北京次之，但数量与上海相距甚远，仅有上海的一半；广州紧随北京之后，大有赶超之势。从规模以上展览的总面积来看，北京为154万平方米，尚不足上海的一半，与上海的差距正在拉大；与广州相比，即便广州扣除广交会225万平方米的总展出面积，仍然超出北京53万平方米，北京展览业面临广州强有力的竞争（见图1.16）。会展和节庆活动市场化发展是大势所趋，北京不能固守行政资源、商会总部、协会总部资源优势，而要着力发展多样化的会展活动主体，优化会展业发展的市场环境，寻求会展业发展的新突破。

表1.5　近年北京部分流失或外移专业展览会

序号	展览名称	规模（平方米）	移往城市
1	中国国际纺织机械展览会	126 500	上海
2	中国数控机床展览会	100 000	南京
3	全国五金商品交易会	47 500	上海
4	全国药品交易会	60 000	成都
5	中国国际医疗器械博览会	26 000	上海

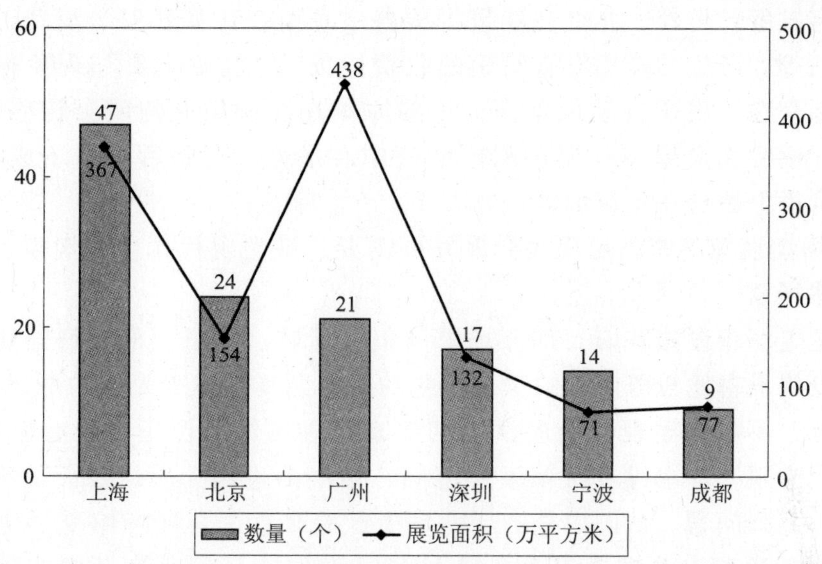

图 1.16 2009 年我国 3 万平方米以上规模展会数量前六位城市展览数量及面积①

2. 会展业多头管理，缺乏全市统一的行业管理和促进机构

北京市目前尚未设立统一的、权威的会展业管理和促进机构，仍然沿用国家对会展实行分类管理和分级管理的办法，把会展的宏观管理分散到商务、科技、文化、贸促等各个部门。会展业多头管理带来的主要问题包括：一是行业主管机构不明确，行业发展的重大决策没有具体机构予以落实，行业管理体制、产业政策体系、市场开拓与营销等方面存在政府缺位或管理不到位的现象；二是中央、地方会展审批部门各自为政，多头审批，政府公共服务部门、会展业行业协会和办展机构之间缺乏有效的信息沟通和协调机制，会展活动运作缺乏统一标准，效率低下。比如，一般在京举办展会需要提前两个月办理相关手续。另外，北京作为首都城市，对于大型活动（包括大型会展）的安全事项非常重视，对责任追究更是严格，这在一定程度上也影响了会展主体在北京办展的积极性。

高昂的办展成本也是制约北京会展业发展的重要因素。目前北京大部分会展场馆都是企业自筹经费建设，政府既缺乏资金直接支持，也缺乏在土地、商务配套等方面的优惠政策。由于会展场馆具有建设投资期长、回收慢的特点，这种运营体制使得大部分场馆要承担还本付息的巨大压力。如国家会议中心每年还本付息加运营成本将近 4 亿元，运营单位被迫提高场租费用来维持场馆运作。较高的场租费用加大了北京会展业办展成本，不利于会展业的

① 数据来源：中国规模以上展览机构调研分析报告（2009）。

持续稳定发展。另外，北京会展报批的各个环节，比如公安、消费、卫生检疫、海关等，产生的费用没有明确的收费标准，“吃拿卡要”现象在某种程度上依然存在。由于办展成本高，一些原本在北京举办的展会转移到外地，比如国际癌症大会原本计划在国家会议中心举办，但是后来出于成本考虑，主办方将举办地选在了深圳。

3. 场馆设施不能满足现代会展发展需要，缺乏现代化、成规模、配套齐全的单体场馆

一是老场馆设施陈旧，部分场馆高负荷运转。北京大部分场馆建成时间久远，设施设备比较陈旧，缺少现代化功能，尤其是缺少先进的翻译、通信、传播系统，不能满足现代会展活动的要求。老场馆多位于市中心繁华地带，土地使用受限，基本没有预留发展空间，给展品进出、展馆层面承重、绿化等带来一系列问题。从国内外会展业发展经验来看，会展场馆受展览面积和日期安排的限制，合理出租率一般在45%左右。目前北京老展馆的出租率普遍在50%以上，处于超负荷运转状态，比如北京国际会议中心出租率高达84%，中国国际展览中心的出租率高达70%，国贸中心展馆和全国农业展览馆出租率也达到60%①。高密度的使用对场馆设施设备造成很大的压力，导致场馆的清洁和维护工作不能及时有效地进行，影响了展馆的综合形象。

二是新场馆配套设施不完善，给会展活动带来不便。2008年建成的新国展具有现代化会展设施，但场馆周边配套设施不完善，特别是宾馆酒店、餐饮配套设施不足，交通不便，缺乏相应的公交车线路和地铁线路等，给参展商和观众带来不便，影响了新国展的出租率。根据中国会展研究中心估算，2009年新国展出租率仅为28.9%②。

三是缺乏功能完备、能够举办特大型展览的单体场馆。北京单体场馆多属于3万平方米以下的中小型场馆，目前最大场馆新国展展厅面积为10万平方米，而北京国际汽车展览会、国际工程机械展览暨技术交流会、国际机床展览会、国际印刷技术展览会等一批品牌会展活动规模不断扩大，已经超出了这一最大场馆的容量，不得不寻求两馆同时办展，在一定程度上影响了办展效果。比如2010年北京国际汽车展展出面积为18万平方米，在新国展和老国展同时举办，增加了交通协调成本，带来了交通拥堵问题，也给参展商和观众带来不便，影响了展览效果。

---

① 数据来自5月13日在北京国际会议展览业协会组织召开的“北京市会展业发展座谈会”各场馆负责人的发言。

② 中国会展研究中心．中国规模以上展览机构调研分析报告［R］．中国会展杂志社．

4. 新一轮会展发展存在区县间无序竞争倾向，缺乏统筹布局和特色发展

在北京市将会展业列入“十一五”期间需要大力扶持发展的产业之后，各区县对会展业的重视程度也日益提升，朝阳、海淀、丰台、石景山、通州、顺义、怀柔、昌平、房山、延庆等多个区县都在“十一五”规划或者近几年的政府工作报告中提出“大力发展会展经济”、“大力发展商务会展”等，一些区县制定了相关政策或设立专门的会展业促进机构，加大对会展业的扶持力度，一批会展项目纷纷立项或上马。各区县发展会展业的热情高涨，对于北京会展业发展具有积极促进作用，同时也暗含无序竞争的隐忧。一是各区县会展业发展缺乏层次化、差异化、特色化的定位，对本区县主打的会展领域、会展活动题材、规模、规格等没有明晰界定，可能加剧重复办展现象。二是会展项目缺乏全市统一的规划和部署。据不完全统计，目前北京各区县在建或拟建会展项目共12项，分布在怀柔、丰台、石景山、通州、顺义、房山、延庆等多个区县（见表1.6），这些会展项目并没有经过全市统一的规划和论证，建成投入运营后，北京会展场馆总面积将大幅增长，有可能造成场馆闲置和资源浪费，需要在今后发展中予以重点关注和宏观引导。

表1.6 目前北京各区县在建和拟建会展项目汇总

区县	拟建项目	项目基本情况	项目进展
怀柔	国际高端会议中心	该项目规划建筑面积46万平方米，会议区22万平方米，初步设计会议区的主会场上限容纳参会代表1万名，分会议室群上限容纳参会代表约6 000名；会议服务区24万平方米	正在进行改造招标，会展中心正在进行前期建设
丰台	青龙湖国际文化会都	该项目位于王佐镇，建设用地3平方公里，总建筑面积253.4万平方米，总投资额约为495亿元，建成后将成为集会议、展览、演艺、赛事、旅游、休闲、金融、文化产品、商贸活动为一体的大型文化会展功能区	计划2010年开工建设，2010～2012年完成会展设施建设，2013～2016年基本完成项目工程
石景山	京西会展商务区	项目总占地15.953公顷，规划建筑面积83万平方米	已进行土地的一级开发，即将开工
顺义	新国展二期	计划建设展馆、综合楼、仓库等，地上建筑面积19.4万平方米	

续表

区县	拟建项目	项目基本情况	项目进展
通州	会展综合服务区	会展综合服务区是通州现代化国际新城运河核心区的一个重要功能区之一，占地面积约154公顷，用地完整，环境优美，道路交通条件优越，周边基础设施齐全。会展综合服务区将着力建设国际一流的会展综合服务中心，承办各种国际会议，大力提升新城国际化水平	部分重点地块2010年年内启动二级建设
房山	世界现代农业都汇	该项目建设面积4万平方米，规划建成以农业为主题的国际交流中心、国际农业成果推广中心	
	窦店汽车会展中心	依托窦店现代制造业产业基地建立，预计占地1平方公里，总投资15亿元	该项目还未提出具体建设方案
	房山区文物博物馆	总投资1.5亿元，主要用于文化展览、保存、修复	
延庆	北京八达岭国际会展中心	该中心占地322亩，主展馆面积为2.2万平方米。该项目在财政上已经投入了2亿元，完成还需要2~3亿元的投入	项目的结构施工已经完成，处于招商阶段，没有投入运营
	“马主题”会展展馆	该项目规划占地238亩	

北京节庆活动主题雷同、内容重复现象同样突出。虽然北京市的节庆活动数量众多、类型各异，但由于缺乏新的活动理念，现存的许多节庆活动不同程度地存在着主题雷同现象。以各类文化节为例，北京各区县反映历史文化和民俗风情的文化节多达十几个，大多取名为“区县名+（国际）文化节”，主题定位缺乏差异性和特色化，如原宣武区，其宣南文化的影响源远流长，但节庆活动却缺乏自身特色，无法充分体现文化内涵。再比如各类采摘节，几乎每个区县都有，但大都单纯依靠采摘这种单一模式，产品线延伸不够。由于主题单一、活动范围狭窄、活动内容重复、可参与性较弱，使得民众对时下的一些节庆活动失去了兴趣，节庆吸引力有所下降。

二、站在建设世界城市高度，认识北京会展业发展的战略意义

（一）会展业的发达程度是衡量国际化大都市的一个重要标志

会展业的发展水平，是一个城市资源配置能力的重要体现，与城市知名度、美誉度紧密联系。特别是其举办国际会议和展览的数量、规模，更是这个城市国际地位和影响力的重要体现。

国际化大都市都非常重视会展业的发展，通过发展会展业提升城市形象和影响力。美国纽约、法国巴黎、英国伦敦等全球公认的世界城市，都拥有较强的会展业发展实力，伦敦设计节、巴黎时装周、东京电影节等品牌会展活动成为这些国际大都市塑造城市形象、提升城市在全球影响力的重要依托。比如伦敦设计节是展示伦敦设计之都形象的重要盛会，活动期间在伦敦各地举办上百个设计展览和设计论坛，吸引世界各地的设计师、商家、游客、设计爱好者在此云集。2007 年第五届伦敦设计节在 10 天内展示了来自 30 多个国家的 200 多个参展项目，观众人数超过 30 万人次。

会展业是促进国际化大都市经济繁荣的重要力量。会展业的发展为国际化大都市带来了巨额利润，会展活动除本身创造巨大经济效益外，还与其他产业互动发展，直接为商业、旅游、住宿、餐饮、娱乐、交通、通信、物流、广告、装饰等众多行业创造需求，带动这些产业发展，促进了城市经济的繁荣。比如巴黎拥有联合国教科文组织等联合国机构及经济合作与发展组织（OECD）等国际组织 208 家，集中了法国 80% 以上的大型国际会展，为本地区带来超过 30 亿欧元的经济收入，创造 5 万多个全职工作岗位；伦敦依托一年两次的伦敦时装周，促进了英国 2/3 的时装产品出口，每年为伦敦市拉动消费达 2 000 万～5 000 万英镑。

国际化大都市形成了推动会展业发展的有效的运营机制。从世界城市会展业发展情况看，纽约、伦敦、巴黎、新加坡等城市发展会展业的模式虽不尽相同，但它们有一个共同点，即形成了较为完善的会展业发展及场馆运营机制。比如新加坡设立专门机构负责会展推广，免费协助、配合会展公司开展相关工作，成立了促进专业化会展服务的民间组织——会议与展览会主办及供应商公会（SACEOS），规范会展业市场，取得了积极成效。2008 年新加坡举办国际会议 637 场，连续 25 年荣获“最佳会议举办城市”称号。

专栏：会展是城市营销的重要模式

世界上许多城市都把举办会展活动作为城市营销的重要手段。欧洲城市联盟2005年对18国的25个城市进行了一项调查，识别出城市营销经常运用的7种模式，按使用频率排序最高的是贸易展会（占71%），此后是商务论坛（45%）、媒体宣传（45%）、文化和体育活动（40%）、网络宣传（35%）、定向直接推广（15%）、路演和游学（15%），见图1.17。

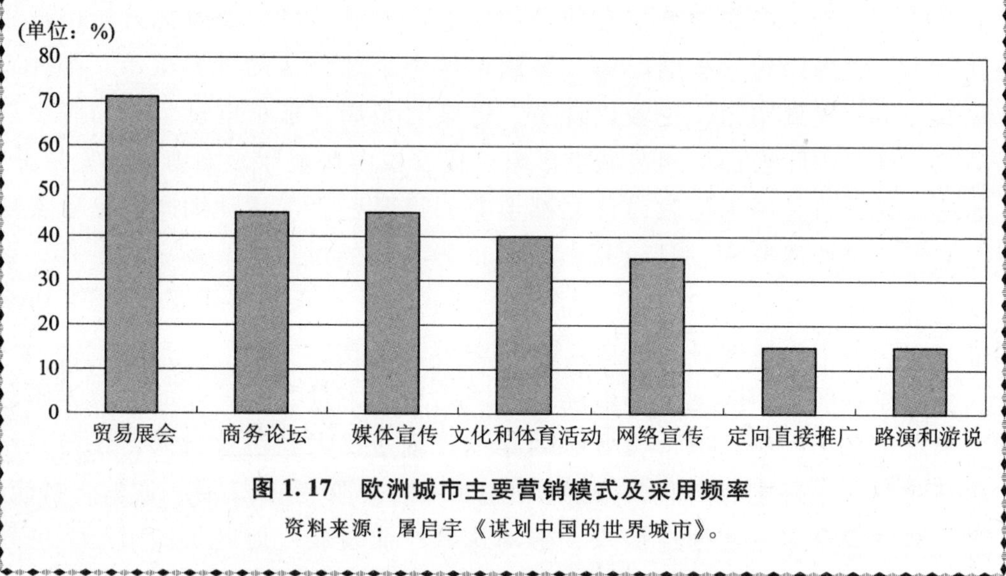

图1.17 欧洲城市主要营销模式及采用频率

资料来源：屠启宇《谋划中国的世界城市》。

（二）发展会展业是北京建设世界城市的迫切要求

在成功举办奥运会和国庆60周年庆典活动后，北京进入了全新的发展阶段，市委市政府提出瞄准国际城市高端形态，全面推进世界城市建设。建设世界城市给北京会展业发展带来了新的机遇，也提出了新的更高要求。

发展会展业是提升北京文化话语权的重要途径。世界城市最重要的功能之一就是在世界事务活动和价值体系建设中拥有较大话语权，“文化话语权”是世界事务活动话语权的重要组成部分。北京拥有3 000年建城史，850多年建都史，历史底蕴深厚，多元文化汇聚，提升北京文化话语权是北京建设有中国特色世界城市的内在要求和重要途径。会展业担当着“文化信使”角色。近年来，北京通过举办文博会、国际音乐节、艺术节、设计展等大型国际会展活动，促进文化要素的聚集和扩散，在向全世界展示和传承中国文化的同时，也有效促进了中西文化的交流和融合。在世界城市建设背景下，北京需要进一步推动会展业发展，积极举办、引进各类知名国际会展活动，成为中国文化国际传播的窗口和全球文化资源交互的枢纽。

发展会展业对增强北京经济实力具有积极作用。2009 年北京 GDP 达到 12 153 亿元，人均 GDP 突破 1 万美元，但与国际先进城市相比，经济实力差距仍然较大，国民生产总值在世界各大城市中排名第 38 位，仅相当于纽约总量的 20% 左右，也落后于香港和上海。发展会展业对于北京壮大经济规模、提升经济发展水平、缩小与世界城市的差距具有积极作用：第一，会展业是现代服务业的重要组成部分，发展会展业能够直接推动北京产业结构优化升级。第二，专业性的品牌会展往往代表和反映了一个行业的发展动态和趋势，北京积极举办高新技术产业、生产性服务业、文化创意产业、战略性新兴产业等领域的专业品牌会展，对这些产业发展具有较强的助推和引导作用。第三，会展业产业关联度高，对于北京的旅游休闲、批发零售、餐饮住宿、交通通信、现代物流、广告装饰等众多行业都具有强力带动作用。第四，会展业具有市场开拓和贸易促进功能，各类会展活动为北京企业展示产品（服务）、提升形象、交流信息、开展合作提供了重要平台，有助于扩大内需，促进外贸，拉动经济增长。

发展会展业对扩大北京国际影响力具有重要意义。品牌会展是城市名片，一次大型国际会议或展览不仅可以给举办城市带来相当可观的经济效益，更能带来明显的社会效益。近年来，北京会展业的发展对于提升北京国际影响力已经发挥了积极作用，比如通过举办文博会、科博会、北京国际旅游节、北京国际车展等大型国际会展活动，向来自世界各地的参会人员、参展商、观众宣传展示了北京的科学技术水平、经济发展实力，展示了大国首都的风采和形象，提升了北京在全球的知名度和美誉度。“十二五”时期，北京进一步挖掘首都文化、科技、旅游等资源优势，推动会展业取得更大发展，对于提升北京国际影响力、吸引跨国公司和国际组织入驻、推动世界城市建设，都具有非常重要的战略意义。

（三）“十二五”时期北京面临加快会展业发展的重要机遇

中国国际地位显著提升。金融危机之后，全球经济格局发生重大调整，世界经济重心将逐渐从大西洋向太平洋、从欧美向亚太转移，发展中国家和新兴经济体在世界经济体系中的话语权不断增加。中国综合实力显著增强，国际地位大幅提升，由“拥有全球影响的地区大国”成长为“全球性大国”。世界各个国家、各种国际组织开始将更多的注意力投向中国，各种国际资源随之向中国加速转移。作为大国首都，北京成为全世界瞩目的城市，成为国际高端资源转移的重要目的地，这给北京会展业发展带来了巨大机遇，使北京有更多机会和更大能力吸引各类国际组织总部、地区总部落户，吸引各类国际会议和展览落户，打造“国际活动聚集之都”。

北京国际形象全面提升。借举办北京奥运会和新中国成立60周年大庆活动的契机，北京城市化、现代化水平全面提升，国际知名度和影响力大大增强。特别是奥运筹办七年来，北京全面贯彻“绿色奥运、科技奥运、人文奥运”理念，使城市基础设施水平、政府公共服务能力、市民精神风貌等发生了巨大变化，北京国际关注度、知名度和美誉度空前提高。“奥运城市”的品牌效应为北京会展业发展注入了新的动力。奥运会在人才队伍培养、规范管理、国际合作、对外宣传、广告策划、品牌建设、市场营销等许多方面所作的积极探索，为北京会展业发展留下了一笔宝贵的财富。

北京推进“三个北京”和“世界城市”建设。站在新的发展起点上，北京提出了建设充分体现“人文”、“科技”、“绿色”特征的中国特色世界城市的战略目标。世界城市要具有相应的功能，北京加快建设世界城市，迫切需要进一步增强文化软实力和综合服务能力，强化对国际高端资源的吸引力和聚集力，提升城市基础设施水平和城市管理水平，这些都将为北京做大做强会展业创造良好的外部环境。“人文北京、科技北京、绿色北京”的核心内涵是充分利用北京丰富的人文资源、科技资源，实现北京的绿色、可持续发展。会展业是人文资源、科技资源高度融合的产业，具有低碳、环保的特征，大力发展会展业是“三个北京”建设的应有之义。2009年北京人均GDP突破1万美元，进入新的发展阶段，产业结构将发生深刻变化，加快由服务业主导向生产性服务业主导优化升级。会展业是生产性服务业的重要领域，北京产业结构升级和“北京服务”品牌塑造为会展业发展带来了重要机遇。

京津冀区域经济合作进一步深化。京津冀都市圈是继珠三角、长三角之后中国经济增长的“第三极”，是国家落实区域协同发展战略部署的重要地区。目前，《京津冀都市圈区域规划》正在制定之中，有望今年出台，将对深化京津冀区域经济合作产生巨大促进作用。天津滨海新区行政区划做出重大调整，开发开放走向深入，未来将建成我国北方对外开放的门户、高水平的现代制造业和研发转化基地、北方国际航运中心和国际物流中心。曹妃甸已经具备现代化临港工业基地的雏形，正在加快建设国家级循环经济示范区，向着“打造科学发展示范区”的目标迈进。天津和河北的快速发展，京津冀区域合作的不断深化，为北京在更大范围内谋划会展业发展提供了良好契机。北京要依托京津冀都市圈坚实的产业基础和广阔的发展腹地，为会展业发展挖掘更大的市场空间，推动会展业迅速发展。

三、以新的战略思路，谋划北京市“十二五”会展业发展

建设中国特色世界城市对北京会展业发展提出了新的战略需求，首都丰富的文化、科技、旅游等资源优势，日益宽松的政策环境，都为北京会展业发展提供了重要支撑，国内其他大城市对会展资源的竞争则给北京会展业发展带来了严峻压力。“十二五”时期，北京会展业发展必须有新的突破，北京要抓住会展业发展的关键环节，要有大手笔、大动作，有效遏制展览活动数量下滑趋势，推动“会”和“展”的全面振兴，实现会展业的跨越式发展。

（一）北京市“十二五”会展业发展的战略思路

深入贯彻落实科学发展观，围绕首都世界城市建设和“人文北京、科技北京、绿色北京”发展战略，以“品牌化、专业化、系列化、国际化”为导向，着力推动会展主体提升，培育多元化、专业化、充满活力的会展活动主体，着力推动会展设施提升，增强会展场馆设施和配套设施承载能力，通过设施引导会展产业空间布局优化，着力推动会展品牌提升，打造一批具有国际影响力的品牌会展，不断完善北京会展业发展的体制和机制保障，不断完善会展业发展的服务体系保障，把北京打造成为具有全球影响力的“国际会展之都”。

“十二五”北京会展业发展思路可以概括为“一三二”战略：

一个目标：打造国际会展之都。

三大提升：

——主体提升。鼓励有条件的会展公司、场馆运营公司、会展服务机构等会展主体做大做强，提高招展、办展能力；积极引导国有会展企业创新发展模式，激发发展活力；大力培育民营会展企业，吸引国际知名会展集团来京设立地区总部、办展机构，推动会展主体多元化、专业化发展。

——设施提升。有计划地开展老旧会展场馆升级改造工程；通过异地新建、规划新建等方式，慎重选址，科学规划，新建一批现代化、高水平的会展载体，特别是加快推进各区县已经启动的会展设施项目；注重场馆周边配套设施建设，显著提升会展设施水平。

——品牌提升。做大做强已有会展品牌，推动品牌会展扩大规模、提高

层次、提升内涵、增强实效；逐步培育一批能够展现首都形象、符合首都资源特点和产业发展方向的新的会展品牌，显著提升北京会展业的知名度和竞争力。

两大保障：

——体制机制保障。建立市场化的会展运作模式，探索政府宏观指导与服务、企业自主经营与规范、行业协会沟通与协调三位一体的会展业运营机制；健全会展管理体制，推动会展业多头审批、多头管理向规范化管理转变；制定会展业行业规范，完善会展业政策体系，营造健康有序的市场环境，为北京会展业又好又快发展提供良好的体制机制保障。

——服务体系保障。集中、高效解决会展活动在消防、公安、海关、检疫、工商、邮电等方面的公共资源需求，提高公共服务水平；围绕会展企业和主要展馆发展需求，完善运输、通信、旅游、餐饮、住宿、广告、印刷、翻译等配套服务业，为北京会展业发展提供高效的公共服务和高品质的配套服务支撑。

（二）勾画北京市“十二五”会展业发展蓝图

“十二五”期间，北京市要围绕“打造国际会展之都”的目标，形成有利于会展业较快发展的良好环境，不断提高会议及展览数量和规模，稳步提升会展综合效益，使会展业成为北京市新兴支柱产业和新的经济增长点。

——总量目标：力争会展收入年均增长18%，到2015年，全市会展收入达到336.6亿元。其中，会议数量年均增长6%，到2015年，全市接待会议数量达到31.8万个，会议收入年均增长20%，到2015年，全市实现会议收入216.6亿元；展览收入年均增长15%，到2015年，全市实现展览收入120亿元。

——场馆目标：到2015年，北京市接待场所会议室数量达到10 130个，其中500座席以上大型会议室数量达到320个；规划一座展厅使用面积达到30万平方米的，功能齐全、设施先进、符合国际标准的超大型会展中心，会展场馆展厅使用面积达到60万平方米以上，室外展览面积达到36万平方米。

——品牌目标：继续推动有实力的品牌会展扩大规模，培育一批在行业内和国际上具有较强影响力的品牌会展，争取每年新培育2~3个5万平方米及以上的大型展览，到2015年展览面积5万平方米及以上的展览数量达到22个以上。

——国际化目标：“十二五”期间通过UFI认证的品牌会展数量争取每年增加2~3个，2015年达到30个以上；成为ICCA会员的单位每年增加1~2个，到2015年达到20家。

四、围绕“三大提升”，全面推进“十二五”北京会展业发展

（一）通过“四个一批”，形成充满活力的市场主体，显著提升会展主体竞争力

新市场主体培育不充分，老主体缺乏活力，制约了北京会展业的可持续发展。“十二五”时期，北京要通过“激活一批”、“培育一批”、“引进一批”、“对接一批”会展主体，加快形成多元化的会展业发展格局，推动北京会展业整体规模提升，缩小北京会展业与纽约、伦敦等世界城市的发展差距。

深化改革，激活一批会展主体。引导包括会展主办单位、承办单位、场馆运营单位、会展服务机构在内的国有会展企业打破官商作风，建立和完善法人治理结构，优化企业组织结构，缩短管理链条，改革人事用工制度，聘请职业经理人和专业人员经营企业，加强战略规划管理和财务管理，增强市场意识，强化服务意识，树立品牌意识，激发企业发展活力。鼓励有实力的会展企业以资本为纽带，通过收购、兼并、特许经营等多种形式，整合不同部门、不同地区、不同所有制的会展资源，组建大型会展集团。鼓励贸促会、商会、协会组织将行业协调和会展经营功能分离开来，成立专业化会展企业或专门机构，实行分灶吃饭，独立核算，建立有效的组织结构和切实可行的现代企业制度，创新操作规程、组织办法、办展机制等，推动贸促会、商会、协会组织等掌握的优势会展资源围绕经营目标有效运转。

瞄准细分优势领域，培育一批有活力的会展主体。围绕文化创意、能源环保、航空航天、文化艺术、广播影视、高新技术产业、战略性新兴产业等北京具有明显优势的行业领域，引导和鼓励各类经济组织成立会展企业，引导这些企业进行精耕细作，细分会展市场，找准市场定位，制定长期发展战略，集中优势资源打造在专业细分领域具有较强竞争力和影响力的品牌会展。大力培育会展策划、代理、广告、宣传、工程等会展服务企业和专门机构。

加大招商力度，引进一批有实力的外资及外埠会展企业。积极营造会展业发展的良好氛围，为国有、民营、外资等各类会展企业提供一视同仁、公平公正的发展环境。大力吸引国际知名会展集团来京设立地区总部、办展机构，引进其先进的展览理念、成熟的办展经验；积极吸引有实力的外埠会展企业落户北京，促进首都会展业快速发展。

深化国际合作，对接一批国际组织。国际组织是国际交往（包括国际会议和国际展览）的重要活动平台，是一个城市国际影响力和控制力的主要载

体。北京目前仅有国际竹藤组织、联合国亚太农业工程与机械中心、上海合作组织等3个国际组织总部，与巴黎的208家、伦敦的57家相去甚远。北京建设国际会展之都，需要大力引进各类国际组织的总部、地区总部、职能总部、常设机构乃至分支机构、办事处等，成为国际组织的重要集聚地，以吸引更多大型国际会展活动落户北京，提升北京在国际事务包括国际会展活动选址中的话语权。特别需要提出的是，国际会展组织是专门性国际组织的一种，国际展览局（BIE）、国际展览管理协会（IAEM）、国际展览业协会（UFI）、奖励旅游管理协会（SITE）、世界场馆管理委员会（WCVM）等国际会展组织对于推动全球会展业发展发挥着重要作用，北京要鼓励会展主体、会展场馆选择性加入相应的国际会展组织并积极参与其各项活动，积极争取与国际会展组织进行战略合作的机会，推动北京会展业走向世界。

（二）通过“三种方式”，打造现代化、高水平的会展载体，引导会展业空间布局优化

“十二五”时期，北京要按照“三环以内重会议轻展览，展览功能外移”的原则，优化全市会展业空间格局。

1. 引导会展业在四大功能区更加合理布局

首都功能核心区主要发展会议业，要通过对现有高档商务会议中心、星级酒店等资源的整合和开发利用，走精品化、高端化路线，提升接待总部企业和中央机构高端会议的能力。首都功能拓展区和城市发展新区兼顾会议和展览，充分挖掘会展资源，积极培育和吸引各类大中型会议、论坛、展览及重大节事活动。生态涵养区选取怀柔雁栖—怀北镇、丰台王佐镇青龙湖等交通便利的小城镇，完善会议会展设施和配套设施，利用丰富的生态、历史、人文等优势资源，吸引高端会议、商务会议，打造会展特色小镇。

专栏：国内外知名会议小镇

- 瑞士小镇达沃斯

达沃斯是瑞士东南部的一个小镇，因举办世界经济论坛而闻名全球。世界经济论坛已经举办了40届，除了“9·11”事件后的第二年移师纽约外，其他39届都在达沃斯举办，因此又名达沃斯论坛。

世界经济论坛的成功，让达沃斯有了发展国际会展经济的先天条件。目前，达沃斯每年举办50多个300~1 500人规模的大中型国际会议，包括国际医学会议、管理会议等，还有近200个小型国际研讨会。小镇每年GDP约为8亿瑞士法郎，其中3亿来自会议收入。会展经济发展又进一步放大了达沃斯原有的“滑雪胜地”优势，使当地游客量猛增，形成了会展与休闲旅游的完美互动。

- **海南小镇博鳌**

博鳌是著名国际会议组织博鳌亚洲论坛的永久会址所在地。博鳌亚洲论坛不仅成为博鳌的名片，其巨大影响力还提升了整个海南省的知名度，推动海南省会展经济迅速发展。据海南省贸促会发布的《海南会展经济调查报告》显示，2009年海南省举办会议展览活动9 000多个，会议接待人数达160万人次，酒店会议收入达到5.6亿元人民币，带动相关产业收入超过10亿元人民币，使海南进一步明确了国际旅游岛建设的定位。

2. 通过“易地重建”、“原地改造”、“规划新建”，以场馆建设引导展览业空间布局优化

功能转换，易地重建（三环以内）。三环以内的一些老场馆在国内外已经有较高知名度，但原地提升空间有限，周边拓展空间也不大，可以考虑保留场馆品牌，陆续实施易地重建。新国展在立项之初，其实是作为老国展的易地重建项目，目前新、老国展同时运营，“十二五”时期要加快新国展周边的交通、通信、餐饮、住宿、休闲娱乐、医疗、邮政等基础设施建设，逐渐分担老国展的展览任务，实现老国展的真正易地搬迁，缓解老国展周边的交通拥堵问题，同时解决新国展出租率较低的问题。

原地改造，品质提升（三环—五环）。北京三环至五环之间的会展场馆基本建成于20世纪80年代之后，周边配套比较完善，可以通过原地改扩建来实现场馆扩容、品质提升。会展场馆升级改造工程主要包括改造外立面和提升内部格局，全面更新水、电、电梯、空调、通信设施，新增现代化的翻译、传播系统、24小时安全监控和消防喷淋系统等，增设大型报告厅、多功能会议厅等，使展馆能基本达到接待国际性、现代化展会的硬件标准。另外，还要注重改善场馆的室外展场、停车场、货物堆场等配套设施，提高场馆综合服务水平。

规划新建，完善配套（五环以外）。北京今后新建的会展场馆（包括易地重建的会展场馆）应尽量分布在五环之外，推动展览功能外移。“十二五”时期，北京要加快完善通往新国展和北京九华国际会展中心的道路、地铁等公共交通设施建设，完善新国展周边的酒店、餐饮、停车场等配套设施建设；在各区县在建和拟建会展场馆项目中，重点加快推进怀柔国际高端会议中心、丰台青龙湖国际文化会都等项目建设。新建会展场馆在功能性和实用性等方面力求满足现代会展活动及参展商、观众的需求，一是用地相对宽裕，为后续工程或改建工程做必要的准备；二是各类设施布局合理，科学确定展馆的高度、建筑的承重能力，合理设计物流、人流；三是场馆功能现代化，配备国际先进的视听系统、信息通信系统、智能化管理系统、电梯、安保设施等。“十二五”期间北京还应慎重考虑、规划、论证建设展厅使用面积达30万平方米的超大型会展中心的可行性，以满足北京大型会展活动不断扩大展览面积的需求。

（三）提升与培育并重，塑造“北京会展”形象，显著提升会展业品牌影响力

巩固提升一批已有的会展品牌。灵活运用各种经营方式和手段，如广泛开展宣传推介活动、延长品牌会展办展持续时间、加强品牌会展的地域扩张等，扩大北京国际汽车展、科博会、文博会等已有会展品牌的影响力，吸引更多参展商和专业观众，提升会展品牌价值。以文博会为例，提升文博会品牌价值可从以下几个方面入手：（1）培育子品牌。将文化创意产业各行业领域进行细化，每一届文博会有所侧重，选择其中的几个细分领域进行重点展示和推介，发掘和培育一批会展子品牌。若细分领域数量较多，可考虑每个领域的论坛、推介会每两年轮换一次，力求体现本领域展会最高水平。（2）品牌国际化。鼓励有国际化发展需求的专业性展会参与国际展览业协会

（UFI）等国际会展组织的认证；通过分展、分会场、论坛、沙龙等方式，推动文博会会展品牌向亚洲其他国家和地区输出。（3）推陈出新。梳理现有的一些论坛，一些以科普性、启蒙性为导向的论坛前几年有新意，随着时间推移，人们对文化创意产业及各个领域的概念和内涵日益清楚，此类论坛可以退出，让位于一些细分行业的专业化论坛。（4）强化服务。做好文博会的会后服务工作，为参展商和与会者提供会展统计分析资料，保持文博会影响力的连续性，为下一届文博会做好准备工作。

专栏：科技会议、学术会议成为会议产业发展的中坚力量

在国家大力支持和鼓励科技创新，培育科技人才，建设创新型国家的形势下，各门类的全国学会（协会），尤其是中国科协所属的全国学会（协会）多年来一直积极通过举办多种形式的学术交流活动来增进科技研发人员的技术交流、学术交流，不断促进学科发展。数据显示，中国科协所属的192个全国学会（协会）举办学术会议数量连年增加，从2006年的25 425个增长到2009年的33 000个左右，以每年增加3 000个学术会议的速度在增长。其中中华医学会在2006～2009年间共举办一类、二类全国性学术会议932个，承办、协办国际或双边学术会议66个，见图1.18。

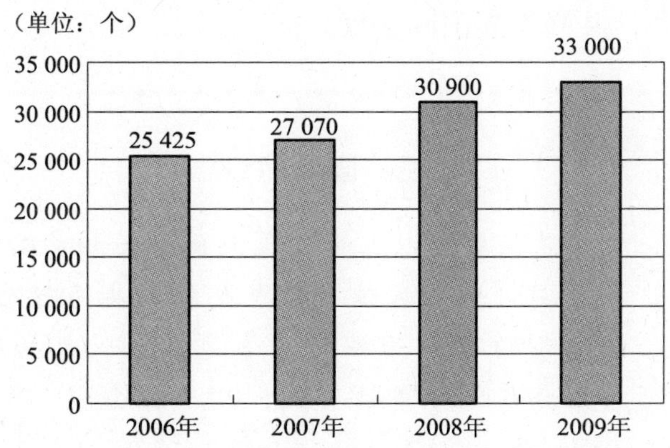

图1.18　2006～2009年中国科协各学会（协会）举办学术数量

除中国科协外，教育部下属的140多个学会（协会），中国社科院下属的100余个社团，在开展学术交流，举办学术活动方面的表现也非常活跃，成为我国会议产业发展中的亮点。

培育和引进一批的新的会展品牌。一是围绕北京优势产业、新兴产业及其细分行业，开辟新的专业展，比如节能环保、新一代信息技术、新材料等战略性新兴产业展、影视展、教育展、金融展等，在培育新的会展项目时，尤其要重视其长期规划和特色定位。二是依托目前已经较为成熟的会展，延伸举办新的会展项目，并且与成熟会展同期同地举办，以最大限度地借助成熟会展的知名度、影响力和参展商、观众资源。三是积极引进国际知名会展的分展，并为我国参展商保留一定比例的参展席位，缓解国际展会进入后对本地相关行业领域的竞争和冲击。四是积极探索科技会议、学术会议召开的周期规律和会议特点，主动出击，加强与协会、学会等的联系与沟通，争取适宜在北京举办的科技会议、学术会议落户。

积极争取国际会议举办权。国际会议影响力大，消费潜力大，各大会议城市都积极争取国际会议举办权，如新加坡争取到的国际会议已经排到七八年之后。据统计，全球每年举办的参加国超过4个、参会外宾人数超过50人的各种国际会议超过4万个，会议总开销超过2 800亿美元①。北京要加强与国际大会与会议协会（ICCA）、国际会议中心协会（IACC）等国际会议组织的联系，积极引进国外会议组织和机构来京举办各类高层次的论坛、会议；对知名国际会议进行系统梳理，争取成为某些国际会议——比如“亚洲合作对话”论坛、世界月球会议等的固定会址；积极申办在世界各地流动举办的大型国际年会、峰会、论坛等；大力支持一些行业协会、商会、研究院所、学术团体、医疗机构等发起和组织国际会议，鼓励这些单位与一些国际组织或跨国公司等联合，共同发起国际会议。

专栏：国际会议

国际会议，主要是指数国以上的代表为解决互相关心的国际问题、协调彼此利益，在共同讨论的基础上寻求或采取共同行动（如通过决议、达成协议、签订条约等）而举行的多边集会，包括规定性会议、专业性会议、活动性会议、学术性会议、政治性会议、文化交流性会议等。

重大国际会议倾向于在瑞士日内瓦、奥地利维也纳等中立地点举行；有的国际会议固定在某一城市举行，如世界经济论坛、博鳌亚洲论

① 陈燕．从南京解析城市会议产业的角色与定位［J］．中国会展，2010（16）：32－33.

坛等；一些定期的国际会议（如八国集团首脑会议、东盟峰会等）轮流在各成员国举行；更多的国际会议是不定址的，由符合条件的城市申办。举办国际会议对东道国来说意味着对其国际地位的肯定，能够扩大其国际影响，见表 1.7。

表 1.7 “十二五”时期北京可以考虑申办的国际会议

国际会议	举办年限	备 注
联合国气候变化谈判	每年四轮	2010 年第四次谈判于 10 月在天津举行
世界社会论坛	每年一次	在世界经济论坛举行的同时召开
上海合作组织峰会	每年一次	在成员国之间轮流举办
“金砖四国”领导人会晤	每年一次	四国轮流，已在俄罗斯叶卡捷琳堡和巴西首都巴伐利亚举行过两次
二十国集团金融峰会	每年一次	2011 年第六次峰会将于在法国举办，2012 年第七次峰会将在墨西哥举办
世界华商大会	每两年一次	第六届世界华商大会于 2001 年曾在中国南京举办
世界城市论坛	每两年一次	第四届世界城市论坛于 2008 年曾在中国南京市举办
世界水资源论坛	每三年一次	由世界水理事会成立，下届为 2012 年
联合国国际人口与发展大会	每十年一次	由联合国经济与社会理事会主持召开的，下届为 2014 年

五、推进体制机制创新，完善服务体系建设，为会展业发展提供有力保障

（一）创新体制机制，强化组织保障

明确会展业管理部门，加强会展业组织领导。明确政府主管部门，着眼大会展的发展，统筹全市的会议、展览、节庆、大型活动等大会展行业的规划、指导、协调和管理工作，研究决定会展业发展战略规划和产业政策，研究解决全市会展业发展中遇到的重大问题。成立北京会展业发展促进协调委

员会，建立与中央单位的沟通协调机制，加强为中央会展组织机构的服务，争取更多中央单位大型会展项目落地北京。明确会展业促进组织的职能，负责全市会展行业的培育、促进、评估考核等工作，加强会展业的公共服务。在会展业较为发达的区县设立相应的会展业管理机构，加强对本区县会展业发展的指导与管理。表 1.8 为国内主要会展城市管理体制汇总情况。

表 1.8　　国内主要会展城市管理体制汇总表

城市	管理部门名称	行政级别	单位性质	隶属部门	人员编制	在职人数	经费来源
成都	成都会展业发展办公室	正局级	公	市政府	25	18	自筹
哈尔滨	哈尔滨市贸促会	局级	事业	市政府	34	34	全额财政拨款
长春	长春市贸促会	正局级	事业单位	市政府	38	37	财政
长沙	长沙市会展工作管理办公室	正县级	事业单位	独立	11	11	财政拨款
大连	大连市展览工作领导小组办公室	处级未确定	非常设机构	市贸促会	无	2	市财政
杭州	杭州市西湖博览会组委会办公室	正局级	事业	市政府	20	20	财政拨款
合肥	合肥市会展办公室			市商务局	1	4	财政拨款
呼和浩特	呼和浩特市会展业管理办公室	处级	事业单位	市委宣传部	事业编制	18	
昆明	昆明市人民政府大型会展活动办公室	正处级	行政机关	市政府办公厅	11	8	财政
南京	南京会展业办公室						
南宁	南宁会展行业协会		社团	南宁市商务局		5	
沈阳	沈阳市会展业管理办公室	处级	行政机关	市商业局	5	5	财政拨款
宁波	宁波市人民政府会展工作办公室	副局级	行政	市政府办公厅	5	5	财政

续表

城市	管理部门名称	行政级别	单位性质	隶属部门	人员编制	在职人数	经费来源
青岛	青岛市发展会展业办公室	正局级	行政机关	市政府办公厅	11	11	行政拨款
上海	上海市会展行业协会		社会团体			14	
佛山	佛山市会议展览业协会	无	民间团体	佛山市经贸局	5	5	政府资助、会费和服务收入
太原	太原市会展工作办公室	县处级	机关事业	市政府	12	12	财政
威海	威海市会展办公室	正县级	参照公务员管理	市政府	9	9	财政全额拨款
温州	温州市会展业协会	协会	民间	经贸委		3	自筹
芜湖	芜湖市贸促会	正县级	行政	芜湖市市政府	6	12	财政拨款
武汉	武汉市会展业工作领导小组办公室						
厦门	厦门市人民政府会展协调办公室	副局级	行政	市政府办公厅	5	3	财政拨款
义乌	义乌市人民政府会展管理办公室	正科级	行政机关	义乌市政府	8	8	财政拨款
重庆	重庆市政府会展办公室	厅局级	政府机关	重庆市商委		3	财政列支
郑州	郑州市会展工作管理办公室	正县级	全供事业	市商务	事业编制	14	财政全供

专栏：国内外会展管理机构的设置

作为国家经济和国际贸易发展战略中的一个重要环节，会展业受到了世界许多国家政府的高度重视。在国家层面，大部分欧盟国家都设有单一的国家级展览管理机构，如法国海外展览委员会技术、工业和经济合作署（CFMEACTIM）、德国展览业协会（AUMA）等；在城市层面，国外著名会展城市都纷纷成立了会议局或会展局等管理机构，负责城市会展业各环节的管理工作，如巴黎会展局、维也纳会展局等。

国外会展业国家管理机构呈现两大特点：一是政府部门权限下放，体现服务职能；二是会展业协会作用显著，体现管理职能（见表1.9）。

表1.9　欧美代表国家会展业管理机构及其管理模式

国别	会展管理机构	政府职能	协会职能	管理特点
德国	德国展览业协会（AUMA）	扶持会展企业；支持建设场馆；协调会展活动服务工作；支持场馆配套设施建设	审定年度会展计划；严格审查和评定会展的名称、内容；监督会展服务；核查会展组织者的能力和信誉；统计调查会展效果等	行业协会在处理全国性的展览事务方面具有统一性和权威性
美国	国际展览管理协会（IAEM）；专业会议管理协会（PCMA）等	编制产业规划、开展行业统计、制定政策法规、提供配套服务	监督实现行业自律，协调行业内部关系等	会展项目基本不需要审批，而是由市场来主导和协调，由会展行业协会负责管理

国外城市的会展管理部门重在发挥组织协调和服务功能，并给予财政补贴支持，为会展活动提供更多便利。以巴黎为例，1994年巴黎专门成立了会展局，提供会展信息交流和咨询服务，并协调交通、环保、旅游各部门共同服务会展业，而会展活动的申报只需由已注册的展览场馆经营方与警察局协调。

我国的一些城市为了促进当地会展业的发展，也纷纷设立了会展办，如杭州、南京等，但目前设立的会展办还不是国际上通行的会展局，他们仅仅执行了会展局的内部协调职能，其服务和扶持功能还没有充分发挥。

在我国各城市中，成都会展管理办公室权限最大，对会展业支持力度最大，协调能力最强。2010 年 6 月，成都会展办正式更名为成都市博览局，有利于成都对外营销推广和开展国际交流合作。今后在成都市举办会展活动，所有需要与本地的工商、交管、城管、公安等部门进行申报、沟通与协调等事项，均由成都博览局来负责。

建立会展业“绿色通道”，简化会展业审批程序。开通会展业备案管理“绿色通道”，实行会展业备案管理“一站式”服务，会展组织单位只需到“会展工作办公室”进行办展审批和备案，“会展工作办公室”负责协调海关、税务、检验检疫、工商、公安、交通、城管、消防等有关部门，切实精简、优化会展活动有关审批手续，提高办事效率；规范并明示各个程序环节的收费标准，并加强监督检查，坚决制止并严肃查处对会展的乱收费、乱罚款行为。

发挥会展行业协会作用，加强会展业行业自律。强化会展行业协会的“服务、维权、协调、自律”职能，加快制定会展行业标准和经营准则，加强行业协调自律；鼓励会展行业协会积极开展会展企业资质认证、会展等级认证、会展信息发布、行业培训、沟通协调、咨询服务等工作，提高行业整体素质；授权会展行业协会配合政府有关部门统筹协调同期举办的同类题材会展项目，减少重复办展，避免恶性竞争，营造公平、公开、公正的会展市场环境和竞争秩序，推动会展行业健康有序发展。

牵头成立环渤海会展联盟，促进会展业区域合作。牵头成立环渤海会展联盟，广泛吸纳北京及周边城市的品牌会展和有实力的会展企业加入，对加入联盟的会展活动进行统一规划，在时间上相互衔接，在内容上相互补充，防止同一类型的展览短时间内在邻近城市重复举办，实现资源共享、优势互补，提升招商参展的规模效应，为北京会展业进一步发展提供腹地支撑。

专栏：会展联盟

中国会展业经过30多年的高速发展，在量的积累上取得了惊人的进展，平均每天有10个以上的展会开幕。然而，量的增长背后隐藏的是竞争的无序、资源的浪费，为了解决这一问题，会展联盟应势而生。近几年，各种“会展联盟”频繁出现于中国的会展界，长三角城市会展联盟、东北中心城市会展联盟，穗港澳会展联盟、中国商业联合会会展联盟等，另外还有同行业企业之间的联盟，以及以合作会议形式出现的各种联盟（见表1.10）。

表1.10　　国内三大会展联盟的运行情况介绍

联盟名称	成立时间	联盟作用	联盟工作效果
长三角城市会展联盟	2006年12月	联盟出版并免费发行《长三角会展报》，发布实时信息，建立了专家库，协助政府制定产业政策、行业标准等	实现了联盟内人才共用、资源共享，有力支撑了世博会的成功举办，上海已成为国内办展次数最多的城市；杭州发展为“国际会议目的地”和“中国节庆之都”
穗港澳会展联盟	2006年9月	举办“穗港澳会展业合作论坛”，联盟内城市差异定位，为港澳同行进入内地市场服务，促进广州打开海外会展的市场	充分利用和整合现有的会展、资讯、人才三大资源，做到了会展时间不重叠，连接紧凑，有力促进了联盟内会展活动的接力式开展
东北中心城市会展联盟	2004年8月	互利合作、共同发展，建立共同开放市场，消除行政区域和经济区域不相协调的体制性障碍，保证会展业的劳动力、资本、资源、技术、信息等生产要素自由流动	作为东北会展业行业自律组织，联盟在东北地区建立起了品牌化、国际化、专业化和规范化的会展市场体系

对于北京而言，虽然拥有全国大部分有实力的展览主办者和行业资源，但这些砝码正逐渐变轻。再加上天津的会展业近来有了长足的发展，环渤海地区大连、烟台、秦皇岛等城市政府高度重视会展业发展，在一定程度上给北京市会展业发展带来挑战。因此，彻底改变区域内各自为阵、信息割裂、重复办展、资源浪费现象，加快成立会展联盟，整合区域会展资源、避免重复办展、谋求共同发展北京及环渤海地区会展业发展的重要抓手。

北京作为环渤海地区会展业领头羊，要抓住建设“世界城市”的发展契机，牵头成立环渤海会展联盟，对区域内会展活动的展出地点、日期、展期、周期等方面进行协调，实现资源共享，形成区域会展梯级发展态势，使会展经济真正成为区域经济发展的强劲动力。

（二）健全产业配套，完善服务体系

加快发展围绕会展业的专业服务和配套服务。鼓励发展为会展业配套的广告、策划、礼仪、会计、咨询、法律、公证、通关等专业服务业，引导具有一定规模和实力的本土专业服务企业做大做强，增强对会展活动主体的专业化服务能力。完善会展场馆周围的轨道交通、城市主干道、快速路等公共交通设施建设，为会展业发展提供更加便捷的交通服务。完善会展场馆周边的餐饮、酒店、购物、娱乐、票务等配套服务体系，为会展活动提供优质、高效、全方位的配套服务。

促进会展业与旅游业的有机结合。注重会展活动的旅游延伸，大力发展会展旅游：选择特色品牌展会、现代化会展场馆等，配合其他高知名度旅游资源，打造特色精品旅游线路；鼓励有实力的旅游企业积极参与会展活动运作，针对会展客源开发高端旅游产品；通过申办有代表性、有较大影响力的国际会议、展览等，大力宣传北京旅游目的地城市形象。

推动会展业与物流业的关联发展。鼓励有实力的物流企业开展会展物流[①]服务，培育专业化的会展物流服务商，为会展参展商设计科学合理的实施方案，高质量完成展品调度、运输、仓储、包装、清关、展馆现场操作、布展、运回、保险等各个环节的服务及适时监控任务，探索建立展览主办方、参展

① 会展物流是指为满足参展商展品展览的特殊需要，将展品等特殊商品及时准确地从参展商所在国（地）转移到参展目的地，展览结束后再将展品从展览地运回的过程，包括展览前后的仓储、包装、国内运输、进出口报关和清关、国际运输、展览中的装卸、搬运，以及在此过程中所需要的信息流动。

商、会展场馆、物流服务商共享的信息管理系统，减少会展物流运作过程中由于信息不灵、反应滞后而影响工作效率的情况。

（三）完善政策体系，强化政策支持

完善会展业政策法规。研究制定并组织实施《北京市会展管理条例》（或者《北京市会展业发展管理办法》），加强依法管理，明确会展准入、资质、报关、展装、广告、知识产权、消防安全、卫生防疫等行业管理规范，对政府部门和机构办展的条件、展览项目审查的协调机制、会展活动的市场监管、人才培养、对外合作等方面予以明确规定，逐步建立健全事前把关、事中和事后监控的全程监管模式，为会展业健康发展创造良好的法制环境。

强化对会展业的规划引导和政策扶持。一是瞄准北京建设“国际会展之都”的战略目标，将会展业列入北京“十二五”时期大力扶持发展的产业，制定中长期发展战略与规划。二是设立扶持会展业发展的专项资金，重点用于奖励大型品牌会展，鼓励申办知名国际会展活动，组织会展人才的培训。按照相关规定，研究制定专项资金管理使用办法，明确监管部门和申请程序，规范资金的使用和管理。

专栏：国内外各级政府对会展业的政策支持

国外政府对会展业的政策支持

● 德国：德国政府多以投资建设场馆或组建会展公司的形式支持会展业发展。法兰克福展览公司是德国最大的展览公司之一，市政府占60%股份，但不收取任何费用，赢利全部用于再投资，政府只从不断增加的税收中得到回报。

● 新加坡：在新加坡举办会展不需要任何审批手续。新加坡规定展览场馆周边的酒店和餐馆必须拿出收入的10%补贴场馆；政府也从财政收入中拿出补助基金支持展馆，部分场馆每举行一次展览可获得2万新币的补助。

● 英国：英国场馆或展览项目得到政府资助数额的多少往往取决于其解决就业的能力，并且资助款项是随着工程或项目进展的情况分期支付，这样就可以达到监控的目的，从而保证工程或项目能够实现就业目标。

国内部分城市设立会展业发展专项资金

我国多个城市均设立会展业发展专项资金，对会议、展览项目给予直接补贴。如深圳每年有3000万元会展业扶持专项资金，对本地原创展会达4 500平方米或外来展会达20 000平方米，按实际场租给予25%资助；对获得UFI等国际展览机构认证的品牌展会，一次性给予15万元的资助。

香港：每年8 000万港元资助发展中国家赴港参展商的交通、生活补助，4 000万港元补助参展商宣传；

澳门：每年8 000万澳元扶持会展业；

东莞：起每年有2 000万元会展扶持资金；

宁波：年度会展业发展专项资金2 000万元；

重庆：设立2 000万元的会展业发展专项资金；

郑州：每年预算安排会展发展专项资金1 500万元；

义乌：每年1 000万元会展业发展专项资金；

南京：每年拿出800万至1 000万元设立会展专项资金；

成都：企业到国外参展，参展人员费补贴50%，展位费补贴2万至4万元；

上海浦东：在浦东主办三次以上品牌展会，可获最高100万元的政府补贴。

（注：以上信息根据公开资料整理）

完善会展业统计调查制度和统计指标体系。对现行会展业统计制度和指标体系进行修订和完善，实行年度和季度统计，并对重点展会组织专项调查。健全会展业行业统计网络，完善会展信息发布平台，加强统计调查和统计指导。各区、县级市和市各有关部门、行业协会、会展场馆及会展活动举办相关单位应积极配合统计部门做好会展业统计工作，为产业发展评估及产业政策制订提供科学依据。

（四）加强人才培养，建设专业队伍

强化实用型专业会展人才培养。支持北京部分高校设立会展专业，并根据本市会展人才的专门化需求进行专业方向细分，重点培养会展策划、营销、搭建、礼仪、评估、物流、法律、财务管理以及国际会展等领域的高素质人才；鼓励会展行业协会、会展企业与高校合作，组建会展人才培养基地，采取课堂授课、实务操作和介入性培训等形式，培育理论与实践相结合的实用型人才；与国际展览管理者协会（IAEM）、国际展览业协会（UFI）等国际会展组织或机构合作，开展会展业高级管理人才培训。

加大会展紧缺人才引进力度。围绕会展业发展的人才需求，坚持“数量与素质”并重的原则，通过举办人才招聘会、搭建人才交流对接平台等方式，面向全球引进一批具有先进理念、擅长会展策划、熟悉国际规则、懂得市场运作的高端复合型人才；健全会展业人才激励保障机制，争取市区两级相关人才优惠政策对会展策划师、会展设计师、展览业高级项目经理等会展业紧缺人才的倾斜。

鼓励会展人才进行国内外交流。加强与境内外会展企业、行业协会和高等院校之间的交流、学习和合作，通过举办会展行业国际研讨会、选派专门人员到国内外会展业发达城市和地区学习、引进国外高素质管理人才、与国内外著名的会展公司合作办展等手段，掌握会展业运行规则和国外先进经验，提升会展管理水平和经营理念。

报告课题组：中国国际贸易促进委员会北京市分会
北京国际会议展览业协会
北京方迪经济发展研究院

第二部分

行业会展篇

北京国际汽车展览会发展报告

北京国际汽车展览会（AUTO CHINA）始创于1990年，由中国机械工业联合会、中国机械工业集团有限公司、中国国际贸易促进委员会、中国汽车工业协会主办，中国国际贸易促进会汽车行业分会、中国汽车工业国际合作总公司、中国国际展览中心集团公司和中国汽车工程学会联合承办。经过20多年的培育和发展，目前北京车展已跻身全球顶级汽车展览会行列，是全球汽车制造商公认和推崇的世界级汽车行业盛会，是在我国境内举办的级别最高、最具权威的专业汽车展览会，也是我国在国际会展业具有广泛影响力的品牌展会。北京国际汽车展览会的发展历程显示：至今在展会规模、展品数量和品质、参观人数、到场采访的媒体记者数量等方面均保持着国内车展的多项纪录，被公认为“中国汽车第一大展”和“中国汽车市场的风向标”。

20世纪80年代初，随着汽车整车产品的引进，合资企业的兴办，我国汽车工业迈出了国际合作的步伐。20世纪80年代中后期，在北京、上海等地相继出现了以开发中国市场，推销国外产品为主的汽车展览。为促进中外汽车界的技术交流和经济合作，推动汽车工业的发展，国家行业主管机构和展会管理机构经过精心筹备，于1990年创办了北京国际汽车展览会，并制定了两年一届、定期举办的发展规划，北京国际汽车展览会就此诞生。

1990年，中国汽车年产量50.9万辆。首届北京车展参展企业372家，参展车辆216辆，展出面积2万平方米，参观人数10万人。首届北京车展的成功举办，打开了中国与世界汽车业界联系的窗口。

1992年，中国汽车年产量首次突破百万，达到106.2万辆，汽车销量达到95万辆，产品和技术装备的水平和质量有了明显提高，当年的北京车展参展厂商510家，参展车辆281辆，展出面积2.5万平方米，参观人数16.5万人。连续两届车展的成功举办为北京车展的发展奠定了坚实的基础。

1994年，全国汽车产量达到135.3万辆，同年，国务院发布了《汽车工业产业政策》，为我国汽车工业的发展提供了政策依据，中国汽车工业呈现了欣欣向荣的发展趋势，国家也发出了鼓励轿车进入家庭的号召。1994年北京车展参展厂商898家，参展车辆353辆，展出面积5万平方米，参观人数32万人。北京车展取得长足进步并实现较大规模，开始得到中外厂商和广大消费者的高度关注。

1996年的北京车展，展会品质明显提升，参展厂商912家，参展车辆333辆，展出面积5.5万平方米，参观人数40万人。当时在任的江泽民、李鹏、朱镕基、尉健行、吴邦国、李铁映等国家领导人都莅临北京车展，给予了亲切关怀和鼓励。

1998年，在国家政策的推动下，中国汽车年产量达到162.9万辆，世界排名第十位。汽车工业的发展催生了北京车展的繁荣，为全力培养北京车展的品牌，北京车展走上联合办展的道路，展会的权威性和专业性得到进一步提升。当年的北京车展参展厂商930家，参展车辆311辆，展出面积5.6万平方米，参观人数36万人。中央电视台直播了本届展会的盛况，开创了国内电视直播展会的先河。

世纪之交的2000年，中国汽车工业全面进入高速发展的轨道，汽车产销量双双超过200万辆，北京车展经过十年的发展，在办展理念、办展模式、展会规模等方面已逐渐成熟，参展厂商1 000家，参展车辆446辆，展出面积7万平方米，参观人数36万人。观众质量有所改变，专业观众显著增加。北京车展逐渐步入成熟的国际名展之列。

2002年，是中国加入世界贸易组织（WTO）后的第一年，中国汽车市场发生了爆炸式的井喷，汽车产销量分别跃升到325万辆和322万辆，自主品牌开始展现强劲爆发力，中国汽车产业进入高速发展时期，北京车展开始从侧重关注规模向着力提升展会品质过渡，参展厂商突破1 000家，参展车辆446辆，展出面积7万平方米，参观人数36万人。北京车展已成为国内规模最大，同时在国际上有较大影响力的专业展会。

2004年，中国汽车工业和汽车市场迅猛发展，中国汽车年产销量均超过500万辆，中国已成为世界汽车工业的重要组成部分，自主创新成为中国汽车工业发展的新趋势。作为中国首屈一指的专业汽车展览会，北京车展以其对中国市场的深远影响力受到国际跨国汽车巨头的高度重视，全球首发车开始出现在中国的汽车展会上。本届车展参展厂商1 520家，参展车辆506辆，展出面积11万平方米，参观人数46万人。

2006年，中国汽车年产销量双双超过700万辆。中国已经成为世界第三大汽车制造国，第二大汽车市场。经过十几年的发展，北京车展也迎来了它的巅峰时刻。2006 年第九届北京国际车展，是北京国际汽车展览会发展史上的重要里程碑，全球几乎所有的著名汽车制造公司都将其定位于全球 A 级车展而踊跃参展，使北京车展与在全球享有著名声誉的法兰克福、日内瓦、巴黎、东京、底特律等 A 级国际车展达到同一级别；国内汽车制造公司也展出了众多拥有自主知识产权的品牌新产品，展出车辆 572 辆，其中 39 辆概念车，92 辆展车是在国内首次亮相。展会期间，跨国汽车公司发布了 10 款全球首发车，大大提升了北京车展的国际知名度和展品质量；参展商 1 600 家；展出面积达到 12 万平方米，观众流量 65.8 万人次，与会国内外记者 6 376 位。展会功能由过去单纯的展示产品的窗口，发展成为中外汽车企业展示形象和品牌、交流信息、寻求合作，实施全球营销战略的舞台。展会品质向国际水平迈进了一大步。参展商、新闻媒体及社会各界普遍认为北京车展已达到国际顶级车展水平。车展结束后，2008 北京奥组委专门派员到车展组委会了解现场组织情况，寻找组织大型活动的成功经验。

2008 年，中国汽车年产量 934.5 万辆，成为世界最重要、最具发展潜力的汽车市场。北京车展首次在新落成的中国国际展览中心新馆举办，使具有十几年历史的北京车展提升到新的境界。为北京车展向更大规模发展，达到世界一流车展的水平，满足更多品牌的展商参展提供了必要条件。本届展会规模巨大，场面震撼，场馆硬件设施全面提升，参展乘用车品牌齐全，国内外展商参展阵容强大，凸显北京车展的国际化水平；办展的整体水平也有了较大提升，显示出我国举办世界顶级车展的实力。本届展览参展厂商 2 100 家，参展车辆 890 辆，展出面积 18 万平方米，参观人数 68 万人。

2010 年，经受了全球金融危机风暴重创的国际汽车工业处于缓慢复苏的时期，中国汽车工业成为国际经济阴霾下的唯一亮点，在国家振兴汽车工业政策的支持下，中国汽车产销量突破 1 800 万辆，中国汽车市场显示出勃勃生机。本届车展在国、内外汽车厂商和社会各界的大力支持和热情参与下，展会面积达到 20 余万平方米，参展商人数达到 27 000 人（见图 2.1），创历届纪录，所有跨国汽车公司都把本届车展定位于全球最重要的 A 级车展之列。本届车展共展示车辆 990 台；89 台全球首发车（包括跨国公司 14 台全球首发车）；65 台概念车（包括 37 台跨国公司概念车）；新能源车 95 辆（包括国内新能源车 60 辆）；国际跨国公司在本届车展发布了亚洲首发车 41 台，中国首发车 35 台。

本届车展共接待 78.56 万海内外观众，再次创下国内车展观众人数的新纪录。本届展会共有 1 564 家国内外媒体的 12 500 名记者到场参观采访（见

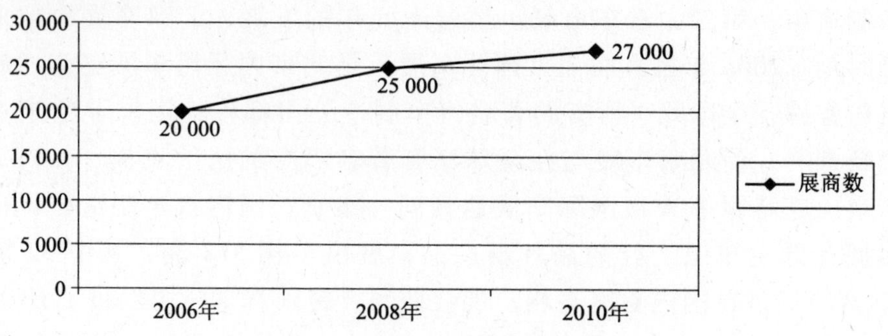

图 2.1 近三届北京车展参展商人数

图 2.2)，其中有来自 48 个国家 200 多家海外媒体机构的 1 100 余名海外记者。

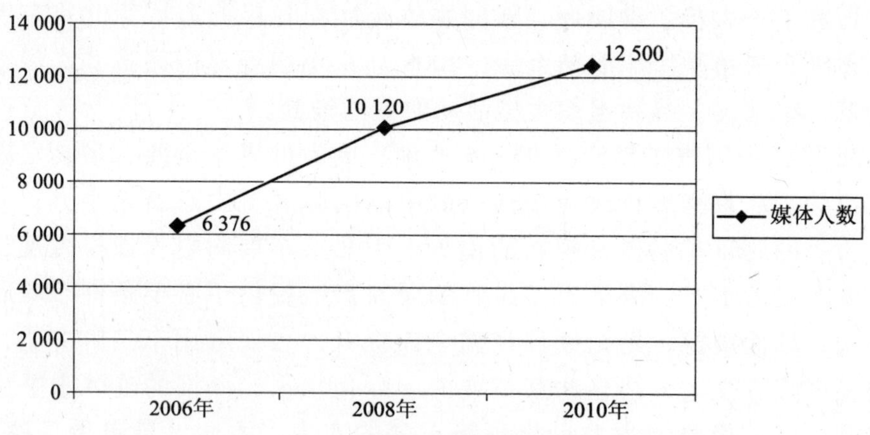

图 2.2 近三届北京车展到场媒体人数

2010 北京车展的盛况，表明了全球汽车制造业对中国市场的信心，显示出国际汽车制造业的中心正在向中国转移，汽车工业的中国时代正在到来的趋势。

历经十一届的北京国际汽车展览会，作为汽车行业“改革、开放”的窗口，对于促进中外汽车业界的交流与合作，推动中国汽车工业的技术改造，加速我国汽车工业步入世界汽车工业的全球化发展进程起到了重要的桥梁作用见表2.1。北京国际汽车展览会二十年的发展历程，也是中国汽车工业不断发展和总体水平不断提高的历程。通过多年的办展实践，北京车展主办单位不断探索适合我国国情的办展模式，并积极地学习吸收国外知名展览会的组织工作经验，提高展览会的组织工作水平，挖掘展览会的社会、文化内涵，推动北京国际汽车展览会向国际化、现代化、规范化水平的迈进。北京国际汽车展览会具有展品精、品牌全、国际化的鲜明特色。

表 2.1 历届北京国际汽车展览会主要数据表

年 份	汽车产量（万辆）	参展企业（家）	参展车辆	展出面积（万平方米）	参观人数（万人）
第一届 1990	50.9	372	216	2	10
第二届 1992	106.2	510	281	2.5	16.5
第三届 1994	135.3	898	353	5	32
第四届 1996	147.4	912	333	5.5	40
第五届 1998	162.9	930	311	5.6	36
第六届 2000	200.8	1 000	446	7	36
第七届 2002	325.1	1 240	550	8	38
第八届 2004	507.1	1 520	506	11	46
第九届 2006	728	1 520	572	12	60
第十届 2008	934.5	2 100	890	18	68
第十一届 2010	1 800	2 120	990	22	78

北京国际汽车展览会组委会秘书处

冶金铸造行业展览会分析报告

冶金、铸造是装备制造业的基础，也是国民经济的基础产业，从建筑、汽车、机床、航空、航天到人们的日常生活都离不开钢材、离不开铸件，离不开冶金铸造行业。我国早已是冶金、铸造大国，2010 年我国粗钢产量达到 6.267 亿吨，占全球总产量的 44.3%；铸件总产量达 3 960 万吨，超过世界铸件总产量的 1/3。冶金、铸造行业的蓬勃发展带动了冶金、铸造专业展览会的发展，同时展览会以其特有方式彰显着行业的进步，引领着行业的发展。由中国铸造协会、中国钢铁工业协会、中国贸促会冶金行业分会和中国机械工程学会工业炉分会联合主办的“中国国际铸造、锻压及工业炉展览会”和“中国国际冶金工业展览会”创办于 1990 年，每两年（双年）举办一届，分别在北京和上海轮流举办，已经连续举办 10 届。2008 年中国铸造协会首次推出以展示铸件为核心的“中国国际铸件展览会”，与原有展会——“中国国际铸造、锻压及工业炉展览会”合并并更名为“中国国际铸造博览会”。从 2010 年起，为适应行业和展会自身发展需要，中国国际铸造博览会由原来在北京和上海两地轮流举办，改为长期在北京举办。

中国国际铸造博览会是全球铸造行业两大名展之一，也是目前世界上规模最大的铸件展览会。2010 年举办的第十届中国国际铸造博览会，总面积 106 000 平方米，有来自 30 个国家和地区的 1 326 家铸造企业参展，专业观众达 47 693 人次。该展会 2005 年取得国际展览业协会（UFI）认证，2008 年荣获“中国行业品牌展会金手指奖”、2009 年荣获“中国专业展览会百强组展商”、2010 年荣获“新世纪十年中国十大创新展览会”等称号。

一、中国国际铸造博览会的特色

（一）打造国际一流展会规模，实现跨越式发展

中国国际铸造博览会在1990年创办时仅7 000平方米，之后稳步增长，在2008年和2010年成功实现了两次跨越式发展，增长幅度分别达到61%和83%（见图2.3~图2.5）。

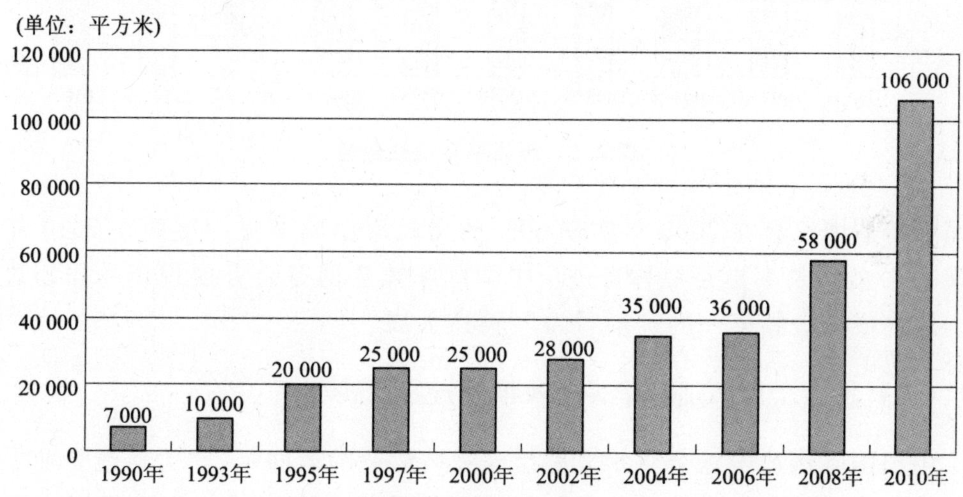

图2.3 历届展会规模

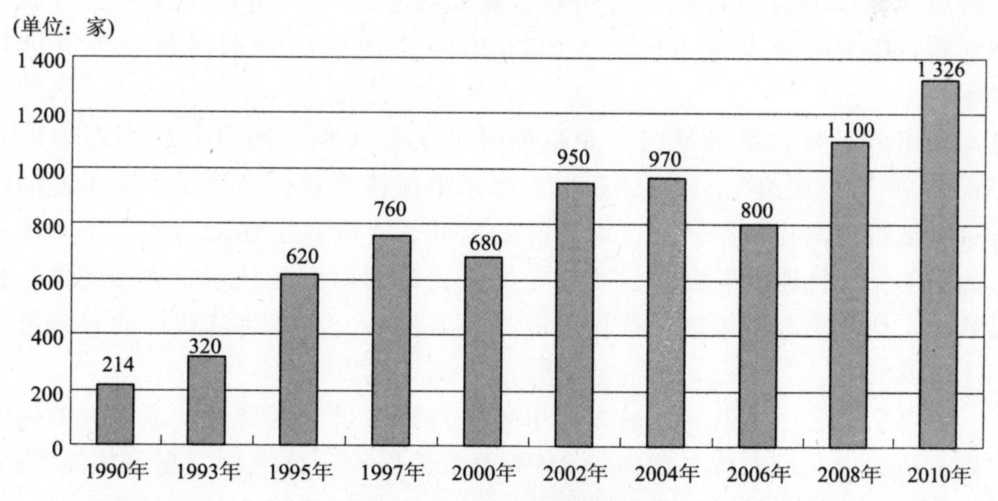

图2.4 历届参展商数量

中国国际铸造博览会超常规的发展速度受到展览业界的普遍关注。展览业界一般认为对于成熟的展会而言，每届增长10%~20%已经非常难得，中

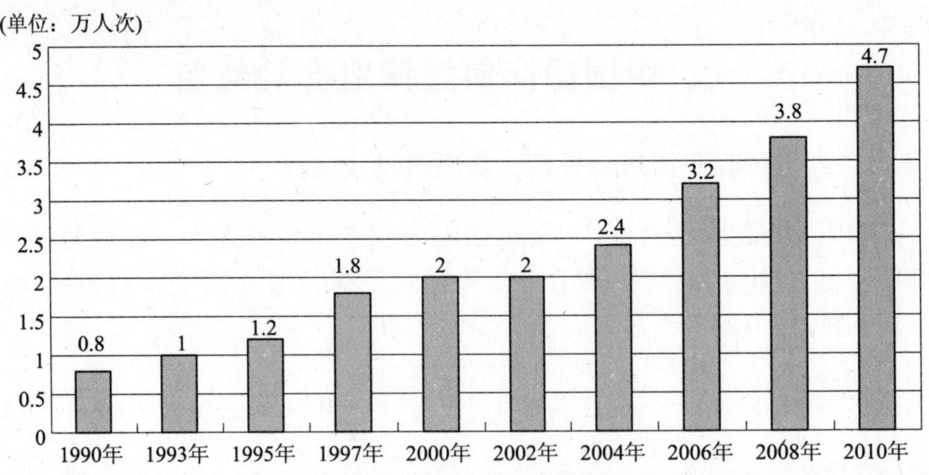

图 2.5　历届展会观众数量

国国际铸造博览会在 2008 年实现 60% 的增长率已属罕见，继而在 2010 年又实现 83% 的增长率更是堪称奇迹！中国国际铸造博览会办展规模一届超过一届，最终成为世界第一的“航母型”铸造大展。

（二）汇聚全球铸造精华，反映世界行业发展水平

中国国际铸造博览会双年大展是国际铸造业的风向标。“为铸造企业发展寻求机遇、为行业未来铺就希望”是中国铸造协会办展的初衷。每届中国国际铸造博览会展会均有明确的主题，紧扣行业发展脉搏，反映铸造行业发展面貌，引领行业发展方向。下面以 2010 中国国际铸造博览会为例进行说明。

2010 年 5 月，是世界经济企稳回升的关键时期，博览会的主题确定为“春天、创新、盛典”。意在体现世界乃至中国铸造业在经历了百年不遇的国际金融危机的洗礼，伴随着全球经济的复苏，将以自主创新为基点，所面临着的新的发展机遇。展会共设有六个展区，分别以海外技术、大型铸件、精品铸件、产业集群、铸造装备和铸造材料为核心，演绎铸造行业的科技进步与工艺发展。

博览会上展示了世界上最大的单体球墨铸铁机床床身件，最先进的燃气内燃机机架以及最大发电功率的 3MW 轮毂铸件等一批大型、高端铸件产品。展会上，中外精密铸造装备和系列化的新型绿色环保铸造材料相映生辉，展会上同时有 30 多个中国特色铸造产业集群精彩亮相。2010 中国国际铸造博览会是世界铸造业的盛会，更是中国铸造业发展轨迹的一个写照，通过 2010 中国国际铸造博览会，可以看到世界铸造业科技进步的辉煌业绩，更可以看到

中国铸造产业结构调整的初步成效，展示出中国铸造业坚持可持续发展方向，逐步与世界铸造业高端领域接轨，向铸造强国迈进的强劲步伐。

（三）配套活动丰富展会内涵，超值服务提升展会品牌

在中国国际铸造博览会展会同期举办了中国铸造协会年会、国际铸件采购洽谈会、信息发布会和一系列技术研讨会；组织了优质铸件金奖评选、“中国铸造综合百强、分行业排头兵和专特精新优势中小企业”颁奖、产业集群授牌、“优秀铸造企业家和优秀行业工作者”颁奖等行业活动。

中国铸造协会年会规模在千人以上，是中国铸造业的盛会。冶金、铸造行业的专家、科研人员、企业家、从业者在大会上研讨中国铸造业的现状及发展趋势，交流先进技术。

国际铸件采购洽谈会是目前国内最大的铸造商贸平台，中国铸造协会通过完善的海外工作体系邀请到高质量的采购商进行现场采购，成交量高，得到参展商和采购商的一致好评。

优质铸件金奖评选是在业内享有盛誉的权威评奖活动，每两年举办 1 次，所评选出的铸件产品代表中国铸造业的先进水平。

博览会期间的系列配套活动丰富了展会内涵，成为主办方提供的展会超值服务项目，有效吸引了更多的展商和专业观众，进一步提升了展会品质。

二、中国国际铸造博览会快速发展因素分析

（一）中国铸造业的蓬勃发展奠定了中国国际铸造博览会快速发展的基础

铸造专业展览和铸造行业的发展密切相关，相辅相成。中国铸造行业的稳步发展为办好铸造专业展览奠定了良好基础；同时，铸造展览平台的搭建也有力促进了铸造业的快速发展。

中国是铸造大国，铸件总产量自 2000 年起连续十年稳居世界首位，2009 年达到了 3 530 万吨，超过世界铸件总产量的 40%（图 2.6）。但我国并不是铸造强国，进行产业结构调整、产品结构调整是促进行业发展的首要任务。中国铸造协会在国家工业和信息化部的指导下已经制定了《铸造行业准入制度》，提出到 2020 年将现有的 3 万家铸造企业减少到 1 万家，以提升企业规模化和核心竞争力的目标。企业要发展就必须进行升级改造，就需要先进的技术和先进的设备，需要行业发展信息，中国国际铸造博览会正是满足这些需求的高端专业平台，因顺应了全球铸造业发展需求而得到快速发展。

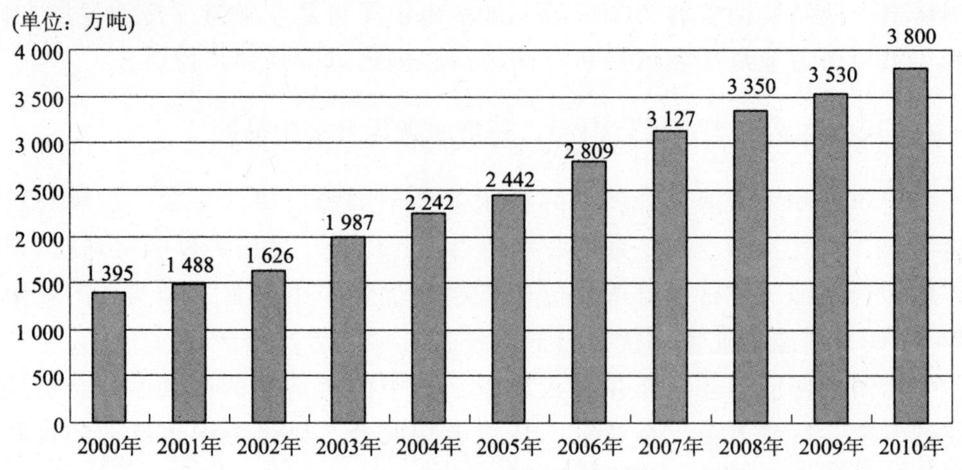

图 2.6　中国铸件产量增长情况

（二）主办方的超值服务确保了中国国际铸造博览会快速稳定发展

展会主办单位——中国铸造协会成立于 1986 年 10 月，是我国铸造行业唯一的国家级行业组织。协会现有 2 101 家会员单位，其中有 60 家地方协会团体会员（拥有 8 000 余家会员单位），合计会员单位总数近万家，行业覆盖率达 33% 左右。会员单位的铸件产量占全国铸件总产量的 70% 以上。中国铸造协会 2009 年 2 月通过 ISO9000 质量管理体系认证；2009 年 5 月，被国家民政部授予全国首批 4A 级行业协会；2010 年 7 月，国家商务部和国务院国资委授权中国铸造协会在全国铸造行业企业中开展信用等级评价活动。

中国铸造协会长期以来致力于国内外铸造行业服务体系建设，与百余家国际铸造行业组织，中国地方铸造行业协会和下游行业协会保持长期友好的合作。积极配合国家工信部、发改委制定相关产业政策；帮助地方政府制定铸造产业发展规划；制定行业标准、行规行约，大力推进铸造产业集群建设。深入细致的行业服务，让中国铸造协会牢牢地把握住了行业工作的制高点，成为名副其实的“会员之家，企业之家，行业之家”。主办中国国际铸造博览会是中国铸造协会行业服务项目之一；换言之，中国国际铸造博览会也是中国铸造协会行业服务体系中的重要组成部分。因此，中国国际铸造博览会的效果如何是检验中国铸造协会行业服务工作质量的重要标志之一，这也是中国国际铸造博览会有别于其他铸造展览会的主要区别。中国铸造协会办展的理念是“以超值的服务赢得无愧的回报”。20 年来，中国国际铸造博览会从最初办展到具有品牌意识，从国内品牌到亚洲品牌，直至成为世界品牌这样一个发展过程，蕴含着行业协会服务意识不断提升的过程。

多年来，深入细致的行业服务赋予中国国际铸造博览会展特殊的内涵和意义，形成了“行业发展看中国国际铸造博览会，展商离不开中国国际铸造博览会，观众离不开中国国际铸造博览会，中国国际铸造博览会推动行业发展”的局面，中国国际铸造博览会已成为引导铸造行业发展方向的风向标。

（三）坚持自主创新，主导展会跨越式发展

创新是中国国际铸造博览会发展的不竭动力，创新推动中国国际铸造博览会实现了一个又一个跨越。

2006 年以前，每届铸造展规模均在 36 000 平方米以下，参展商以材料设备生产企业为主。2008 年，为展示中国铸件生产技术的进步，首次将铸件展导入中国国际铸造博览会，展会规模达到 58 000 平方米，实现了展会规模的首次大幅度突破；2008 ~ 2010 年，产业结构调整已经成为铸造业发展的主线，中国铸造协会在促进产业结构调整、打造特色铸造产业集群方面做出了突出成绩。2010 年，中国国际铸造博览会有效运用行业工作成果，展会规模达到 106 000 平方米，增长幅度再创新高，实现了展会规模、品质的再次飞跃。

未来一段时间，我国铸造行业为提升综合竞争力和产品附加值，将进一步向上游、下游延伸。向上游延伸即铸造企业将参与用户（如汽车主机厂）的产品设计，帮助用户优化零件结构，进而生产出重量更轻、强度更高的铸件；向下游延伸即进行产品深加工，为用户提高加工好的零件、部件乃至总成。2011 年，协会还将创办“中国铸造零部件展览会”，于 2012 年并入中国国际铸造博览会。该展会侧重上下游产业链的结合，在展出铸造设备、材料、铸件的同时，鼓励企业展出加工好的零件、部件，并邀请铸件机械加工设备企业参展。同时通过积极协调，将与下游行业展会“中国国际船舶工业展览会”、“世界清洁能源大会”同期举办，努力构建铸件生产、加工、应用一条龙的办展模式，深入促进行业发展。

（四）打造精英团队，规范运作展会

人才和规范管理是展会成功的重要支撑，中国铸造协会的国际交流与展览部现有员工 8 名，全部是本科以上学历，以铸造、展览和外语三重复合型人才为主。协会不定期组织员工参加各类培训，如参加“全国首届高级会展职业经理人”培训、铸造专业知识培训等，持续提高办展人员业务能力。在展会筹备、运作过程中，严格按照 ISO9001 标准化管理，做到事事有依据，事事有人管，保障中国国际铸造博览会的规范化运作，使展会充满活力。

三、打造未来世界铸造第一大展、强展、名展——中国国际铸造博览会展望

（一）精心培育富含北京元素的专业品牌展

中国国际铸造博览会经过20年的发展，已经成长为世界上两大铸造名展之一，是全球规模最大的铸件展示会。2010年长期定位在首都北京办展以后，将进一步注重自身的品牌建设。随着中国铸造行业的发展，中国铸造协会促进行业发展工作的持续深入进行，中国国际铸造博览会将成长为世界铸造第一大展、强展、名展，履行“展示世界铸造业发展面貌，让世界了解中国，让中国走向世界”的职责，为中国铸造业和世界铸造业的发展做出贡献。

（二）整合国内外资源，努力打造世界第一名展，谋求共赢发展

铸造业作为装备制造业的基础行业，深化与相关国内外上下游行业的合作，是“十二五”期间发展的重要内容和目标。

中国国际铸造博览会在转型升级、做强做精中，日益受到国内外行业协会、专业媒体、知名展览集团公司的关注。合作办展的趋势将会助推中国国际铸造博览会加快发展，成为世界铸造第一大展、强展、名展。

四、办展中遇到的问题

（一）场馆面积不足

北京目前最大的展馆室内展出面积为10万平方米，预计2012年的中国国际铸造博览会的室内展览面积将超过14万平方米，北京现有的展馆将不能满足展会需求。

（二）展馆附设会议室太少且规模太小

与中国国际铸造博览会同时举办的中国铸造协会年会，从2008年起每届参会者均在千人以上，然而，北京的展览馆附设的会议室远不能满足大型专业展览会展期办会的需要。

（三）场馆的配套服务不到位

由于北京的大型场馆尚处于垄断经营的地位，不能充分考虑主办方的合

理要求，配套服务不到位。如场馆指定运输服务商，高价收取运费，“展虫”扰乱现场秩序，展馆交通不便及引导标识不清等问题仍然存在。

我们期待北京的办展环境能够进一步改善，为大型、品牌展会提供更加广阔的发展空间。相信中国国际铸造博览会能够为推动中国制造产业发展、推动北京会展业和首都经济发展，做出更大的贡献。

中国铸造协会　范　琦

石油石化装备行业展览会分析报告

中国国际石油石化技术装备展览会（CIPPE）是国际石油石化领域的行业例会，每年春季在北京举行，已成功举办十一届，是由北京振威展览有限公司等有关单位主办，曾经与美国国际石油、天然气展览会，英国国际石油、天然气及石化展览会，加拿大国际石油、天然气展览会并称为世界四大石油展。

一、装备制造成国民经济支柱产业
北京诞生全球最大石油装备展

装备制造业是为国民经济和国防建设提供生产技术装备的制造业，是制造业的核心组成部分，是国民经济发展特别是工业发展的基础。建立起强大的装备制造业，是提高中国综合国力，实现工业化的根本保证。

作为装备制造业的重要构成，石油装备产业在我国国民经济发展中日益发挥着重要作用。目前，我国石油天然气装备门类比较齐全，规格、品种基本能满足陆上石油勘探开发的需求。从生产能力、产量、产值、生产的品种规格和从业人员等方面衡量，我国已是一个生产油气设备的大国。2010 年，我国石油装备产业产值是 8.8 万亿，化工是 5.42 万亿，第一次超过了美国，成为世界第一。统计显示，“十一五”期间，我国石油石化设备制造业规模以上企业数量从 1 019 家快速增至 2 023 家，将近翻一番。全行业资产总额从 674.16 亿元增长到 2 005.6 亿元。五年间全行业工业总产值和工业销售产值均增长了 3 倍以上。

近年来，随着国际油价的高位运行，强烈刺激和拉动了钻采设备和石油化工设备的大量需求，使得国内石油钻采设备制造行业的工业总产值连续多年屡创新高。同时，国内众多大型炼油、乙烯和 PTA 等石化项目的建设，也

拉动了炼油化工设备和压力容器制造行业的需求。石油石化装备制造行业呈现出高速发展态势。我国石油装备制造业产业规模快速扩大，步入了持续、快速发展的良性轨道。

中国国际石油石化技术装备展览会是国际石油石化领域的行业例会，每年春季在北京举行，已成功举办十一届，曾经与美国国际石油、天然气展览会、英国国际石油、天然气及石化展览会、加拿大国际石油、天然气展览会并称为世界四大石油展。2011 年，中国国际石油石化技术装备展览会面积突破 80 000 平方米，成为全球规模最大的石油展会。展览会作为行业的风向标，从一个侧面反映出我国石油石化行业近年来的迅猛发展态势。

二、石油装备会展“应时而生”
CIPPE 长期保持快速增长

新中国的建立为我国石油工业的发展创造了根本条件。20 世纪，我国石油工业经历了 50 年代恢复和探索、20 世纪 60 ~ 70 年代高速发展和 80 年代以后稳定发展的三大历史阶段。到 1999 年底，我国油气开采行业已形成了 1 860 亿元的固定资产，年销售收入 1 876 亿元，实现利润总额 290 亿元，占全国国有及国有控股企业利润的 30%，成为国民经济中的重要基础产业。

CIPPE 品牌形成于 2000 年，其时的市场环境为日后 CIPPE 的发展奠定了良好的基础。从 1999 年起，直到 2006 年，世界石油装备业资本市场迅速膨胀，全球石油勘探开发投资从 675 亿美元增加到 2 708 亿美元，增长了 3 倍。

我国石油行业经过 1998 年改革重组，以经济效益为中心，由计划经济体制下实行的速度发展型经营模式转向靠技术进步、科技创新带动石油勘探开发稳步发展。2001 ~ 2005 年，正值国家社会和经济发展规划的“十五”期间，石油工业发展面临四个重点：一是加强国内石油勘探，增加后备储量，实现东部稳产、西部和海域有较大发展的目标；二是加快天然气基础设施建设，改善能源结构；三是坚持利用国内外两种资源的战略方针，积极拓展海外油气勘探开发业务；四是加快建设国家战略储备库，保障国家石油供给安全。

事实证明，正是在“十五”期间，石油装备制造业乘着国家经济快速发展和装备制造业方兴未艾的东风，步入了持续、快速发展的良性轨道。产业规模快速扩大，收入年增长 20% 以上，产品综合性能快速提升，高科技产品技术攻关获得重大突破，9 000 米超深井钻机、顶驱、大口径高钢级钢管、快速测井平台、中大功率内燃机、大功率烟气轮机等一大批新产品陆续研制

成功。

在这样的历史机遇面前，相关行业展会的出现及快速发展似乎已经成为历史必然。石油石化行业需要一个平台，沟通信息，整合资源，加速发展。2000年出现的CIPPE承担了这样的历史使命。

数据显示，CIPPE 2000年展出面积5 000平方米、参展企业200家、观众3 000多人；CIPPE 2003年展出面积12 000平方米、参展企业400家、专业观众8 000人，CIPPE 2006年展出面积30 000平方米、参展企业600家、专业观众15 000人；CIPPE 2009年展出面积60 000平方米，参展企业900家，专业观众23 000人；CIPPE 2011年展出面积80 000平方米，参展企业1 500家，专业观众达到40 000人。

到“十五”计划最后一年，也就是2005年，中国国际石油石化技术装备展览会获得由总部设于巴黎的国际展览业协会（UFI）的国际认证，成为目前中国大陆第22个获此殊荣的专业展会，这是目前在中国举办的石油石化展中唯一一个成为全球展览业协会会员的展览会，北京振威展览有限公司同时成为中国第一个加入UFI国际认证的民营展览公司。

三、中国成国际石油行业风向标
装备制造展会需要国际化视野

“十一五”期间，中国能源装备的设计技术水平有了长足进步，先后成功研制出12 000米石油钻机、千万吨炼油成套装置、百万吨乙烯成套装置关键设备、百万吨级PTA成套装置关键设备、大型石化通用设备等高端设施。在去年十月国务院发布的《关于加快培育和发展战略性新兴产业的决定》中，高端装备制造产业被列为战略性新兴产业之一，海洋工程装备和智能制造装备作为高端装备制造的两大细分领域，也同时被写入文件。

伴随着国家相关政策逐渐明晰，越来越多的国际石油石化巨头会对中国市场产生前所未有的浓厚兴趣，中国在全球石油行业的风向标意义也愈发凸显。而这也正是中国国际石油石化技术装备展览会迅速发展的根本原因之一。

行业盛则展会兴，同时，展会的发展又反作用于行业，对整个行业的发展起到了促进作用。

从2006年起，CIPPE组委会正式启动全球买家推广计划，直至现在。其间，CIPPE足迹踏遍了中东产油区、美洲产油区、北海产油区和北非、东南亚等地，在美国、英国、加拿大、墨西哥、巴西、新加坡、阿联酋、伊朗、挪威、俄罗斯等全球油气勘探开发热点地区进行了全方位推广，成功地将

CIPPE品牌推向了世界。据不完全统计，这些年来，CIPPE推广里程总长度已经接近40万千米，相当于围绕地球10圈。作为努力的回报，CIPPE组委会目前掌握的精确买家数量已经达到10万家。

近年来，中国国际石油石化技术装备展览会吸引了美国、德国、英国、法国、加拿大、挪威、意大利、俄罗斯等12个国家展团，国际著名企业有俄油、贝克休斯、国民油井、西门子、德莱赛、霍尼韦尔、康明斯、伊顿、泰科、阿特拉斯、山特维克、豪顿华、安奕极、佐敦、海虹老人牌等。国内知名企业主要有中石油装备展团、中石化江汉展团、中海油、中船重工，中集来福士、兰石国民油井，天合，宏华、胜利高原、山东科瑞、南阳二机、华北荣盛、烟台杰瑞、上海神开、天津立林、上海中曼、江苏信得、盐城三益等。

CIPPE吸引了大量的国际采购商，全球最大的石油公司——沙特阿拉伯国家石油公司、壳牌石油、道达尔、俄气、俄油、挪威石油、巴西石油、阿伯丁城市委员会、阿曼苏丹国、乌克兰等众多知名国际买家均到会参观。2011年，展会吸引的世界五百强企业达到37家。国民油井、贝克休斯、喀麦隆、哈里伯顿、斯伦贝谢等国际油服和技术巨头均以不同方式在CIPPE期间进行宣传和推广。

四、展会多年持续反映行业热点
2011年石油石化装备面临市场新契机

经过多年努力，中国能源装备的设计技术水平在“十一五”期间有了长足进步，先后成功研制12 000米石油钻机、千万吨炼油成套装置、百万吨乙烯成套装置关键设备、百万吨级PTA成套装置关键设备、大型石化通用设备等。在国务院此前发布的《关于加快培育和发展战略性新兴产业的决定》中，高端装备制造业被列为战略新兴产业之一，而海洋工程装备和智能装备作为高端装备制造的两大细分领域同时被写入文件。

伴随着当今社会能源需求的不断增加，我国的能源结构和能源战略开始转变。“十二五”期间，我国石油石化装备制造业将顺应这种变革，迎来发展的新契机。

海洋工程装备

目前我国海洋石油资源量为246亿吨，占全国石油资源总量的23%；海洋天然气资源量为16万亿立方米，占全国总量的30%。随着探明储量的不断增加和能源消耗的加剧，近年来我国海洋石油开发行业整体规模以年均

32.3%的速度增长，已迅速成长为中国海洋经济的支柱产业，这将为我国海洋油气勘探开发装备制造业的发展提供难得的历史机遇。

海洋工程装备是指用于海洋资源勘探、开采、加工、储运、管理及后勤服务等方面的大型工程装备和辅助性装备，海洋油气资源开发装备是目前海洋工程装备的主体。随着海洋油气资源开发的“由浅入深”，以半潜式钻井平台、钻井船、浮式生产存储及卸货装备（FPSO）等为代表的深水海洋工程装备逐渐成为世界海洋工程装备的热点。

非常规气开发装备

目前，世界天然气开发开始向非常规方向发展。非常规天然气主要包括致密砂岩气、煤层气、页岩气、天然气水合物等。美国是目前页岩气规模开发取得成功的唯一国家，2009年页岩气产量约900亿立方米，比2008年净增380亿立方米。勘探开发技术的进步是美国近年页岩气产储量增长的重要因素。据介绍，美国在页岩气开发方面的关键技术包括压裂技术及装备、水平井技术及装备等。由于水平井钻完井及分段压裂技术的突破，有效提高了页岩气单井产量，北美地区Arkoma盆地的Fayetteville页岩气仅用了4年时间就达到年产量100亿立方米。

全球页岩气资源量主要分布在北美、中亚、中国、西亚、北非和前苏联等地区。我国非常规油气资源相当丰富。但我国在非常规资源勘探开发方面，包括资源评价识别、水平井和多分支结构井钻完井、复杂构造条件下的钻完井、不同储层改进压裂技术等一系列复杂技术，起步较晚，成本高昂，在技术、规模、水平和发展速度上都存在较大差距。我国今后将加大页岩气勘探开发力度，目前已在《大型油气田及煤层气开发》科技重大专项中专门设立页岩气勘探开发关键技术研究项目，国家能源局也在抓紧组织编制页岩气专项发展规划。

高端装备制造

“十二五”规划纲要中提出，我国将大力发展节能环保、新一代信息技术、生物、高端装备制造、新能源、新材料、新能源汽车等战略性新兴产业。高端装备制造产业重点发展航空装备、卫星及应用、轨道交通装备、智能制造装备。

石油和化工装备产业将抓住这一难得的历史机遇，围绕勘探、生产、加工、储运、服务等环节，发展大型高端化、智能化的海上作业与辅助服务装备、特种资源开发装备。

CIPPE以“展”、“会”结合的方式，多年来关注不断变化的行业热点，为每届展会赋予不同的内涵。展会同期举行的“国际石油石化装备产业发展论坛”已经成为业界关注的焦点会议之一。解读石油石化及装备制造业发展方式的转变，分析产业政策、国际形势、市场机遇，对物探技术、油气作业生产、非常规油气，以及石油天然气开发和管道建设等领域的热点话题和创新技术展开专题讨论，每届展会的同期论坛和交流会达数十场之多。

五、展会关注全产业链信息共享助力行业“由大到强”

与发达国家石油和化工装备产业相比，我国石油和化工装备产业生产力水平不高。和其他产业一样，“大而不强”是我国石化装备产业的鲜明特点。

产能过剩、产品结构和业务发展模式不合理、国产化率低等成为困扰我国石油装备制造业转型升级的主要瓶颈之一。此次金融危机对我国石油装备业影响巨大，主要由于我国石油石化装备产业产品结构不合理，总体上技术含量低，抗风险能力差。我国石油和化工行业目前达到国际先进水平的技术装备占三分之一左右，国产装备的国内市场满足率不到60%，在重大技术装备领域这一比率更低，行业高端装备和制造技术大都依靠进口。

中国国际石油石化技术装备展览会同期举办了石油石化节能减排研讨会，API认证项目推广研讨会，法国油气勘探与开发先进技术研讨会，中国国际泵、风机、压缩机技术高峰论坛，石化行业电气设备需求研讨会，中国国际海洋石油工程及设备论坛，石油石化装置长周期安全运行及难题解决方案论坛，石化装备市场竞争环境商机分析论坛及众多参展商举办的专题技术研讨会和论坛，对国际间的技术交流起到了积极的推动作用。

展览会作为行业的风向标，所释放出的信号已经逐步成为石油行业发展的重要依据之一。众多企业加快产业转型升级步伐，发展石化高端装备；不仅关注陆上油田，研发沙滩、戈壁等复杂地表勘探开发需要的钻采装备，更加重点关注发展海洋油田，特别是深水油气开发所需的装备。

CIPPE展出范围涵盖了石油石化全产业链中的各个环节，如油气勘探、开发与生产装备、物探、测井、钻井技术与设备、油气田地面技术设备、石油石化设备与制造、自动化技术装备、仪器仪表DCS、PLC控制系统和现场总线、油气管道建设工程技术和设备、发电机组等动力机械设备、油田特种车辆、工业防爆产品、电工电气设备、电线电缆产品、石油石化科研及实验室技术设备、石油炼制工艺与技术、石化工艺与技术、设备检修、维护与管理、流体机械设备与技术、燃油与润滑油技术与设备、销售系统及设施、石化产品和先进材料、环保、节能与安全管理、消防报警设备、工业安全及劳保用品、工业清洗及防腐技术材料与设备、卸装与包装技术、通信及信息系统管理、电子商务等。

CIPPE 2011 上，出现了越来越多节能环保，减排降耗的新产品，彰显了“十二五”期间，石油装备行业的经济结构战略性调整是加快转变经济发展方式的主攻方向。

六、发挥北京地缘优势 CIPPE 前景可期

会展业的发展离不开产业和市场两大因素。石油装备展、机床展、电信展、纺织机械展、印刷展、冶金展、汽车展等一批专业性会展在短时间内迅速发展起来，并且跻身于世界同行业发展的先进行列，依靠的都是中国相关制造业整体提高这一产业背景优势。

北京作为全国的政治中心，中国“四大油”总部所在地，国内众多装备企业、经销商也选择北京作为根据地，石油展的举办，对于吸引国外相关产业巨头设立驻京办事处，关注中国市场具有积极的意义。同时，对促进产业发展，提升城市品牌具有很好的带动作用。

中国经济持续十多年快速发展，经济实力大大增强，科技和生产水平大幅度提高，为中国会展业发展提供了经济基础和强有力的产业背景支持。中国现代制造业迅猛发展和作为全球生产制造中心地位的形成将使更多行业、更多领域的专业会展迅速成长起来。北京市从“十一五”时期开始，大力发展包括会展业在内的文化创意产业，采取各种措施鼓励会展业的发展。作为北京会展行业的成员之一，我们建议市政府进一步陆续出台会展业相关税收减免、财政扶持、人才落户等产业政策，促进北京会展业的健康发展。

北京振威展览有限公司　张学山　刘　晨

汽车用品行业展览会分析报告

一、中国汽车用品行业综述

（一）行业概况

中国汽车用品行业作为中国汽车后市场的重要组成部分，自20世纪90年代初在广东起步，2000年左右开始发展，2004年进入高速发展期，在短短15年左右时间经历了一个从无到有、从小到大的发展过程，尤其是最近五六年，发展尤其迅速。据2010年底，国家发改委中国设备管理协会汽车用品与改装技术中心公布数据统计，目前全行业有生产企业18 000～20 000家，行业经销企业已经达到十万多家，行业产值达到3 500亿元，且每年还在以32%的增幅快速发展，未来10年汽车用品经销商及汽车服务商将有望达到48万家。

（二）行业现状

目前，汽车用品行业包含汽车用品生产企业、经销企业、服务企业、服务从业人员四大部分，产品涉及汽车美容护理、汽车内外饰、汽车精品、汽车电子、安全、节能、环保、野外、改装10个大类1 000余种产品。

1. 目前全行业共有生产企业20 000家左右，其中：产值10亿元以上的企业30家左右，1亿元以上的企业500余家，1 000万元以上的企业1 500余家，100万元以上的企业10 000余家，其他为小规模企业。

2. 行业内共有经销企业和服务企业100 000多家，其中：产值亿元以上的企业100家左右，1 000万元以上的企业600家左右，100万元以上的企业10 000家左右，其他为小规模企业。

3. 目前汽车用品行业从业人员共有600万人。

4. 截至2010年年底，我国汽车用品行业产值已经接近3 500亿元。

（三）行业前景

目前，我国汽车用品行业发展十分迅速，尤其是最近三四年，市场份额不断扩大。今后几年可能会出现井喷式发展，未来十年中国汽车用品行业生产企业将达到10万家；经销及服务企业将超过50万家；行业总产值将超过1.5万亿元；行业从业人数将超过2 000万人。

（四）存在问题

随着汽车用品行业市场价值的不断增加，越来越多的企业看到了行业广阔的市场前景及可观的利润，纷纷涌入到汽车用品行业。由于汽车用品行业从业门槛低、产品技术和资金投入要求低，大量的生产厂家及经销商迅速涌入，快速膨胀的生产经销市场给行业带来了诸多问题。

1. 产品质量参差不齐，缺乏行业标准和检验手段。由于汽车用品行业发展历史较短，行业缺乏监管，产品缺乏技术标准及权威的检验环节，导致许多生产环节缺乏控制，产品质量参差不齐，价格混乱。

2. 入行门槛过低，服务缺乏规范。汽车用品行业由于其产品特性，70%～80%的产品都无法单独销售，需要有专营店为消费者提供配套服务，比如：太阳膜、音响、护理产品（镀膜、打蜡）、汽车装饰件等，但是目前专营店提供的服务内容和水平参差不齐，欺骗蒙蔽消费者的事件时有发生，从业人员无专业技术资格证及相关培训即可上岗，整个行业基本处于政府监督和管理的真空。

3. 企业盲目投资生产，抗风险能力差。一些汽车用品行业企业品牌意识薄弱，不注重提高市场竞争能力。当生产经销企业面临金融危机、市场变革等全球性或全国性市场波动时，由于缺乏行业权威引导及对行业市场的准确把握，导致市场混乱甚至企业破产。

4. 汽车改装引发社会问题。汽车改装作为我国的汽车后市场的新兴行业，受到了众多年轻汽车爱好者及时尚人士的追捧，也必然成为未来汽车文化发展和生活方式转变的趋势之一。但是由于汽车改装对技术、产品质量、后期维护及个人人性化设计等方面的要求较高，我国在该行业的技术水平还处于初级阶段，行业监管缺位、缺乏行业标准等都造成了目前汽车改装行业的混乱。这一情况已经引起了社会的广泛关注。

二、中国汽车用品暨改装汽车展览会

（一）展会简介

中国汽车用品暨改装汽车展览会（CIAACE）是中国汽车后市场的知名品牌展览，由雅森国际展览公司于2005年6月创办。CIAACE将汽车用品行业从整车行业展览会中脱离出来，作为独立的新兴行业展会而存在。作为行业的首展，CIAACE不仅见证了中国汽车后市场行业的崛起与繁荣，更为行业企业成功搭建起了直接进行商贸洽谈的平台，成为行业企业每年首选的品牌展会。

CIAACE展会已经成功举办12届。历经多年的努力和发展，展会规模逐年扩大，每一届展会规模都成功实现了对前一届的超越，展会品质和行业影响力也随之递增，累计已有28 000家企业参展，450 000余名专业买家参观交易洽谈，国际参展商每年以200%以上的速度增长，CIAACE已成为行业第一大展。2010年，经商务部批准，中国汽车用品暨改装汽车展览会正式成为国家商务部重点支持展会，成为代表我国汽车用品行业发展方向和水平的国家级重点展会，这也是国内汽车用品领域第一个获此殊荣的展会。

2011年2月，第12届中国汽车用品暨改装汽车展览会（CIAACE 2011）在中国国际展览中心新馆举办，展会规模超过12万平方米，国内外参展商3 200余家，专业观众15.5万人次，再次实现了历史性超越。展会设立汽车电子、汽车内外饰、汽车养护美容、汽车改装等四大专业分区，首次在行业内实现分馆分区展示，展会品质及展示效果全面提升。展会期间，主办方还与联合国内外权威机构共同举办了2011中国汽车消费论坛、2011汽车用品行业趋势及新产品发布会、第7届改装汽车评选大赛、国际买家交流会等30多个同期活动。尤其是由国务院发展研究中心市场经济研究所与中国汽车流通协会共同主办的中国汽车消费论坛的举办在行业内外造成了轰动效应。政界要员、资深专家、企业高管、权威媒体在内的700余人参会，在会上深入研讨中国汽车消费及后市场的发展方向，旨在为行业今后的健康发展发挥积极的推动作用。论坛吸引了国内外300余家媒体的关注，包括中央电视台、中央人民广播电台、光明日报、新浪网在内的多家权威媒体给予了高度评价。诸多同期活动的成功举办进一步扩大了展示成果，升华了消费理念，使CIAACE成为集展览展示、论坛活动、联谊沟通、咨询交流于一体的平台。

（二）发展历程

中国汽车用品暨改装汽车展览会（CIAACE），2005 年由雅森国际展览有限公司创立，是中国首个汽车用品专业展会。首届 CIAACE 参展企业 304 家，展览面积 16 000 平方米，观众 18 465 人。截至 2011 年已成功举办 12 届，累计有 28 000 家企业参展，450 000 余名专业买家参观。历经 6 年十余届展会的发展，汽车用品暨改装汽车展览会，无论从展会面积、参展企业及观众规模方面，都实现了连续快速的增长（见表 2. 2）。

表 2. 2　历届中国汽车用品暨改装汽车展览会（CIAACE）情况

序号	时间	地点	规模（m^2）	展商（家）	观众（人次）
1	2005. 6	北京	16 000	304	18 465
2	2006. 3	北京	30 000	594	24 169
3	2007. 4	北京	30 000	432	28 726
4	2007. 8	成都	12 000	290	11 000
5	2008. 3	北京	45 000	800	38 074
6	2008. 8	上海	20 000	300	20 189
7	2009. 2	北京	45 000	1 200	61 027
8	2009. 12	哈尔滨	22 000	569	21 390
9	2010. 3	北京	86 000	2 089	126 842
10	2011. 2	北京	120 000	3 217	154 786

（三）经验体会

CIAACE 展会的主办方和组织者依托中国庞大的汽车后市场的发展，专门从事国际、国内汽车后市场展览交易活动的策划、组织及实施，曾多次成功举办了国内规模最大、参展国家和参展商最多的汽车后市场专业展览会，并逐渐形成了“国际化、专业化、品牌化”的办展风格。展会主办方立足于全球一体化的现代经济格局，开发和利用丰富的国际资源及同行业组织背景，逐渐把展会办成中国企业与国外市场、国外企业与中国市场的连接桥梁。

北京 CIAACE 之所以成为汽车后市场行业展会的佼佼者，是主办方始终遵循“实效办展、诚信办展、踏实办展”的不变法则和主要经验。

实效办展

CIAACE 主办方一向坚持专业、实效的原则，其座右铭是“没效果，不办展”。得不到客户认同的展会，宁愿不做，展会追求的目标就是做中国乃至世界汽车用品行业的“实效第一展”。

诚信办展

CIAACE 主办方坚守“诚信办展”的原则，坚信：小胜靠智，大胜靠德。对展商和观众的承诺不管遇到多大困难，必须逐一照办。在一些关键问题上，宁愿自己吃亏也不能让展商和观众吃亏。正是因为诚信，北京 CIAACE 这个平台在行业站稳了脚跟，实现了超越。

踏实办展

CIAACE 发展十多年来取得的成绩，得益于始终坚持“踏实肯干”的办事原则。在招展、组织专业观众及买家、策划和实施展期活动以及展后跟踪服务方面，主办方曾经克服了很多难以想象的困难和考验，从不降低标准，敷衍塞责。

目前，展会主办方又在为将于 2012 年 2 月在中国国际展览中心新馆举办的第 14 届中国汽车用品暨改装汽车展览会实现展出面积达到 25 万平方米、参展商超过 6 000 家，专业观众突破 20 万人次的目标而进行着不懈努力。

三、CIAACE 的优势、影响及作用分析

（一）产业优势

2010 年，中国成为世界最大的汽车消费国，年汽车销售达到 1 806 万辆。巨大的消费需求及市场潜力为汽车用品行业的发展带来了史无前例的机遇。未来 10 年，中国汽车保有量及汽车消费仍将快速增长，而且将快速从一线城市向二三级城市蔓延，汽车产业优势仍然十分明显。

（二）消费需求优势

2010 年，中国人均 GDP 达到 4 283 美元，城镇居民人均消费支出达到 2 000 美元，经济的高速增长带动人民生活水平的快速提高。伴随着中国城市化进程的加快，汽车消费将在很大程度上成为未来人们生活中的基本需求，而强调个性化的汽车文化也将逐步渗透到中国的汽车消费群。汽车改装、汽车装饰、汽车个性化保养等汽车服务将成为人们汽车消费的必然需求。世界最大的汽车产品消费和服务消费链在中国。

（三）展会的影响

2010 年，雅森国际展览公司与世界著名展览集团莱比锡国际展览集团正

式签署战略合作协议。莱比锡展览集团作为雅森国际“中国汽车用品暨改装汽车展览会”的国际代理方全面负责展会在欧洲的推广及招商项目，CIAACE成为国内展览行业率先以国内展会为主引进战略合作伙伴的项目之一。这一战略合作充分反映了中国汽车用品暨改装汽车展览会从展会规模、展品范围、参展企业及行业带动等方面，都直接影响到了国际市场。中国是世界最重要的汽车消费国，而中国汽车用品行业的权威性展会也必将成为世界了解中国汽车用品行业的窗口和重要的平台、桥梁。越来越多的国际知名品牌参加中国汽车用品展，国际买家及展商数量逐年攀升，中国汽车用品暨改装汽车展览会已经成为亚洲最大规模的专业汽车用品展览会。

（四）未来发展规划

目前世界著名的汽车后市场展览会分别是美国拉斯维加斯改装汽车展（SEMA）、德国埃森改装汽车展览会、日本东京改装汽车展览会、法兰克福汽车零配件展、欧洲汽车工业博览会等。这几大展会凭借悠久的历史及丰富的世界买家资源，成为世界知名汽车后市场展览会。

但是伴随着中国成为世界最大的汽车消费国，汽车文化与汽车消费逐步进入未来的生活主流，中国无疑将成为世界最大的汽车后市场，中国有必要、有条件、有能力培育一个世界级的汽车后市场展览会。“中国汽车用品暨改装汽车展览会”未来的发展方向即是成为世界级知名汽车后市场展览会，成为综合汽车电子、汽车美容养护、汽车内外饰品、汽车精品、汽车轮胎及油品、汽车改装等在内的综合领域专业性大展。

中国汽车用品暨改装汽车展览会未来将发展成为规模达到30万平方米，近万家企业参展，展会观众规模突破30万人次的特大型国际展会，进入世界著名的汽车后市场展览会之列。

（五）制约展会发展的问题

目前，伴随着中国汽车保有量的不断攀升，汽车用品的需求将越来越大，势必带来汽车用品市场的空前繁荣和发展。中国汽车用品暨改装汽车展览会作为国家重点支持的展会项目，展会规模将越来越大，随之而来的展会设施、展会服务等一系列配套因素，将在一定程度上制约展会的国际化、品牌化、专业化发展。

1. 北京场馆规模及条件制约展会发展

截至目前，即将举办的第14届中国汽车用品暨改装汽车展览会展会规模将达到25万平方米，北京目前最大的中国国际展览中心（新馆）的展示面积只有10.6万平方米。这届展会在使用全部8个室内展厅的同时，还必须在室外建造8个临时展馆同时利用方可暂时满足举办展会的需要。但2013年及以后展会规模还将不断扩大，北京的展馆规模已远远不能满足大型展会发展的需要。

2. 城市配套服务应为展会提供更多便捷

展会在推动城市经济发展方面有着1:9的巨大推动作用。相应的，展会的不断发展与成熟也需要展会举办地更多的、更加便利的城市配套服务及优惠措施来推动。目前北京是全国每年举办大规模展览和会议最多的城市之一，展览会的举行，需要从城市交通、安保、生态环境等综合方面提供便利及公共服务。在开展期间，相应增加地铁及公共交通运营线路及频次，延长运营时间；在特殊区域为展会的参展商及工作人员乘坐公共交通开辟绿色通道；在指定区域为参会人员提供导引和标识等措施；场馆周边提供足够的停车位等都将极大地方便展会的举行，提升展会的整体形象，也更加突出城市对展会的重视程度，使得品牌展会与城市挂钩，成为城市的品牌形象展现在世界面前，这也是国际著名会展城市无一例外的成功经验。

中国汽车用品暨改装汽车展览会组委会
北京雅森国际展览有限公司

第三部分

经典案例篇

中国北京国际科技产业博览会

中国北京国际科技产业博览会（简称科博会）是经国务院批准，由中华人民共和国科学技术部、商务部、教育部、工业和信息化部、国务院国有资产监督管理委员会、中国贸促会、国家知识产权局和北京市人民政府共同主办，北京市贸促会承办，每年5月定期在北京举办的大型国际科技博览会。

一、科博会概况

创办于1998年的北京科博会，前身是“中国北京高新技术产业国际周”，于2002年正式更名为“中国北京国际科技产业博览会”，是我国第一个以高新技术为主题的综合性国际会展活动。从国际周到科博会，不仅仅是简单的名称改变，而是基于将国际周办成世界品牌活动的长远目标和按照国际惯例而作出的重要调整，也预示着国际周活动在举办的理论、模式和运作方法上向国际博览会的转变。

科博会创立伊始，组委会就确立了“北京搭台、服务全国、走向世界”的指导思想。秉承发挥首都北京的特殊城市功能和优势，为高新技术业界搭建开展国际交流与合作的综合性服务平台的初衷，经过14届的培育和精心策划，科博会以其庞大的会展规模、丰富的内容、广泛的国际参与和所取得的丰硕成果，在国际国内社会和高新技术业内产生了强烈的反响，已成为我国进行国际科技经贸交流的重要活动之一。

科博会的举办，全面宣传推介了我国的发展政策和环境，为科技成果转化为产品、进入市场创造了机会和条件，为技术、人才、信息、资本、管理等高新技术产业链众多要素的对接提供了市场空间，推动了高新技术的商品化、产业化、国际化进程，促进了中国与世界各国的经济技术交流与合作，推动了高新技术产业发展的新观念、新思维的交流和碰撞，带动了区域经济的发展。

自1998年诞生以来，北京科博会不仅是人们畅享前沿科技的盛宴，更已成为展示中国科技实力的舞台。14年来，科博会见证了中国企业从“中国制造”向“中国创造”的迈进，其自身也在不断积累和摸索中，发展成展示自主创新成果、传播前沿理念、发布产业政策信息、促进国内外经济技术合作的品牌活动。

据统计，前十四届科博会累计签约项目4 613个，协议总金额超过647亿美元；参会外国政府和代表团组近802个，参会人数近406.5万人次；展览总面积79万平方米，参展中外机构和企业2.46万余家；举办论坛会议178场，中外演讲人4 107人；举办经贸洽谈活动164场，参加经贸洽谈活动的中外客商9.36万人。

科博会得到了国家领导的高度重视，党和国家领导人每届科博会都出席各类活动，通过参观展览、接见外宾和发表主题演讲，体现出党和政府对我国大力发展高新技术产业的决心。自第三届开始，国内31个省、自治区、直辖市和绝大部分计划单列市以及香港、澳门特别行政区和台湾地区每年都组织政府和科技经贸代表团参会。

二、科博会的办会模式

经过14年的发展，科博会逐步完善，形成了以高新产业技术发展为内涵，以高新技术展览展示、高层论坛、洽谈推介为载体的办会模式，做到洽谈会是展览会的延伸和扩展，展览会、洽谈会是论坛的物化，论坛是展览会思想性的提炼和升华。开创了我国政府主导型展会的先河，形成了以展览展示、论坛会议、洽谈推介三位一体、有机融合、联动互动的独特的办会模式。

从第十一届起，科博会充分利用国内外专家、企业家集聚，项目信息密集的资源优势，加强三个版块的联动互动，在论坛活动中增加洽谈环节，在推介洽谈活动中增加研讨内容，各版块中相同内容的活动建立通道、共享服务，这些务实服务措施在科博会的分项活动中体现得更加充分，有效地助推了产业合作，深化了活动效果。

（一）展览展示——最新科技成果的首发平台

第一届国际周展览面积只有一万多平方米，到了第四届，展览面积扩大到了十万平方米，此后，科博会展览面积一直平稳保持在六万平方米左右。

随着科博会日渐成熟，影响力越来越广，越来越多的世界顶级企业把科博会作为自己尖端科技产品在中国乃至亚洲范围内的首发平台。比如诺基亚人自称在中国“生于科博会，长于科博会”，与科博会结下了不解之缘。诺基亚每年都展示最新技术与产品，收获不小。三星电子中华区总裁朴根熙先生说：“科博会不仅在中国市场具有广泛影响，而且已成为具有很强国际影响的大型高科技会展”。此外，爱立信、西门子、通用电气、IBM、惠普、松下电器、富士施乐、东芝、三菱、史葛兰素、LG 电子等国际知名高科技企业，以及联想、四通、海尔、海信、长虹、首钢等国内高科技骨干企业都连续多届参加了展览会。

科博会展览会也成为我国最新科技成果的首发平台。第一个商品化的 CPU 产品“方舟 1 号”，国内第一枚高性能通用 CPU 芯片“龙芯”，世界上第一台清洁机器人、中国第一台骨密度检测仪、中国第一条 12 英寸芯片生产线、第一款“恒智”安全芯片、国内第一个 MPEG－2 数字解码芯片“爱国者 1 号”、国内第一款以互动电视为核心功能的数字家庭产品、国内第一条等离子屏生产线、中国第一台达到国际领先水平的 LED 背光电视、我国第一条拥有自主知识产权的国际最新一代新型等离子显示屏、全球第一款手写电子书、全国第一套污染源自动监控系统等，都是从科博会上走出去的。

科博会成立的初衷就是为了给促进科技成果转化搭建平台。从“中国制造”走向“中国创造”，科博会见证了一条中国企业从盲目跟风效仿到依靠自有技术主导市场的自主创新之路。近些年来，科博会展览展示重点围绕发展新兴战略性产业，突出展示节能环保、新一代信息技术、高端装备制造业、新能源汽车等领域的新技术新成果；以中关村国家自主创新示范区为代表的科技产业园区、经济技术开发区以及国内各省区市、科研院所、高等院校科技成果展示交易等。随着经济和科技实力的增强，近几年的科博会上出现了越来越多的具有我国自主知识产权的最新科技成果，自主创新品牌越来越多地从科博会上走出来。观众漫步于六万平方米的展馆内能鲜明地感受到一个巨大变化：曾经是跨国公司新技术重要展示舞台的科博会，已经由民族企业担任绝对的主角。以往被欧美、日、韩企业占据的黄金展位如今已被联想、长虹等国内品牌替代。连续好几年参加科博会的大用软件副总经理田中领说，民族品牌在展会上攻城略地的背后，绝不是说科博会的门槛下降了，而恰恰说明民族企业长高了。科博会组委会常务副秘书长熊九玲说，自 2005 年开始，“自主品牌中国创造”已经成为科博会的主旋律。几年来，不仅自主创新的产品更新换代迅速，科博会自主知识产权投资项目的成交金额也快速增长。

刚刚结束的第十四届科博会上，国务院国资委作为新增主办单位，组织央企全面参与科博会活动，首次设立央企展区，让人们一睹中国中央企业——这支建设创新型国家的主力军、国家队的风采。本次参展科博会的十余家央企，包括中粮集团有限公司、神华集团有限责任公司、中国华能集团、中国国电集团公司、中国移动、中国联通、中国电信、中国电子信息产业集团有限公司、中国电子科技集团公司、中国建筑技术集团、中国中铁股份公司等。在“央企集团军”中有七家世界五百强企业，它们的集中亮相，全面展示了我国自主知识产权的强劲实力。

（二）论坛会议——最新理念与思想的策源地

“政府的难题一定是经济社会的热点。”科博会组委会委员、北京市贸促会副会长储祥银说。凭着敏锐的感觉和理性的分析，执著于“紧扣时代脉搏，直面经济社会发展前沿领域的热点、难点，寻求创新的思路与对策”的做法，科博会论坛题目的策划者们总能找到最让听众们关心的主题。

14 年来，科博会共举办 178 个专题、千余场次高层论坛和专项交流活动，以其高端、前瞻、务实的特色，吸引着世界的目光。每年前来演讲的中外专家学者，从诺贝尔经济学奖获得者到国内高新技术相关产业的政府主管部门领导，从诺基亚、松下电器、法国电力、西门子、摩托罗拉等世界巨头，到顶级金融投资机构美林、摩根斯坦利、花旗以及世界知名证券交易所美国纽约交易所、伦敦交易所、纳斯达克等的高层决策者，他们将世界高新技术发展的最新科技成果和最新经济前沿的思想理念介绍到中国，同时向世界传递中国产业发展的最新政策、规划和趋势。许多如今广为传播的新思想、新概念最早都出现在科博会上，如 1999 年的“风险投资”、“政府采购”；2001 年的“海外上市”、“数字北京”、“孵化器”；2003 年的“总部经济”、“标准经济”；2004 年的“数字奥运”、“科技奥运”；2007 年的“循环经济”、“环境伦理”，等等。使得科博会成为一个前瞻观点、权威思想荟萃一堂的平台。

科博会给北京带来的思考还远不止于行业本身，会上专家们的思想已成为科博会新的追求。“制度重于技术”、“支持多层次资本市场发展”、“金融业对高科技产业具有拉动作用”……，这些在历届科博会论坛中冒出的思想火花，总是能让人们从中触摸到时代的脉搏，碰撞出更多创新的理念。这些思想火花为北京所用，为中国各地所用，为世界各地所用。

“十年来，科博会的各场论坛为经济建设留下了一笔宝贵的思想财富。在过去十年中，所有关于中国经济发展，特别是高新技术产业发展的最重要的思想命题、学术观点、政策建议和工作主张，绝大部分都能在科博会中找到思想轨迹。每一届科博会上都会产生大量有价值的建议和观点，其中很多已经成为政府决策或是企业战略，这是科博会为社会发展创造的巨大财富”，现任共青团中央书记处第一书记、原北京市副市长陆昊这样评价科博会。

（三）洽谈推介——搭建务实服务平台，力促重大项目合作

科博会定位于“搭平台、聚商机、论发展、促合作”，致力于充分发挥首都的区域以及在科技、信息、国际交往等方面的优势，不仅仅为京津唐经济圈服务，更为各省区市搭建起综合性的经济科技服务平台。在促进地方经济发展的同时，推动我国与国际间的经济技术交流与合作。

科博会的推介洽谈活动一直以参与方广泛、洽谈富有成果、影响力大而受到全国各省市的青睐，受到国内外科技企业的重视。经过14年的发展，科博会已由外延式增长步入了内涵式发展的阶段。为了切实提高科博会的实效，每届科博会从策划伊始，组委会办公室就确立了“集中精力，力推产业合作和重大项目落地”的工作思路，并从组织机构、工作机制、工作手段等方面多管齐下，狠抓落实，确保取得成效。形成了集“项目征集筛选、细化行业分类、提前发布、先期对接、集中签约”五位于一体的全服务链办会模式，延伸项目会前服务，深化平台务实功能。

一是创建新的运行机制，强力打造项目落地服务平台。组委会成立了“科博会促进重大项目洽谈签约工作小组”，并使之工作服务常态化。项目小组深入各地走访调研，共同研究利用科博会平台推动区域经济发展、扩大招商引资。同时强化项目征集工作，扎扎实实搞好项目对接服务。通过书面征集、编辑项目册以及实地走访等方式，深入了解各方面的需求，就新能源、低碳经济、生物医药等产业的重点项目进行提前对接，每年确保一批重大项目参加省区市代表团系列推介签约活动和北京科技合作项目推介签约活动。第十四届科博会共收集全国各省区市两千多个项目，从中精选了242个项目编入项目册，项目金额达812亿元人民币。开通“在线商机”频道，创新服务手段。适应广大中小企业开展国际市场营销的新需求，组委会办公室首次在科博会官方网站推出“在线商机”频道，为中小企业提供产品及技术发布、供求信息发布、投融资信息发布、中介信息发布等多领域的服务。按照行业对口的原则，组织网站会员企业与境外来华代表团举办信息交流活动，通过线上线下两个渠道，力争促成中外企业的实质性合作。

二是板块联动齐助产业合作。充分利用科博会国内外专家、企业家集聚，项目信息密集的资源优势和“展论谈”三位一体的活动特点，加强“展论谈”三个板块的联动，有效助推产业合作，深化了活动效果。从第十一届起，科博会大部分论坛都安排了项目交流和成果推介活动，取得了研讨交流行业发展趋势、面对面开展合作交易的双丰收。如在第十三届中国高新技术发展国际论坛上，亦庄经济技术开发区一举签下了29个项目，总投资额高达183.5亿元人民币。强化展览、推介联动，共享科博会信息资源。在推介活动的会刊上刊载相关企业参加科博会展览的信息外宣材料，为参洽企业到展览现场深入了解相关企业创造便利条件和合作机会。

三、科博会的作用与效果

科博会从成立之初就一直以促进我国高新技术产业发展为己任，通过设立专门展览展示和洽谈、交易活动，一方面促进我国自主创新科技成果的直接转化，另一方面吸引国际先进技术来中国展示落地，为我国高新技术产业的发展作出了重要贡献，促进了区域经济的发展。

（一）促进我国自主创新科技成果的转化

科技成果的产业化一直是我国科技界的一大难题。由于缺乏有效的科技成果转化平台，许多具有自主知识产权、在国际国内领先的高新技术成果束之高阁，使本可以为国家和人类创造价值的财富付之东流。为此，从举办第一届高新技术产业国际周开始，组委会就十分重视科技成果的产业化问题，多举措、全方位地设计策划活动促进科技成果的转化。

一是为科技成果进入技术转让市场创造前提条件。科技成果进入技术转让市场前，获得专利权等知识产权的保护是十分重要的。但是由于计划体制的影响，我国的科研机构、科研人员对知识产权的保护意识不强，对知识产权保护的制度了解不多。为此，科博会多次举办知识产权方面的论坛，如第八届科博会上举办的创新中国与知识产权保护国际论坛上，邀请了国家知识产权局副局长邢胜才、最高人民法院知识产权庭庭长蒋志培以及知名企业家和律师事务所合伙人到会，就知识产权的取得、知识产权及高新技术的交易、知识产权保护、知识产权制度效用发挥、自主创新能力提高等方面进行演讲，提高企业利用知识产权保护高新技术的意识和水平。

二是为自主创新的科技成果转让提供了直接的交易平台。前十四届科博会举办经贸洽谈活动164场，参加经贸洽谈活动的中外客商9.36万人，累计签约项目4 613个，协议总金额超过647亿美元。刚刚结束的第十四届科博会共签署科技合作、技术交易、产业化项目78个，合作协议总金额591.2亿元人民币。其中10亿元以上的大项目18个，占签约项目总数的23.1%；新一代信息技术、生物、高端装备制造、新能源等战略性新兴产业项目成为签约主体，占签约项目总数的60.3%；包括央企、高校、科研院所在内的中央单位签约项目明显增多，占签约项目总数的35.8%。科博会促进科技成果产业化、市场化、国际化的主旨得到充分体现。

三是为科技成果与产业资本的对接提供了机会。科技成果的产业化仅靠科研人员的努力是远远不够的，在很大程度上更需要产业资本的介入。早在2 000年的第三届国际周上，组委会就安排了首届中国国际医药卫生高新技术成果拍卖会，"康赛德"牌桂参止痛合剂在会上以3 600万元拍卖出10%的股份，使这个处于困境中的中医药高新技术产品得以健康发展。广西田园生化股份有限公司先后参加了四届科博会，分别和中国农业大学、中国农科院植物保护研究所、北京化工大学等签订了5个项目的合作协议，其中签约的子项目"细菌立灭"创总产值2 200万元，实现利润320万元。在历届科博会上举办的"海外留学人员及国际高科技项目交流投资洽谈会"，集项目发布、洽谈、论坛、人才交流为一体，国内外众多科技园、孵化器公司及投资、上市公司纷纷向参会的海外留学人员及所带项目伸出合作之手，达成多个合作协议。

四是为科技成果与金融资本的对接创造条件。在第四届科博会展览会上，首次大规模开辟了金融服务区及创业投资推广平台，近百家国内外银行、证券、保险、律师、会计、风险投资、投资顾问、投资管理、产权评估等高科技中介服务机构与众多高新技术企业同台展示，寻求为企业创业、投资和公司管理提供全方位服务的机会。在经贸洽谈系列中，首次纳入金融资产交易活动，中国华融、长城两家最大的金融资产管理公司推出两百余个具有良好发展前景的金融资产交易项目，通过股份转让、资产转让以及与其他企业重组、并购等合作形式，向国内外投资者提供用高新技术改造传统产业的有效途径和新的投资模式。第七届、第八届科博会，组委会邀请美国纽约交易所、伦敦交易所、纳斯达克、日本东京交易所、新加坡交易所、香港交易所、上海交易所、深圳交易所等世界知名证券交易所参加会议，向企业推介上市融资的渠道和程序。仅加拿大联邦国际金融公司在第七届科博会为期两天的中国经济高峰会上就吸引了七家中国企业在加拿大上市。

（二）为国际先进科技成果来华展示或落地提供了有效平台

科博会的国际化路线、全球化视野、世界大市场观念，以及按照国际惯例行事的规范使得科博会已经不仅成为外国人了解中国的窗口，也成为他们再次了解整个世界的窗口。在促进本国高新技术产业发展的进程中，历届科博会十分重视引进国际先进科技思想和国际先进科技成果来中国展示，促进国际高新技术产业向中国转移，有效地实现了通过引进从而实现本土高新技术产业快速发展的目标。

一是促进国际先进科技思想在中国的交流与碰撞。科技思想的交流与碰撞是科技创新的基础和前提。科博会一直面对国际国内经济社会和科技产业发展的热点、难点问题，不断提高国际参与的广度和深度。

第一，不断挖掘符合时代发展的科技交流主题。从最开始单一强调高新技术成果产业化，到2003年强调非典后的城市应急管理和公共卫生，2004年强调科学发展观，到2009年突出应对国际金融危机，2010年强调增强自主创新能力、加快发展方式转变，体现中国政府在科技创新方面关注的重要问题。

第二，不断扩大国际参与的范围。先后有490多个国家和地区的762个境外政府和专业代表团组专程来京参加科博会。仅2005年举办的第八届科博会，就有韩国、希腊、俄罗斯、奥地利、德国等14个国家组团参展，18个论坛和专项活动的663位演讲人中，境外演讲人就达到196位。此外，还有众多国际人士通过网络和电视等参与科博会、观看科博会及了解科博会。

第三，不断提高国际参与人员的层次。历届科博会都以邀请国际上各领域最具权威性的国际组织官员、专家学者和企业家到会演讲交流为己任。仅以第八届科博会为例，联合国副秘书长莫里斯·斯特朗、联合国工业发展组织总干事卡洛斯、世界贸易组织副总干事基普科里尔·拉纳、世界能源理事会秘书长杰拉德·杜斯特、诺贝尔经济学奖获得者约翰·纳什、詹姆斯·莫里斯、罗伯特·蒙代尔，世界500强企业首脑、全球七大证券交易所高层负责人及外国政府要员等百余位政界、经济界、产业界和学术界知名人士专程前来参加科博会活动并分别在各个论坛上发表演讲。

二是广泛展示国际先进科技产品。展示先进科技成果是历届科博会的一大特色，日益成为国内外最新高科技产品亮相的重要舞台。十三届科博会的展览总面积达到73万平方米，参展单位超过22 504家，参观人数达到385.5万人次。历届科博会汇集了一大批具有国际或国内领先水平的高科技产品，展品中很多是在中国首次亮相，且很多属于国内或世界第一。比如第十三届科博会展览会上，日本和中国的香港、台湾等地的企业推出了一批代表当今科技发展最新成就的新技术、新产品。其中有松下电器推出的世界最大的152英寸3D等离子显示器，以及3D影院和3D蓝光播放器等。

三是为国际先进科技成果项目与中国产业基地对接提供机会。国际先进的高新技术产业转移到中国，必须寻求到适当的产业基地。为此，科博会长期以来一直致力于国际先进科技成果项目与产业基地的对接。如2003年举办的第六届科博会，组织北京市13个行业主管部门、18个区县以整体阵容在新北京重点招商项目展览会上展示北京的投资环境、重点行业规划及区位优势，以及规划中所涉及的八百余个行业和区县重点建设项目。其中仅北京经济技术开发区签约项目就达到16项，其中12个是外商投资的高新技术产业项目，总金额达8.3亿美元，其中不乏美国应用材料公司、东芝、日立等多家世界500强企业。此外，历届科博会还为国内31个省、市、自治区的工业开发区、高新技术开发区引进高新技术项目创造了良好的平台。

（三）促进了我国高新技术产品出口和海外投资

科博会对科技兴贸战略的落实，最终体现在两个方面。一是通过展示本国高新技术成果，促进高新技术产品的直接出口；二是推介国外投资环境，促进本土企业“走出去”，更大范围、更高层次地落实科技兴贸战略。

一是突出展示具有自主知识产权的“中国创造”的技术和产品。如在第十三届科博会上，联想、海尔、海信、京东方、中国移动、中国电信、中国联通、首钢等企业推出了一大批最新的自主创新成果，其中有全球首创的物联网空调，全球唯一的我国自有知识产权的兆瓦级垂直轴风力发电机组，国内第一款实现电视、电脑、手机“三屏合一”的3D系列LED电视，国内第一款具有自主知识产权的方正桀鹰L1000彩色数字喷墨印刷机，我国第一个拥有核心技术及完整知识产权的手机浏览器等，这些国内自主创新、国际领先的高新技术成果，使得民族品牌有了与国外知名品牌竞争的实力，为民族高新技术企业和产品进入国际市场创造了条件。

二是为外国企业在中国展示科技成果形象提供平台。科博会上可以看到诺基亚、爱立信、西门子、通用电气、IBM、惠普、富士施乐、东芝、三菱、史葛兰素等一批世界知名高科技企业，这些企业不惜重金突出展示代表其高科技发展水平的最新技术和产品。如第四届科博会上，刚刚获中国国家工商总局批准并在中国开展业务的富士施乐，将参加科博会作为其在中国市场的首次亮相，由总裁、副总裁及总部十几名资深技术专家为首，组成了强大阵容推介其企业形象和产品。从科博会引进的跨国公司项目中，有许多是以国际市场为目标的高新技术企业。如诺基亚星网工业园，2003年出口就达到12亿美元。

三是为中国科技成果在国外投资生产提供机会。近年来，中国企业不断壮大，渴求携带具有自主知识产权的科技成果进入国外直接参与国际竞争，许多国家和地区也希望引进中国的科技成果以促进本国的发展。为此，科博会组委会十分重视，采取多种方式介绍国外展团到中国招商引资。比如2004年第七届科博会的国际投资项目洽谈会上首次设立了“中小企业走出去”专题，邀请十多个国家的企业家和政府官员前来开展引资活动，同时增加了专利技术转化的内容，汇集了一千多个专利转化项目。从2005年第八届科博会开始，特别加大了对境外工商会和企业界的邀请，首次举办的海外投资环境专场推介会上，奥地利、乌克兰、希腊、马来西亚等代表团的政府、商协会高层官员向国内有关企业全面推介了其投资环境和重点合资合作项目，美国、奥地利、韩国、阿根廷及中国台湾地区分别组织了50~100人的大型企业家代表团前来找寻找商机，与国内企业进行洽谈交流，取得了很好的成效。

（四）促进区域经济发展

科博会是全国区域产业和技术合作的共赢平台，“北京搭台、服务全国、走向世界”的理念一直深深根植于科博会的血脉中。作为我国最早的致力推动科技创新的综合性展会，科博会始终与中国经济同呼吸。在14年前科博会成立之初，其主要功能是展示产品和企业。随着中国经济发展，面对改革中的深层次矛盾，科博会开始为推动区域发展和国家体制改革注入动力。

西部省区一向青睐科博会。连续11年参展科博会，在科博会获得巨大收益的甘肃省，目的非常明确，即加强与各省市的经济技术合作与交流，实现优势互补，互惠互利。

第十三届科博会上，湖南省的长沙、株洲、湘潭三市以长株潭城市群的形象首次亮相。2007年12月14日，经国务院同意，国家发改委批准长株潭城市群为“全国资源节约型和环境友好型社会建设综合配套改革实验区”。围绕建设“两型”社会，长株潭城市群将致力于环境保护、产业结构升级等方面的创新。中国国际贸易促进委员会湖南省分会副秘书长姜佳利说：“北京科博会的平台非同一般。在这里，我们不仅可以学习其他地区的先进经验，还可以把长株潭城市群这张新名片递出去。”

2011年，连续14年参加科博会的中关村，以建设具有全球影响力的科技创新中心的全新姿态亮相科博会。中关村自主创新成果展和首次举办的中关村创新论坛，全面展现中关村作为国家自主创新示范区，面向世界、辐射全国、创新示范，引领未来的新形象。重点突出中关村引领创新的示范带动作用，突出中关村作为战略性新兴产业策源地的价值，突出科技创新改善民生的主题。在本届科博会上，中关村充分展示领军企业和自主品牌的风采，详细阐释加快建设具有全球影响力的科技创新中心和高技术产业基地的新举措，从而进一步树立中关村示范区作为深化改革先行区、开放创新引领区、高端要素聚合区、创新创业集聚地、战略产业策源地的新形象。

中关村高科技产业促进中心负责人说，中关村是中国最大的创新体系，中关村企业以整体形象参展，可以借助中关村的知名度在展会上获得更多关注。“这种影响力，是企业单兵作战所无法实现的。”

大用软件副总经理田中领至今仍清晰地记得，公司作为中关村企业首次参加第八届科博会时的忐忑：“当时是第一次推出智能交通产品，没有名气，我们也不敢抱太大希望。没想到参展第一天，我们准备的彩页全发光了还不够。”田中领说。正是在第八届科博会上的亮相，大用软件与台湾一家通讯公司联姻，自主创新成果得以迅速转化。

四、几点体会

（一）把握正确指导思想，切中时代脉搏

把握正确指导思想，切中时代脉搏是科博会永葆活力的关键。科博会组委会副秘书长、北京市贸促会会长熊九玲说，搭建全球科技、资本、信息、人才的全方位展示、交流与链接的服务平台，一直是科博会的重要目标。科博会起到了汇集国内外高科技发展新成果、展现高科技领域前沿发展态势、相互交流新观念、新理论，促进开展经济技术的广泛交流合作的作用。科博会每年的主题也充分体现了这一点：从最开始单一强调高新技术成果产业化到2003年强调非典后的城市应急管理和公共卫生；从2004年强调科学发展观到2005年的强调提高自主创新能力；从2006年突出自主创新和建设创新型国家到2007年的创新与发展；从2008年定为“科技奥运与科技创新”到2009年提出的“科技创新引领发展”，2010年的“增强自主创新能力，促进发展方式转变”，2011年的“创新驱动发展　科技引领转型”都紧紧跟随社会与时代最前沿。

2011年第十四届科博会，结合“十二五”开局之年，本届科博会主题报告会专门邀请全国政协副主席、科技部部长万钢作主题报告，全面阐述中国“十二五”期间科技发展的重点和战略部署，为各级政府和产业界实施“十二五”规划提供了权威导向。并结合日本核危机和后金融危机世界经济发展两大全球关注的热点问题，邀请世界核能协会副总干事史蒂夫·基德先生和亚洲开发银行首席经济学家李昌镛先生分别作“核安全与核能开发利用”和“金融危机与金融创新”的专题演讲。展览论坛等也涉及能源战略、交通科技与管理、区域经济合作、金融改革和资本市场、企业并购、知识产权战略、软件产业发展、城市防灾减灾、电信增值服务等诸多领域，体现出鲜明的时代气息，从而吸引了来自国内外各界的踊跃参与，传播了新经济时代的思想理念。

（二）政府支持与市场运作相结合

充分利用中央以及各级政府对提高自主创新能力和加速经济发展方式转变的高度重视和大力支持的有利条件，特别是充分利用首都区位优势，紧密依托中央优势资源，争取各主办部委的支持，为确保科博会国家级活动的规格和权威性奠定坚实的基础。

作为国家级活动，科博会首先取得了国家政府的全力支持，从第一届筹备开始，国际周（科博会）即报国务院批准后实施，至第三届时，国务院批准国际周（科博会）作为定期的活动，每年 5 月在北京举办，从而确立了科博会在我国高科技领域的权威地位。

科博会在组织机构上强化国家级活动的规格，至第五届科博会，就形成了科技部、商务部、教育部、信息产业部、中国贸促会、国家知识产权局和北京市政府七个国家级部门共同主办的格局，形成了国家科技、外经贸、教育、信息产业等政府主管部门和北京市政府共同搭台的国家级活动组织框架。组委会成员方面，主席由北京市市长和科技部部长担任，其他参与主办的每个中央部委的一位副部长和北京市的数位副市长担任副主席，由北京市主管经贸的副市长担任组委会秘书长。2011 年，为充分发挥中央企业在科技创新中的引领和示范作用，拓展科博会集聚创新资源、为国家发展战略服务的平台效应，从第十四届科博会起，新增国务院国资委作为科博会主办单位。科博会展览现场首次设立央企展区，15 家央企以“国家队”和全产业链形式参展。科博会组委会办公室从策划、组织、宣传等多个方面重点抓好央企参展服务，取得了央企科技创新成果展示与合作交易双丰收。事实证明，在会展业并未完全市场化的现状下，借助政府力量运作大规模会展活动，能够有效地增强展会的权威性和号召力。

同时，科博会作为国际会展活动，从创办伊始即确定了政府支持与市场运作相结合的原则，并逐步加大市场运作成分，科博会展览会的组织运作、大部分活动的招商及广告赞助等，力求按照国际惯例，实行商业化运作，保证科博会在市场经济条件下保持旺盛的生命力和可持续性。

（三）借用社会力量，实行开放式运作

任何大型国际盛会的成功举办，都离不开社会各界的广泛参与。作为承办单位——北京市贸促会只有五十多位工作人员，运作科博会这样庞大的系统工程，无论人力，还是权威性都是不够的。为此，科博会采取了开放式、社会化运作方式，广泛吸纳国际组织、中央部委、海内外科技贸易机构以及

各类社会中介组织承担有关活动，形成了组委会办公室负责整体策划、宏观管理重大活动安排，对协办单位实施监督，协办单位负责具体承办和落实具体活动的格局。正是由于有效地聚集、吸纳了社会各方面的精英优势，使科博会不再是北京市政府一家的事情而是关系到各个行业、各个层面甚至是国家整体经济链条中的重要环节，显示出市场化运作大型活动的模式；也正是参与活动主体的多样性，决定了活动内容的丰富性、广泛性。由于是凝聚在一个主题之中，其方方面面的热点问题得到淋漓尽致的展现和广泛深入的探讨，使科博会活动既有点上的深刻独到新颖，又有大面积、大范围铺设开来的气势。

（四）加强新闻宣传，扩大科博会效应

争取中共中央宣传部和北京市委宣传部的支持，加大报道力度。努力挖掘和调动多种媒体资源优势，主动把握宣传导向，在传播广度、报道深度和宣传声势上要求届届有所突破，进一步扩大科博会的影响力。

仅以刚刚结束的第十四届科博会为例，本届科博会形成了电视、广播、报刊、新媒体全媒联动的强势报道格局，取得了良好的宣传效果。据不完全统计，科博会期间，共有两百多家中外媒体八百多位记者参会采访报道。其中中央新闻媒体及行业媒体占70%以上，境外媒体29家占14%，境外媒体数量和派出的参会记者人数是历届科博会参会最多的一次。据不完全监测，截至2011年5月26日，境内新闻报道八百篇（条）以上，其中报刊和新闻网络媒体七百多篇，广播、电视新闻报道百条以上。

北京日报、北京青年报、北京晚报等八家北京市属报刊媒体在开幕前一周免费刊发科博会整版广告；北京电视台、北京广播电台在黄金时段连续一周播发科博会公益广告宣传片。北京电视台、北京日报、北京青年报、北京晚报等市属主要新闻媒体组成了由副总编负责的科博会报道组，指定专门记者采访报道科博会，从开幕前预热至闭幕，每天在重要版面和时段开辟专栏、专版和专题，对科博会活动进行全面报道。

境外主流媒体如美联社、路透社、日本共同社、俄罗斯全国广播电视公司及中国的香港、台湾多家媒体都参与了科博会采访报道。组织深度报道，释放和扩散科博会效应。

科博会新闻中心联系十余家主流媒体多年采访报道科博会的资深记者，邀请其从不同视角采写深度报道稿件，凝练科博会精华，展现科博会品质的提升。《人民日报》2011年5月22日、23日分别在要闻版和经济版连续刊发《科技，让生活更美好》、《为中国创造搭建大舞台》两篇重头文章，对科博会进行了全面而有特色的报道；《经济日报》开设“来自北京科博会的报道”专栏，并在闭幕后连续两天刊发《搭建自主创新成果展示平台》和《科博会：探索全服务链办会新模式》深度报道文章，从会展经济视角，对科博会运作模式进行了探讨；《科技日报》与组委会新闻中心合作策划编辑了四个版的《科博会特刊》，对科博会综合效应进行深度挖掘，并在科博会开幕的第一时间送至出席主题报告会的领导和来宾手中。

四是广泛合作网络媒体、扩大宣传推广范围。科博会官方网站与新华网、人民网、千龙网、凤凰网、新浪网等受众广泛的著名门户网站合作，通过设立新华社专稿、网上专题、网络直播、网络访谈、网络视频、网络广告、网上展台、活动链接、官方微博等多种新媒体宣传手段，形成了对本届科博会的全方位、立体化的宣传展示，大幅度提高了本届科博会的网络宣传覆盖面。

（五）缜密细致打造科博会品牌

无论是各项大型活动的策划实施，还是各项服务接待工作，始终坚持“高效、严密、细致”的原则，力争做到“又好又快”，从而确保本届科博会办出了高水平。一是加强前期指导，确保活动质量。本着全程参与的原则，各筹备工作小组从策划阶段开始，与活动承办单位一起研究、讨论和修改活动方案。对重点项目加强指导和监督管理，保持随时沟通与交流，确保策划和筹备组织工作高效顺利。二是充分借鉴奥运会和世博会的成功经验，细致入微地做好各项服务。内外宾接待工作以“精心组织、确保安全、周到服务、注重细节”为原则，充分借鉴奥运会、世博会内外宾接待的成功做法，认真梳理往届科博会接待服务工作流程，有针对性地提供个性化服务，认真安排每一位贵宾出席科博会的活动日程。三是加强安全保卫、卫生防疫，确保科博会顺利举行。针对科博会期间国际国内交往活动频繁的实际情况，进一步完善工作预案，强化应急管理，缜密部署，周密安排，确保了安全保卫和卫生防疫工作顺利开展。

14 年来，科博会的主题关键词科技、经济、生活不曾改变，改变的是科博会越积越厚的内涵，这内涵印证了“科技改变经济，经济改变生活，生活改变思想”的道理。

中国北京国际科技产业博览会组委会办公室

中国北京国际文化创意产业博览会

第六届中国北京国际文化创意产业博览会（以下简称北京文博会）将于2011年11月9日至13日举办，展览总面积18万平方米（其中主展场面积5.5万平方米），并将同期举办分会场11场，综合活动5场，论坛峰会7场，推介交易14场，创意活动11场。创办于2006年的北京文博会是经国务院批准，由国家文化部、广播电影电视总局、新闻出版总署和北京市人民政府共同主办，每年定期在北京举办的国内唯一一个以文化创意为主题的大型国际文化经贸交流盛会。经过五年的精心组织和实践提升，北京文博会成为集聚首都文化创意资源、透视产业动向和趋势、开展产业合作和产品交易的重要窗口，在挖掘文化创意内涵、推动文化科技运用、提高文化创新水平等方面形成北京特色、中国风格、东方气派，并以权威性和吸引力确立了在全国会展经济格局中独特的品牌影响力。

一、北京文博会的基本情况

自创办以来，北京文博会以庞大的会展规模、丰富的内容、广泛的国际参与和所取得的丰硕成果，在国际社会和国内文化创意领域产生了热烈反响，品牌效应初步显现。

（一）发展迅速，规模宏大

北京文博会紧紧把握发展文化创意产业这一时代脉搏，依托北京文化创意产业资源集聚的优势，搭建了国际化的产业合作平台，得到国际国内业界的积极参与，迅速成长为国内首屈一指的文化类品牌会展活动。首届北京文博会经过仅三个月的时间筹备，展览面积3.5万平方米、参展企业780家，境外代表团组40个、境外来宾550人，推介交易活动9场、签约项目184个、签约金额 297 亿元，开创了国际国内在短时间内成功策划组织大型国际文化经贸交流活动的先河。文博会见证和记录了中国文化创意产业的辉煌业绩，经历了从“要我来”到“我要来”的发展进程，呈现出蓬勃的发展生机。到第五届文博会出现了新的飞跃，展览规模扩展至 6.5 万平方米、参展企业 1 664 家，境外代表团组 63 个、境外来宾 1 300 人，推介交易活动 24 场、签约项目 329 个、签约金额 478 亿元。参加文博会各类活动的人数由首届的 23 万人次增至第五届的近百万人次，分会场由 1 个增加至 11 个。北京文博会的迅速扩展和快速成长，既是我国文化创意产业寻求大发展、大合作、大融合的内在要求，也折射出北京文化创意产业从初期的探索培育向开花结果、加速发展转变的趋势。

（二）内容丰富，形式新颖

北京文博会以促进文化、创意、科技融合为主线，着力为全国文化创意产业搭建资源整合、资本对接、商业集聚、合作交易的平台，形成了集综合活动、展览、论坛、推介交易、创意活动及分会场“六位一体”的活动架构，从文化经济交流活动向以文化创意为主题的广泛社会活动扩展，不断为文化创意产业注入新元素，创新创意气氛浓烈。展览会由创立之初的 10 个主题展区，逐步增至 18 个主题展区，全面涵盖文化创意产业的各个领域，充分展示了我国文化创意产业的最新成果与发展环境，大批高科技支撑的创新文化产品和新兴文化业态亮相北京文博会。论坛活动秉承精品化的办会理念，兼顾务虚与务实，广泛邀请国内外政府高层、知名学者和企业家，既重点围绕世界文化创意产业发展的新趋势等前瞻性问题进行交流与探讨，也直面当前中国经济转型升级时期文化创意产业发展的热点和难点。推介交易活动在广泛发布各省区市文化创意产业发展规划和政策环境的同时，以促成文化投资、文化贸易为重点，汇集文化创意产业各领域的领军企业和优秀原创品牌，促进重大项目与金融资本的对接和项目落地。创意活动以“启发创意思维，鼓励原创设计”为宗旨，强化“中国设计、中国创意”的理念，大力营造全社会的创意氛围。

（三）领导重视，参与广泛

北京文博会的活动得到了国家领导、国际社会、国内各级政府、科研机构、金融界、企业界以及普通百姓的热情关注和积极参与。党和国家领导人每届文博会都出席开幕式、参观展览和接见外宾。中共中央政治局常委李长春对北京文博会给予了充分肯定，三次亲临文博会展览参观。李长春强调指出，北京文博会一届比一届精彩，希望再接再厉，办得更好。北京文化底蕴深厚，文艺院校众多，文化市场繁荣，要在发展文化创意产业进程中发挥引领作用，特别要注意做好三点：一是文化内涵要深，二是科技水平要高，三是创意思维要新，不断加快文化产业发展步伐，努力开拓市场，把丰富的文化资源优势转化为现实的文化生产力，在加快经济发展方式转变、促进经济社会又好又快发展上走在全国前列。刘淇、刘云山、刘延东以及全国人大、国务院、全国政协有关领导多次出席文博会相关活动，对发展文化创意产业作出很多重要指示，体现出党和政府对大力发展文化创意产业的支持。主办单位国家文化部、广播电影电视总局、新闻出版总署和北京市政府领导十分关注并大力支持文博会工作，对历届文博会的筹备和举办均提出了指导性意见。在中央主办部委的大力支持下，一些国家级重点文化会展项目纳入文博会活动框架，如文化部等主办的“十一五”文化规划重点扶持项目、国内最具影响力的国际网络文化产业盛会“中国国际网络文化博览会”，以及新闻出版总署等主办的我国版权产业唯一常态化的国家级专业盛会“中国国际版权博览会”，大大提升了北京文博会的权威性，丰富了展示内容和内涵。北京市共有 26 个部门作为承办、协办单位直接参与文博会的筹备工作，与文化创意产业直接相关的部门和部分区县发挥各自优势，积极组织展览、论坛、推介交易和分会场等活动。作为首都，北京在举办文博会方面有得天独厚的优势，这使得北京文博会对全世界都有一种独特的吸引力。联合国贸发会议、欧盟等国际组织和两百多个外国政府经贸代表团，近百家世界著名跨国公司、金融投资机构及产业界、学术界的权威人士和代表参加了文博会相关活动。全国三十多个省区市和计划单列市，以及台湾、澳门和香港都组团参加了文博会的展览、论坛和推介交易等活动。

（四）成果显著，影响深远

作为一个“北京搭台、服务全国、面向世界”的大型文化经贸交流活动，北京文博会始终坚持通过文化交流和文化贸易，促进中国文化“走出去”。五年来，一批批文化产品、文化产业项目、文化企业以及文化品牌活动通过北京文博会逐步实现了“走出去”，不仅进一步扩大了国内市场份额，也获得了新的国际发展空间。据初步统计，前五届文博会共有 225 万人次参与各项活动；主展场展览总面积共计 28.5 万平方米；举办论坛、推介交易、分会场等专项活动 400 多场；签署出版发行、影视节目制作交易、设计创意、动漫与网络游戏研发制作、文化旅游等各类合作项目 1 347 个，累计签约总金额 1 777 亿元人民币。北京文博会的签约项目较好地反映了文化市场动态，具体体现在：一是市场对体现文化创意与科技融合的新兴项目的认可度比较高；二是引资金额过亿元的项目签约额占总签约额的比重较高，如第五届北京文博会已达到68%；三是文化创意签约项目覆盖文化创意产业的整个产业链；四是金融服务文化创意产业项目的银企合作协议金额持续增长。

二、北京文博会的主要特色

（一）把握正确的指导思想，服务国家发展战略

21世纪初以来，我国政府提出转变经济增长方式和以科学发展观为指导的社会经济发展战略，新兴的文化产业以其能耗低、附加值高和发展潜力大的特点而受到重视，《国家“十一五”时期文化发展规划纲要》于2006年9月发布。北京市委九届十一次全会也明确提出将文化创意产业作为首都经济未来发展的重要支柱之一，进行重点扶持和发展。在此背景下应运而生的北京文博会，自然而然地承担起了“打造文化新引擎，提升文化软实力，为把北京建设成为世界城市提供新支撑”的历史使命。基于这一认识，北京文博会自创立伊始就确立了服务国家发展战略、引领文化创意产业潮流的指导思想。在运作过程中，高目标定位，宽视野谋划，创建了主办部委、省区市、媒体、专家学者四个层面的策划工作机制，把握文化创意产业发展新趋势，提炼出涉及文化创意产业发展战略性和全局性的主题，并用主题统领文博会各项活动，确保整体活动体现出鲜明的时代特色，突出对产业发展的示范引领作用。

（二）科学组织，创建独具特色的运作机制

在认真总结国内外大型品牌博览会运作模式的基础上，北京文博会立足北京独特的区位优势，大力加强体制机制创新，形成了统一策划、分工明确、责任落实、组织有力的办会机制。尽管北京文博会主办、协办单位多达三十余家，其中既有中央单位，又有北京市相关委办局，但承办单位始终由中国国际贸易促进委员会北京市分会（简称北京市贸促会）独家承担。组委会办公室设在北京市贸促会，下设总体策划组、展览展示组、论坛会议组、推介交易组等13个专项工作组。在运作机制上，由北京市贸促会按照组委会要求和部署，统一策划文博会各板块活动的整体方案，统筹安排活动的时间、场地，统筹协调出席活动的领导人，并负责各个项目之间、各个合作单位之间的沟通与协调，形成了组委会办公室负责整体策划和宏观管理、对协办单位实施监督，协办单位具体组织落实活动的格局，从而确保了整体活动的一致性和组委会对单项活动的领导，使每届文博会数十场活动在内容上虽有交叉，

但不会发生重叠和冲突。这种机制在国内会展业领域产生了积极的示范效应，为北京文博会的快速成长奠定了良好的组织基础。

（三）顺时借势，实行开放式运作

任何大型国际品牌会展活动的成功举办，都离不开社会各界的广泛参与和积极支持，北京文博会这样庞大的系统工程对人力、物力都提出了很高的要求。从策划伊始，北京文博会就采取了依靠政府和社会力量开放办会的运作方式，全面发挥中央主办部委系统资源优势，广泛吸纳有关国际组织、海内外科技文化贸易机构以及各类社会中介组织承担有关活动，形成了国际国内业界全面深度参与的格局。正是由于善于顺时借势，有效地吸纳了文化领域各方面的优势力量，集聚了各方面的有效资源，北京文博会才不再是北京市政府一家的事情，而是关系到文化创意领域各个行业、各个层面甚至是国家整体经济链条中的重要环节，显示出强大的生命力。也正是因为参与活动主体的广泛性和多样性，决定了北京文博会活动内容的丰富性和新颖性。

（四）讲求办会实效，凸显五大平台效应

五年来，北京文博会展现了改革开放以来我国文化创意产业的发展环境、最新成果和发展空间，彰显了我国文化创意产业的巨大商机、活力和发展前景，形成了独具特色的五大服务平台。一是全方位展示文化体制改革和文化创意产业发展成果的综合性宣传推广平台。汇聚文化体制改革激发的丰硕创新成果，集聚在改革中发展涌现的新文化实体，推出新产品、新设计和特色文化品牌。二是促进产业项目落地、交易、文化投资与贸易的服务平台。形成集项目征集筛选、细化行业分类、提前发布、先期对接、集中签约五位一体的全服务链办会模式。三是引领文化体验和文化消费的示范推广平台。以贴近生活的文化消费品为展示主体，将展示与互动体验相结合，激发全社会的创意激情，引导和提升大众文化消费品位。四是推动文化创意产业学术交流和资讯传播的重要发布平台。传递最新产业信息及关于发展理念、经营模式、竞争战略、市场体系构建等方面的前瞻性思想理念，对我国文化创意产业的发展起到引领作用。五是深化文化创意产业境内外合作的文化交流平台。得到国际社会和国内外文化创意产业界的广泛参与，展现了广阔的产业合作前景。

（五）注重媒体宣传，扩大品牌影响力

北京文博会创建了与媒体有机互动的工作格局，为文博会的成功举办提供了强有力的舆论氛围和支撑。每年召开中央和市属主流媒体策划会，广泛征求有关主题、亮点活动和创新形式的意见。发挥媒体系统资源优势，引入媒体承办具体活动，进一步增强了媒体对文博会的深入认识。创新新闻宣传手段，打造出一个传统媒体和新媒体有机结合的立体式新闻宣传平台。第五届文博会期间，共有两百余家中外媒体近一千位记者参会采访报道，其中中央新闻媒体及行业媒体占70%以上，仅报刊、网络上宣传文博会的报道就达1 350篇。首次在文博会官方网站专门开通“网上展台”频道，及时为企业提供参展信息和项目推介信息，发布信息近万条。与新华网、人民网、新浪网等媒体合作，开通文博会微博，大力宣传文化创意产业重点项目，扩大招商引资渠道。

三、北京文博会的策划思路

中国作为有着五千年文明史的大国，北京作为全国的政治、文化中心，文化底蕴深厚，资源人才优势明显，发展文化创意产业得天独厚。北京文博会从策划创办之初，紧扣时代主旋律，紧密围绕中央以及北京市委市政府的大政方针和工作重点，充分发挥了首都北京作为全国文化中心的突出地位和重要功能，切中社会及经济发展的迫切之需，使之成为整合文化创意产业资源、对接社会各方需求、推动文化创意产业发展的有效平台。每一届北京文博会，各项活动都紧密围绕同一主题，深入贯彻中央文化改革发展的总体部署，紧紧围绕科学发展和加快转变发展方式的要求，全面展示文化创新和科技创新发展的最新成果，特别是用高新技术改造传统文化产业、促进新兴文化业态成长的重大成就；深入探讨中国特色文化创意产业发展道路和世界文化创意产业发展趋势，帮助政府和企业抢占未来文化发展的制高点；汇聚国内外优势资源和创新成果，着力促进文化创意产业项目落地和文化贸易的交流合作，助推我国经济结构调整和升级，加快形成创新驱动的发展格局。从总体来看，北京文博会的组织策划工作着重围绕以下几个方面展开。

（一）发挥平台优势，打造品牌价值

立足“十二五”开局之年的时代背景，集聚北京文化创意资源要素禀赋，结合中央单位和全国各省区市的文化资源和人才优势，吸引国外文化创意产业的高端技术和产品，打造独具特色的国际文化创意盛会。进一步加强联络沟通，把中央主办部委和国家级单位举办的文化产业展览展示、推介交易等活动纳入整体活动框架，力争把中央企业的重大文化创意产业项目引进

文博会，进一步增强文博会文化创新成果展示平台、创意思维理念交流平台、金融资本与文化产业对接平台、文化产业有关版权和产品交易平台的功能。在沟通联络中，文化部、新闻出版总署、中国轻工业联合会、经济日报社、中国教育电视台、中国动漫集团等中央单位和企业已提出部分确定或有意向的项目，准备纳入本届文博会的总体活动。

（二）提高办会实效，大力促进招商引资和重大项目落地

汇聚全国文化创意资源，集中精力搞好产业和市场发展最需要的活动，集中精力搞好重大产业化项目落地工作，集中精力搞好经贸文化项目供给方、需求方的邀请和前期对接工作，助推经济结构调整和经济发展方式转变。重点组织好“北京市文化创意产业重点项目推介暨签约”等系列推介洽谈活动，广泛邀请和吸引政府相关主管部门、产业研发基地、产业集聚示范区及知名文化创意企业、金融投资服务机构、文化经纪商及采购商等参会，充分发挥文博会的平台作用和媒体资源优势，有针对性地为全国各省区市参展团队和北京市各区县及重点功能产业聚集区提供宣传发展政策、推介投资环境、发布项目信息的平台。

（三）整合资源，形成最大效益

发挥文博会集聚大量国内外政府官员、专家学者和企业家以及政策、项目信息密集的资源优势，进一步挖掘展览、论坛、推介交易联动的内在潜力，完善运行机制，深化各项活动对产业发展的助推效果。提高主展场展品的创意含量和品质，增加分会场的数量和规格档次。适度控制论坛会议的数量，注重发挥论坛的前瞻性和推介交易的务实性；在活动策划中兼顾务实与务虚，如在论坛活动中安排相关洽谈内容，在推介交易活动中增加政策发布、行业数据发布等内容，在互动中深化各项活动的实效。

（四）拓宽办会渠道，提升专业化和国际化水平

坚持“政府引导、市场主导、企业主体”的办会模式，进一步创新运作机制，加大开放运作力度，广泛吸引和利用各种社会力量和市场资源，逐步扩大社会组织、行业协会的参与度，打造精品活动。坚持以市场需求为导向，完善为文化创意企业服务的功能，进一步增强对新兴文化企业、文化创意集聚区的吸引力，进一步提升文博会的专业化水平。进一步加大海外宣传推广和招商工作的力度，加大对国际组织、外国政府以及高层次专业文化机构和人员的邀请力度，进一步提高文博会的国际化水平。

（五）发挥首都优势，增强为兄弟省区市和区县服务的功能

从文化产业发展的实际需要出发，以促进投资交易和项目合作为主线，切实为各省区市展团提供务实的服务，加大各省区市在项目推广和推介方面的服务力度，吸引国内更多重大文化项目进行发布和招商。紧密结合首都建设“人文北京、科技北京、绿色北京”和“世界城市”的目标，大力支持区县和文化创意产业集聚区组织举办系列展示、推介和创意活动，宣传各区县文化创意产业发展政策措施，促进招商引资。进一步贴近区县和文化创意产业集聚区需求，创新服务内容，引导区县和集聚区着眼于打造完整的产业链，推出一批项目面向全球招商；加大对区县和集聚区特色文化创意产业项目的宣传推介力度，引导区县和集聚区走创意产业非同质化竞争之路；大力打造区县和集聚区文化创意品牌产业，推动文化创意品牌向更高层次、更深领域、更广范围拓展。

中国北京国际文化创意产业博览会组委会办公室

澳门国际贸易投资展览会——北京展

2010年6月~10月，北京市贸促会承担了北京市参加第十五届澳门国际贸易投资展览会（以下简称MIF）的承办工作。笔者参与了北京参加MIF的整个筹办过程，并具体策划、组织、实施了北京的有关参展参会工作。此次参加MIF是由北京市政府财政支持、北京市政府港澳事务办公室牵头协调、相关政府部门共同参与、行业企业为参展主体的重要对澳经贸活动，服务于京澳两地的经贸合作与交流，是政府主导参与境外展会模式在澳门实践的一个成功案例。北京参加MIF获得了圆满成功，达到了预期效果：首都北京首次高规格、大规模参展参会，凸显了"魅力北京、相约澳门"的主题，成为第十五届MIF的亮点，在澳门掀起了一股"北京热潮"，吸引了中外企业家、参展客商和澳门各界观众的眼球，展现了"魅力首都——人文北京、科技北京、绿色北京"和建设"世界城市"的新形象，让广大海内外观众充分感受到了北京的首都风范和城市魅力。中央人民政府驻澳门特别行政区联络办公室（简称澳门中联办）有关负责人，澳门特别行政区行政长官崔世安、经济财政司司长谭伯源等澳门政商界要员，均出席了北京代表团的有关活动；澳门广播电视股份有限公司、澳门亚视、澳门日报等主流媒体对北京市代表团的活动进行了大量的报道。作为中华人民共和国的首都，北京市首次参加在澳门地区举办的大型国际经贸活动，丰富了澳门会展的内容，对加深北京—澳门经贸合作多元化、开拓澳门和由澳门辐射的葡语国家和欧盟市场，以及对充实北京—澳门合作内涵、建立北京—澳门政府间合作的有效机制和渠道，都具有十分重要的意义。

该案例对探索在我国现有体制下，各级政府如何用好政府主导参与境外展会模式，提高参展参会效能和财政资金使用效率，以展会项目为载体提供公共服务，引导地方产业结构调整，推动产业发展，具有积极意义。

政府主导展会模式包括政府主导自办展会模式和政府主导参与展会模式两

种类型。目前，政府主导自办展会模式在实践中有很多，境内举办的规模较大的有广交会、北京科博会、北京文博会、深圳高交会等，境外举办的自办型知名展会主要是商务部在沙特、马来西亚、哈萨克斯坦、伊朗、印度、委内瑞拉等国主办的各类中国进出口商品展。实践中，政府主导参与展会模式的覆盖面比政府自办展会模式更广，涵盖一切由政府主导参与的、由非我国政府主体主办的境内外展览和会议活动。鉴于目前会展理论界和业界人士对政府主导自办展会模式已经有了很多深入的研究，笔者不再过多论述，本文重点研究在境外由非我国政府举办的、而由我国政府部门主导参与的展会模式。

笔者将政府主导参与展会模式定义如下：政府主导参与展会是政府提供经济性公共服务的重要组成部分，政府主导参与展会模式是以贯彻国家政策、引领市场经济活动、交流传播文化文明、实现政府发展目标为主要目的，以政府财政资金为主要资金来源，以行政区域内的企业为参与主体，由政府机构统一领导、统一策划，以宣传推介区域整体形象为主要内容，而参与在境外由其他主体举办的各类展览、会议活动的模式的总称。除了展会举办地点在境外和举办主体为非我国政府机构两个典型特征外，结合北京市参加第十五届 MIF 的案例，笔者重点分析政府主导参与境外展会模式的几个构成要件。

一、提供经济性公共服务是政府主导参与境外展会模式的本质属性

公共服务（Public Service）是 21 世纪公共行政和政府改革的核心理念，包括加强城乡公共设施建设，发展教育、科技、文化、卫生、体育等公共事业，为社会公众参与社会经济、政治、文化活动等提供保障。公共服务可分为维护性公共服务、经济性公共服务和社会性公共服务。其中，经济性公共服务是指通过国家权力介入或公共资源投入为公民及其组织从事经济发展活动所提供的各种服务。

从经济性公共服务的概念可以看出，政府主导参与境外展会具有公权力介入（官方组织）、公共资源投入（政府人力、资金支持）、为经济发展服务等本质属性，属于完整意义上的政府提供经济性公共服务的范畴。同理，是否提供公共服务也成为判断某次参与境外展会是否属于政府主导参与模式的关键所在。

当前，作为公共服务的提供者，政府在外经贸领域面临以下大的国际经济背景和挑战：经济全球化进程不断加速，多边经贸关系和区域经济合作也进一步加强，同时，国际贸易保护主义又有抬头趋势，贸易摩擦更加频繁。

在这样的趋势下，政府为企业服务的内容和形式不断发生变化。在现阶段，作为政府提供经济性公共服务的重要组成部分，政府主导参与境外知名展会提升到更加凸显的位置。必须加强对政府主导参与境外展会的总体规划，形成可持续的财政支持体制，并加快建立有关绩效评估机制。作为资源配置的最重要主体之一的政府，不再是国际竞争的后台支持，而要直接走上国际竞争的前台。

尤其是在中国加入世界贸易组织（WTO）后，作为 WTO 系列贸易规则重要组成部分的《补贴与反补贴措施协议》，明令禁止成员方政府或任何公共机构向“某些企业”（即指一个企业或产业或一组企业或产业）提供专向性财政资助，以及采取 GATT1994 第 16 条意义上的任何形式的收入支持或价格支持。在这种情况下，政府主导参与境外展会（非反补贴协议禁止范围）为我们灵活规避反补贴规则提供了一种可能的选择，也使得政府主导参与境外展会这种公共服务成为帮助企业扩大对外经贸合作、提高企业核心竞争力的重要手段。

二、实现政府发展目标是政府主导参与境外展会的根本目的

政府作为主要经费提供者参与境外展会，其所用的一切手段必然服务于同一个目的，即实现政府的发展目标。

首先，要符合国家对外交往战略。参与境外展会的主导政府部门必须要有广阔的外交视野。以北京参加 MIF 为例，在策划北京参加 MIF 前期，我们开展了广泛而又深入的调研，力求尽量全面地了解澳门的区情，准确把握政策方向：中国 1999 年 12 月 20 日对澳门恢复行使主权，澳门特别行政区是中国领土的一部分，包括澳门半岛、氹仔和路环两个离岛，居住人口约 53 万。与澳门有关的几个关键词有国际贸易自由港、大陆法、葡语国家、商会、博彩、旅游、WTO 成员、CEPA 等。通过把握这些关键词，来把握住我们对澳门开展经贸活动的对外政策方向。澳门已经回归十周年，新一届特区政府也致力于营造优质的发展环境，增强本澳的竞争优势，推进区域经济合作，鼓励中小企业发展，促进经济结构调整和经济转型，提升龙头产业，稳定传统行业，扶持新兴行业，推动经济适度多元化，保持和巩固澳门经济发展的势头，为澳门经济长期稳定健康发展奠定坚实的根基。与此同时，北京也正瞄准建设中国特色世界城市的目标。作为国际化大都市和与中国大陆同属大陆法系的澳门，其很多经验对北京建设中国特色世界城市，无疑具有重要的借

鉴意义，北京需要以经贸合作为突破口，实现对澳门关系的新突破。在这个大背景下，北京市政府果断决策，决定高层次、大规模参与 MIF。

其次，要服务于国家经济发展目标。所有政府主导参与的境外展会都具有一个共同的特点，即为当地产业发展服务。一般而言，政府主导参与的展会都是政策导向的风向标，是国家和地方政府进行形象宣传的重要载体，是产业发展的引擎和经济贸易活动的平台。就大多数政府主导参与的展会来说，其举办目的在于招商引资、促进经贸，即所谓“政府搭台、企业唱戏”，从而扶持和引导地方产业发展，尤其是对于需要扶持的新兴地方产业，能起到很好的推动作用。以笔者所在工作单位为例，北京市贸促会所有组织的境外展会活动，从主题确立、行业选择，到展览设计、活动具体内容安排，无一不着力凸显北京建设“人文北京、科技北京、绿色北京”的要求，无一不着力体现发展文化创意产业、高科技产业、高端服务业的姿态。北京参与 MIF 同样也是基于这样的考虑：首先，在港台地区，北京市由政府统一组织的大型经贸活动已经有京港洽谈会、京台洽谈会等，而澳门地区尚属空白，需要填补；其次，北京市需要更深入地落实《关于建立更紧密经贸关系的安排》(简称 CEPA)，并通过澳门的国际经贸平台作用，开拓葡语国家、欧盟、东南亚及美加市场，帮助扶持北京市企业拓展国际市场外需渠道，确保北京经济发展目标的实现。

三、获得财政资金支持是政府主导参与境外展会模式的经济基础

政府主导参与境外展会与一般商业性展会的重要区别就在于资金来源不同。达到服务政府发展目标、提供经济性公共服务的目的等因素，就决定了在政府主导参与展会模式下，必然需要政府投入大量的资金和人力物力。北京参加 MIF 的场地租用、整体特装设计及搭建、展品运输、广告宣传等涉及所有参展单位的公共性资金需求均由财政资金投入，确保了组织参展工作的政府机构的绝对主导权和服务政府发展目标的实现。此外，作为政府资金的补充，企业为了自身的个性化宣传、推介等需要所产生的支出，宜由企业自理。

四、服务企业经营是政府主导参与境外展会模式的实现形式

企业是经济发展的载体，从宏观上看，只有大多数企业的经营目标实现，

政府的经济发展目标才得以实现。所以，参展虽是政府主导，但在实现形式上必须要服务企业经营活动。在北京筹备参加 MIF 期间，在甄选企业上倾注了大量的心血。

首先是要确定参展的主要行业。北京市政府充分注意到澳门特区政府对发展旅游、创新科技、文化创意、会展等行业的关切，结合当前北京市文化创意产业、高新技术产业、现代服务业等产业发展重点，并考虑到澳门食品行业的知名度和美誉度，从众多行业中筛选出了旅游、创新科技、文化创意、食品、会展等行业内的代表性企业赴澳参展，契合了澳门经济适度多元化的战略和京澳双方的产业优势、发展重点，为北京—澳门各自的优势产业和发展重点创造了更多的强强联合机会。

参展行业确定后，需要确定具体展项。按照突出北京特点，突出展示重点的原则，根据上述主要行业的特点，并结合澳门的产业发展情况，我们重点扶持了高新科技产品和老字号、绿色食品等有形产品参展，组织了用友软件、清华阳光、纽曼、拂尘龙、讯风光通信等北京中关村的自主创新高科技企业，带着机器人、太阳能、数字通信等代表当今科技发展最新成就的新技术、新产品和新概念展品参展，使澳门及境内外观众真实感受到了高科技的魅力；组织了全聚德、同仁堂、吴裕泰、王致和、六必居、宫颐府、古船、牛栏山、红星、三元、燕京啤酒、汇源饮料等三十余家北京著名的老字号和名优食品企业齐聚 MIF，与澳门食品手信行业企业进行对接合作。至于文化创意、旅游等行业，大多是无形产品，就重点在北京—澳门经济合作推介洽谈会上，向广大参加 MIF 的海内外专业客商进行推介、宣传。

五、确保政府主导是政府主导参与境外展会模式的组织特征

确保组织领导权、总体策划权和方案实施监督权是实现政府主导权的具体手段。

一是确保组织领导权。主要体现在展会的组办机构应该主要由政府部门组成，具体到办展实践，即参展工作协调机构、主办单位、承办单位、协办单位等参展组织机构的主体应该是政府部门，只有这样，才能保障参展组织协调有力，且不偏离大方向，从而实现政府的参展参会预期目标。总结北京参加第十五届 MIF 的成功经验，最主要的就是组建了强有力的由政府部门组成的工作协调机构和参展组织机构。市领导亲自挂帅指挥北京参加澳门展的工作，并根据北京参加澳门展的工作特点和实际需要，成立了由北京市政府

港澳办作为牵头单位的北京展团和北京参展工作协调小组两个组织机构，主要成员为市政府有关委办局。实践证明，这提高了工作效率，确保了北京赴澳参展全市一盘棋。各单位通过固定的负责领导和具体联络员，形成了北京参展的有机整体，确保了各项参展工作的有序运转、无缝对接。虽然涉及部门多，需要协调的问题多，但是各部门密切配合，精诚合作，形成了战斗力强、效率高的工作格局。

二是确保总体策划权。创意策划是决定能否实现参展预期目的的关键，主要牵头部门要牢牢把控策划主导权。具体而言，需要从顶层设计、主题选择、板块设置、展区设计等方面进行把握。顶层设计包括明确目标任务、建立组织机构、明确职责分工、建立工作机制等内容。因已在确保组织领导权上进行了详细阐述，在此不再赘述。参展主题是参加展会的灵魂和主线。在确定北京参加 MIF 的主题和标识时，围绕第十五届 MIF“促进合作 共创商机”的主题，我们充分挖掘北京元素，提出了“魅力首都、相约澳门”的参展主题，具体内涵则服务于首都“人文北京、科技北京、绿色北京”的发展战略，通过与澳门在文化创意、高科技、环保项目方面的合作，为参展企业创造商机，实现北京市的发展战略目标。在标识策划设计过程中，我们决定延展北京参加上海世博会的成果，利用北京已经打向全世界的名片，延续使用在实践中经受了考验的北京参博标识。通过在北京展区和中、英、葡三种语言的北京参展宣传册上广泛应用具有北京特点的标识，创造出鲜明、完整、统一的视觉效果，体现了专业水平，提高了北京展区的吸引力和认知度，确保了北京参展的整体统一形象。在参展板块设置上，立足北京首次组团参展的实际，提出了“先行先试、展示形象、力求实效”的指导思想，设置了展览展示、推介、洽谈、签约四大板块，全方位参与展会的各项活动，展览、推介、洽谈、工商业界交流等多层次、多领域的活动同期展开，在澳门产生了很大影响。在展馆设计上，这涉及展出单位的对外形象，也体现展出单位的综合实力。把握住三点：一要选择有资质、有实力的展会设计公司，确保能将政府意图全面体现到设计方案之中；二要充分凝练出地方独有的特点和元素，确保不淹没在众多的参展单位之中；三是展区内部做好板块划分的同时，还要保持整体一致性，确保达到宣传地方政府整体形象的效果。

三是确保方案实施监督权。这是落实政府主导权的重要保证，可以通过严密的前期设计监督、全方位的施工过程监督、严格的实地成品验收等手段，很好地落实方案实施监督权，确保将好的创意策划变成生动的现实。

六、几个相关的问题

除了上述五个构成要件外，根据参加 MIF 经验，笔者认为，做好政府主导参与境外展会工作，还要注重以下三个关键环节。

（一）充分利用一切外事资源，加强对外协调是境外办展取得成功的重要基础

在 MIF 筹备期间，尽管工作协调小组的很多同志都有参加北京奥运会、建国六十年大庆、上海世博会等大型活动的组织经验，但此次属于境外办展，而且是首都北京在澳门大型经贸平台的首次亮相，在工作标准、条件支撑等很多方面都面临新的挑战。针对境外办展的各种困难和不便，大家积极做好思想准备和应对预案，充分利用北京的对外联络资源，与澳门中联办、澳门贸易投资促进局等有关部门反复磨合，掌握了规律，增进了互信，有效地解决了各种问题。

（二）借力造势是政府主导参与境外展会低成本、高效率的有效形式

做好政府参与境外展会工作的前提和关键，首先是要吸引中外政府部门和企业家的注意力。澳门国际贸易投资展览会是澳门一年一度最盛大的国际经贸活动，这为北京对澳门，尤其是对葡语国家和欧盟市场的对外经贸合作工作搭建了一个难得的大舞台，起到了事半功倍的效果。我们认为，借助有影响力的国际大型活动，借助政府领导出访的机会，精心谋划、大力开展外经贸促进工作，是提升政府参与境外展会效率、降低参与成本的重要途径。

（三）加强外宣工作力度是扩大参与境外展会影响力的关键环节

新闻媒体是政府参与境外展会的扬声器，利用好目的地国（地）新闻媒体，对扩大参展效果具有举足轻重的作用。在举办北京参加澳门展新闻发布会及参展期间，充分依托澳门特区贸易投资促进局、在澳的北京市政协委员，以及北京市委宣传部、市政府新闻办和市政府信息处的力量，聚集优质媒体资源和信息渠道，组织了近三十家港澳主流媒体、中央在澳媒体、北京市属媒体和政府信息渠道，对北京参展活动进行了大量的报道和介绍，既对外宣传了首都北京的良好形象，也及时向政府领导和广大北京市民传递了北京参展参会信息，使北京参加澳门展达到了效果最大化。

政府主导参与境外展会模式与企业自发参与商业性展会模式相比，它具

有前文所述诸多优势，但在加强投入收益绩效的量化标准、增强市场的针对性等方面还有待于进一步加强。在现阶段，该模式有其存在与发展的客观现实需要和土壤，并且还将继续存在、发展下去。就如何提高政府主导参与境外展会的效能，如何在财政支出绩效评价体系的总体框架下建立更有针对性的、科学有效的政府主导参与境外展会的绩效考核指标体系等课题，还有待会展理论界和业界继续深入探讨。

中国国际贸易促进委员会北京市分会　崔　勇　黄雄辉

第四部分

他山之石篇

德国、美国、新加坡会展业发展的启示

会展业作为一个朝阳产业，其强大的拉动效应和巨大的发展潜力引起了世界各国的高度重视。近年来，国际会展业实现高速发展，特别是亚洲会展业迅速崛起，成为国际会展业的一支新秀。国际会展强国在场馆建设、会展活动组织管理、会展人才培养等方面累积了丰富的经验，同时国际会展业在品牌、规模、运作等方面也表现出一系列新的发展趋势。北京市会展业发展水平与国际著名会展城市相比还有较大差距。本文通过分析国际会展业发展的新趋势，总结典型发达国家会展业发展的成功经验，从会展管理、场馆建设、人才培养、品牌培育等多方面阐述了国外会展对北京会展业发展的启示。

一、国际会展业发展的新趋势

从整体上看，当前国际会展业的发展呈现出蓬勃生机，以欧美为代表的发达国家凭借自身发展优势，在国际会展业中处于主导地位并向世界各地扩张，亚洲国家凭借巨大的经济发展潜力和较高的国际开放度，成为国际会展业的后起之秀。国际会展业在品牌、规模、运作、设施等方面逐步呈现以下几点新趋势。

（一）品牌专业化

从国际会展业发展情况看，近年来综合性展览会的举办数量不断减少，专业化品牌展会逐渐成为会展业发展的主流，代表着国际会展经济的发展趋势。由于专业性展览的针对性强、参展观众质量高、参展效果好，许多综合性展览会已经被细化为若干专业展，如汉诺威工业博览会已经细化为多个专业展（如机器人展、灯具展、仪器仪表展、铸件展等）。专业展览会能够集中反映某个行业或其相关领域的整体状况，并具有更强的市场功能，受到世界各国特别是会展城市的青睐，如杜尔多夫的国际印刷展、包装展，纽伦堡的玩具展，香港珠宝展、玩具展，意大利米兰的国际服装展等。专业化是国际会展业发展的必然趋势，专业性会展通过明确的会展主题和市场定位，对参展商和与会者产生强大的吸引力，从而提升会展城市的会展业发展水平。

（二）规模大型化

近年来国际展会规模发展迅速，例如2009年德国汉诺威工业博览会吸引了来自61个国家和地区的6 150家参展商，展出面积达22万平方米；2010年美国国际消费电子展展出了二万件新品，吸引了来自140个国家的22 000名观众，有三百多家来自中国的企业参展。会展规模的大型化发展对会展设施提出更高要求，会展设施规模大型化发展趋势也日益突出，如国际著名的会展城市汉诺威、慕尼黑、法兰克福、米兰等，都拥有大面积的会展场馆和展览区域。其中德国汉诺威展览公司拥有全世界最大的展览场馆——汉诺威展览中心，总面积达100万平方米，净可展出面积达49.7万平方米；意大利米兰国际展览中心总面积达409万平方米，其中展厅面积为37.5万平方米。美国拉斯维加斯会展中心的会展面积达36万平方米，其中包括18.58万平方米的净展览面积和2.32万平方米的会议室空间，最大会议室可容纳12 000人。北京国际展览项目的发展潜力较大，扩大北京展览场馆的单体面积是展览业发展的迫切需要。

（三）运作集团化

在全球经济各个领域并购和联盟的大趋势带动下，会展业运作的集团化趋势日益显著。会展业作为一个高利润、低能耗的行业，投入大、回报快，对会展企业的资产总额、人力资源、技术力量等提出了很高的要求，因此行内的竞争十分激烈。目前，国际会展业的巨头们为了降低成本、减少风险，纷纷以兼并与合作的方式建立战略联盟，进行集团化运作，以期优势互补，提升实力，打造业内超级航母。欧美的展览业巨头开始用资金来购买其他竞争对手的展览主题，如美国的克劳斯公司，用40亿美元购买了南美的品牌展会及其相关产业。会展企业通过兼并与合作进行集团化运作，利用国内国际两种资源，开拓国内国际两个市场，以获得资源的优化配置。

（四）设备现代化

随着科学技术的迅猛发展，信息和网络技术、新工艺、新材料逐渐被应用于会展业发展的多个环节，为全球会展经济的发展注入了新的活力，会展设备现代化已经成为会展业发展的一个不争的事实。如借助网络信息的优势，参展商可以在异地向全世界发布自己的展览产品的详细信息，参展观众也可以借助个人电脑在任何地方浏览和选择自己喜欢的产品，展商和观众的双方经贸洽谈细节大大简化，同时也降低了风险，提高了经济效益。同时，设备现代化也是会展标准现代化、展览内容国际化、展览形式多样化发展的共同要求。如美国拉斯维加斯会议中心使用美国“智能城市网络”提供的电子和数据服务，并由其负责商务中心运营。2009 年，会议中心安装了六台 40 英寸显示屏，提供实时航班信息，并设置专门设备供参展商自助办理登机和行李托运手续，深受国际参展商和观众的欢迎。

（五）市场国际化

会展业市场的国际化发展趋势表现在多个方面。一是通过品牌会展国际移植抢占国际展览市场。国际著名的会展城市都拥有多个大型会展公司，旗下拥有多个会展品牌，通过品牌会展的国际移植抢占国际市场份额已成为会展业发展的新动向。如德国的法兰克福展览有限公司把每年春秋两季在德国本土举办的国际消费品展览会（Ambient）移植到亚洲，分别在中国、日本等国家举办了以 Ambient 命名的展览会。这一跨国运作既满足了国际市场的需求，同时也抢占了世界展览市场的份额。二是国际会展公司全球扩张。当今，大型国际会展公司向海外扩张已经成为一种趋势，国际展览巨头为了谋求更大发展，纷纷把目标投向海外，通过资本运作寻求低成本扩张进入展览业相对落后的发展中国家市场。作为世界会展业翘楚的德国，其国内最强的五大展览公司已经全部进入中国市场。三是参展商和观众国际化。随着会展业的竞争日趋激烈，各举办机构不再局限于吸引本国、本地区的参展商，而是更多地关注国际市场，提高国际参展商和观众的参与程度。以汉诺威工业博览会为例，2009 年的汉诺威工业博览会参展商来自 61 个国家和地区，境外参展商数量接近半数，展会共计接待观众 21 万人次，其中 25% 来自国外。

（六）举办国家多元化

在经济全球化的大背景下，会展业作为重要的国际贸易交流平台，其国际市场份额大小对于会展经济发展起着至关重要的作用，引起了世界各国的高度重视。近年来，亚洲国家和地区借助欧美跨国展览巨头向外进行品牌移植的良好时机，大力发展会展业，打破传统的西方垄断趋势，使会展举办国家向多元化方向发展。例如，素有“亚洲展览之都”之称的中国香港地区十分重视会展市场及其相关产品的开发，每年都会举办上千个国际会议和展览；新加坡拥有良好的会展举办条件，每年举办的大型展览和会议超过 3 000 个；韩国和日本政府也非常重视本国展览业的发展，按照国际协会联盟（UIA）的统计标准，韩国在 2007 年共举办了 268 场国际会议，世界排名第 15 位，在亚洲仅次于日本和新加坡。

二、国外会展业发展的经验

（一）德国会展业发展的经验

德国是世界头号会展强国，会展业已成为德国国民经济的重要支柱。德国会展业已经形成了以政府为引导，行业协会为管理主体，展览公司、参展商、院校、媒体协调合作的完整的产业发展体系。在德国 188 个城市中，有 49 个城市把会展业作为本地的支柱产业。据德国经济展博委员会统计，德国 16 个州共有 24 个会展中心，室内展厅面积约 270 万平方米，约占世界展厅面积的 1/4；全球面积最大的 5 个会展中心有 4 个在德国。此外，德国政府还调动社会力量加强会展中心及配套设施建设，使会展业发展的硬件条件不断改善。德国会展业发展历史悠久，在管理体制、人才培养、品牌培育等多方面积累了丰富的经验。

1. 行业协会作为专门的会展业管理机构，代表政府执行会展业管理职能

德国展览业协会（AUMA）作为专门的会展管理机构，代表德国政府对会展业进行宏观调控，其职责是制定会展业管理制度和措施，包括以类似商标保护的形式对名牌会展予以保护，防止出现会展雷同的情况；根据章程要求，在会展类别、展出地点、日期、展期、周期等方面进行协调，保护参展商、组织者、参观者多方的利益。同时，AUMA 每年还与德国经济部、农林部、能源部等政府部门协调，制订国家会展计划，并会同有关部门协调选择专业会展公司进行具体的运作，有效避免了多头办展、重复办展、分散混乱的局面。

2. 政府充分发挥服务作用，对场馆建设和公司组建给予资金支持

为了对会展业进行扶植，德国各州和地方政府在会展场馆建设、会展公司运作等方面给予资金支持，具体支持方式包括以下几个方面：一是直接投资建设大型展览场馆；二是政府给予启动资金，鼓励展览公司贷款建设场馆，并给予贴息补偿；三是投资会展企业，帮助展览公司完成资本的原始积累。德国许多城市地方政府把会展业作为当地的支柱产业之一，并不着眼于某一展会一时的盈亏，而是将培育展会品牌、发展地方经济、带动当地服务业发

展、增加就业岗位作为长期的目标。政府不参与会展公司具体的决策，但通过监事会对其进行监督。

3. 以政府补贴的方式鼓励企业出国办展，提升本国企业在国际展会中的展出水平

德国通过资金补助的方式支持企业出国参展。企业参加在冰岛、挪威和瑞士等欧盟国家举办的展览最多可直接补贴参展费用（展位费、布展撤展费、展品运费、翻译及集体宣传费等）的50%，或最高金额5 000欧元；参加在其他国家举办的展览最高可补贴8 000欧元。2007年，德国联邦政府拨出3 600万欧元专门支持国内企业赴海外参展，此后逐年递增，2008年为3 700万欧元，2009年上升为3 800万欧元①。

4. 建立多层次会展人才培养体系，并实行会展人才资格认证机制

德国的会展人才培养模式具有两大特点：一是实行以定向培养模式为前提的模块式教学。德国有多个院校进行会展方面的培训，如科隆大学会展经济研究院主要的培养对象是已经拥有丰富从业经验的会展高级经理，其课程侧重于研究性和理论性；瑞文斯堡合作教育大学主要培养会展业的中层管理者和一线操作人员，其课程侧重实践性和操作性。二是实行理论联系实际的教学方式，学生可以一段时间上课，一段时间去公司实习。除了在高校培养会展专业人才，德国展览业协会（AUMA）也负责人才培养和职业资格的认证。

5. 积极推行国际化战略，争抢国外展会市场和客户

德国非常重视会展业国际化发展，据统计，德国现有的一百家会展公司中，专做国际业务的约有四十家，德国会展公司已在八十多个国家设立了代表处，建立信息收集站450个。2006年，由德国会展公司带领德国中小企业在国外举办的展览就有192场，其中在中国举办60场。德国每年要举办国际展销会约150场，世界顶级专业博览会有三分之二在德国举办，这些展会一年吸引参展商达17万家，其中一半参展商来自国外，观众则有五分之一来自国外。德国会展业的国际化战略极大地促进了德国会展业的持续繁荣。

6. 实行明确分工和专业化运作，打造特色鲜明的世界一流会展品牌

目前，德国会展业已形成以行业分工为主、地区分工为辅、面向全球的强大网络。德国展会设立的首要原则就是行业细分市场必须明确。尽管德国每年有数百个展览会，但在德国展览业协会等权威行业协会的协调下，各展会的目标非常明确，不搞没有特色的“大拼盘”。以电子行业为例，汉诺威信息技术

---

① 数据来源：中国国家贸易促进委员会驻德国代表处网站，会展信息专栏，编辑徐东来。

展和柏林消费电子展的目标观众定位不同，前者以采购商等专业客户为主，后者则主要面向终端消费者。由于分工明确，德国各地区逐渐培育出一批特色鲜明的会展品牌，除了汉诺威博览会外，莱比锡和法兰克福的书展，科隆的国际食品展，柏林的信息技术展等都是世界一流的展会，而柏林的金熊奖电影节和慕尼黑啤酒节等文化展会，也以其鲜明的特色吸引了众多游客。

7. 根据市场热点不断转换展会内容，保持会展业可持续发展

德国会展业发展前期是以机械、汽车和消费品等展会为主，20 世纪 80 年代后，伴随着信息产业的兴起，德国展会增添了相应的内容，并培育出汉诺威信息技术展等有全球影响力的会展品牌。近年来，一批新兴的房地产、生物、新能源等展会又开始逐步崛起，尤其是主打环保、节能和健康牌的展会发展非常迅速，在食品、建材、家具、服装、医药等展会中，绿色健康理念也成为主流。德国展会坚持不断创新内容，走可持续化发展道路，已成为世界新产品、新技术的重要展示平台，受到各国参展企业和观众的广泛重视。

（二）美国会展业发展的经验

美国是国际会展业的后起之秀，起步晚但发展快，特别是 20 世纪 90 年代以来，美国经济保持快速增长，对外贸易额迅猛扩大，极大地促进了会展经济的发展。美国每年举办展览会约四千个，展出总面积达四千多万平方米，参展商一百多万，观众超过七千万。会展旅游业的快速发展是美国会展业的重要特征之一，自 1992 年以来，美国的会展旅游收入以年均 9% 的速度增长。据国际商业信息系统（IBIS）预测，到 2010 年美国会展旅游业的收入将达 1 306 亿美元，提供就业机会 8.6 万个。美国最重要的会展城市是拉斯维加斯，这个城市每年举办两千多场专业性会展，其中全美最大的两百个展会中有四十个在拉斯维加斯定期举办，聚集了全球主要的专业商家和客源。区别于其他展览城市的吸引力，拉斯维加斯独特的娱乐资源成为其招展的主要筹码。美国会展业发展迅速、特色鲜明，在办展方式、会展服务、市场化运作等方面提供了丰富的经验借鉴。

1. 以协同办展的方式促进展会内容、观众群、业务优势互补，增强展览效果

近年来，美国展览业协同办展方式越来越受到各界的欢迎，互相不竞争的展会可以用一个全新的名称合并在一个主展会中，还可以和其他一个或多个合作伙伴联合搭建一个展馆，或是采取展中展的形式进行协作，使观众在同一时间能看到其他展会上的展品，而参展商则能从细分的观众群里获得更多的贸易机会，这种协作还能储存更多的新闻资源，提升展会吸引供货商的能力。

2. 注重“做专”、“做精”、“做大”会展业，发展高效的专业化会展

“专”是美国办展的原则和显著特色。美国拉斯维加斯每年举办两千多场专业性的贸易会展，到会参展和观展的都是专业厂商和观众，该类展会引导着本专业的发展方向和市场潮流，为全行业的厂商和销售商所关注。如在拉斯维加斯举办的国际电子用品展、室外装饰用品展、国际礼品杂货展、国际珠宝展、国际乳制品熟食蛋糕展等，专业性非常强，大多是本专业最高水平的国际性会展，极具特色和吸引力。“精”是指美国展会参展的展品精致、厂商精干、布展精巧。比如，每年春秋两季举办的 MAGIC 国际服饰展，是目前世界上规模最大、影响力最强、涉及面最广的服装服饰博览会之一，其中 SOURCING 展区是完全面向美国专业订单采购商及品牌经销商的特色展区。“大”是指美国展会的规模大、场面大，参展的厂商众多。如国际五金工具专业展和草坪庭院用品展的展出面积近十万平方米，汇集了世界各地一万多家参展厂商，有来自五十多个国家和地区的五万多专业客商到会洽谈贸易。

3. 办展过程完全市场化，避免政府行政性干预

美国展会基本靠市场化运作，任何企业想要参展，只要按手续预定，缴纳费用，就可以得到展位，而且按照预定先后顺序分配展位，各国的大小企业都是平等竞争，并不存在由政府部门向企业行政性分配展位等行政干预现象。目前我国各地每年都要举办几千场各种会展，其中大部分由政府举办，往往指定或动员当地企业参加，并由政府给予补贴。同时，像广交会等深受企业欢迎的会展，展位往往按地区由政府部门行政性分配，并规定优先给予部分企业较多且较好的展位，极有可能发生紧俏展会的展位地下转让，造成政府相关人员“寻租”等腐败现象。我国的会展业可以参照美国市场化办展模式进行相应的改革和创新。

4. 融合会展、餐饮、宾馆、娱乐、大卖场、旅游等功能于一体，创造会展业发展的新业态

近年来，美国会展业进行了业态创新，即在同一建筑空间中融会展、餐饮、宾馆、娱乐、大卖场、旅游观光等不同的行业业态，使之相互补充，从而减少了展览馆（厅）的空置浪费，大大提高了会展业的综合效率和经济效益。如国际五金工具专业展在拉斯维加斯威尼斯大酒店举办。该酒店底层为会展厅，可容纳一万多个标准展位，在不举办会展时又可以作为大型活动的停车场，以减少闲置。二层包括两个中型会展厅，可以同时举办两个大中型主题会展，还包括博彩娱乐大厅，为参展人员提供博彩和娱乐服务。三层为旅游观光区和大卖场，四层以上是高档宾馆客房和贵宾写字办公楼。这种几种完全不同的商业业态同处于一个建筑空间之中，融吃、住、展、表演、娱

乐、旅游、购物、观光等多种功能为一体，实行一站式服务和业态创新，更好地满足了高端商业客户的多方面需求，最大限度地利用了资源，具有很强的借鉴意义。

5. 实行开放式经营、人性化管理，注重服务效率和服务细节

在美国办展时，不论任何国籍的企业都可以平等、自由地向主办者预订展位，在收费上一视同仁。任何企业或专业人士要想参观，只要提出申请，领取参观证后都可以入场参观。而目前我国的会展业尚未完全向展览企业或生产企业开放，会展也并未完全免费向社会开放，在某种程度上还不是完全开放式经营。如广交会等展位是由商务部门按不同地区行政分配的，企业组团参加国际展，必须向某些部属机构（如贸促会等）申请，由其统一向国外主办者申请，再发包给各展览公司或企业，中间环节多，手续复杂、费用高。美国会展业重视人性化管理和细节服务，其所有展厅都设有残疾人通道，便于残疾人参展。在会展期间，展馆设有服务中心，从招展、预约、登记、广告，到各种有关会展资讯资料、电子信息的收集、整理、免费发放，不同语言文字的翻译、法律咨询，乃至布展、撤展、清理场地等，各个环节、各项程序均有专人负责，注重细节的人性化管理，保证了展会的高效和成功。

（三）新加坡会展业发展的经验

新加坡会展业起步于20世纪70年代中期，由于政府的高度重视，会展业已经成为新加坡发展最快的行业。新加坡举办国际展会的规模和次数居亚洲之首，被称作“亚洲最适合举办世界级会展活动的城市”。1974年，新加坡旅游局成立展览会议署，协助配合会展公司开展工作，向国际上介绍新加坡举办国际会展的优越条件。在新加坡举办会展没有任何管理法规限制，也不需要任何审批手续。2008年，新加坡举办637场国际会议，第二次被国际协会联盟（UIA）评为“世界第一大会议城市”，并连续25年获选“最佳会议举办城市”。新加坡举办过许多具有国际声望的世界级会展活动，如亚太航空展、1996年的世界贸易组织总理会议、2001年福布斯全球总裁会议、2003年世界经济论坛-东亚经济峰会等。新加坡旅游局计划在2015年前将商务旅行和会展业收入增加到105亿新元，使其在旅游业总收入中的比重达到35%。作为亚洲会展强国，新加坡会展业的发展为我国提供了大量值得借鉴的经验。

1. 通过政府与业界联盟、专业咨询规划、积极宣传促销等多种手段积极培育会展业

新加坡政府在推动会展业发展的过程中更多地侧重于运用多种手段培育

会展业。一是与业界结成联盟。新加坡贸易发展局、旅游局和主要的展览会议商联合组建新加坡会展有限公司，政府与业界建立更加密切的联盟关系，实现市场化运作，共同发展会展业。二是实施专业咨询规划。为保持新加坡全球旅游和会展之都的国际形象，新加坡旅游局于1999年专门成立国际旅游咨询理事会，为新加坡旅游业在服务和产品方面更好地适应21世纪发展出谋划策。三是积极开展市场促销。新加坡会展业的市场营销由旅游局下辖的新加坡展览和会议署负责，通过与新加坡贸易发展局紧密合作，从不同角度为提升新加坡国际会展胜地的形象而努力。

2. 会展场馆兼具现代化功能和文化特色，展馆配套设施完备

新加坡会展设施具有场馆规模大、功能完备、特色鲜明、环境完善等特点。其中，新加坡博览中心由国家投资兴建，委托第三方管理，拥有六个1万平方米无柱结构展览大厅和2.5万平方米室外展览空间，另有九个会议厅（室），每年场地出租率达45%。新加坡博览中心周边交通设施完善，有轨道交通和三条高速公路，另外还有新加坡第二大的餐厅，可同时供一万人用餐，而且还可以为参展商提供不同档次的商务餐。另一处极具特色的展览会场是新加坡国际会议与展览中心（新达城），该场馆的五指型建筑群造型蕴含丰富的汉文化寓意，该中心展厅总面积十万平方米，配备先进的翻译、通讯、传播系统，许多国际高峰会议都在这里举行。

3. 建立完善的会展业统计体系，注重累积客户资源

新加坡政府对会展业的统计主要通过两个途径进行。一是通过招标形式有偿发包给中介公司，取得总体统计数据及部分分项统计资料。中标中介公司根据协议在会展公司、会展场所、酒店等地进行有关的抽样调查和问卷调查，根据调查所得资料结合政府提供的出入境行政记录，测算出总体统计资料及分项统计资料，再委托另一家中介公司进行第三方审计后，按月向新加坡旅游局提供报告。二是取得认证的企业向政府有关部门报送报表。展览业企业在向政府申请认证前必须上报企业有关资料，认证后每期会展均要向政府上报报表；宾馆酒店向政府申请旅游区宾馆酒店认可，也必须向政府上报报表，否则政府不予认可（认证）或取消认可（认证）。上述途径获得的统计资料除为满足政府报表需要，还为今后办展积累了客户资料。

4. 政府不实行会展申报审批制度，并对办展企业给予资金支持

无论本地展览公司还是国外展览公司在新加坡举办展览会都不需要向政府部门登记，如果展览公司需要政府提供认证或帮助，则必须向政府提出申请并提交举办展览会的详细资料。为了推动本地会展业的发展，新加坡政府对会展业提供一定的财力支持，如对去海外参展办展的企业，由新

加坡贸易发展局给予支持；对外来办展的企业，由新加坡旅游局有条件地给予赞助。

5. 政府高度重视奖励旅游业，为客户量身打造奖励旅游产品

新加坡贸易与工业部所属旅游局专门设立了商务会展奖励旅游司，统筹会奖旅游业各项发展事务。2007 年，新加坡实际接待外国游客 1 026 万人次，旅游总收入 148 亿新元，其中商务游客近 300 万人次，旅游收益超过 50 亿新元，占总收益的 40%。为了争取更多的商务、会议、展览与奖励旅游收益，新加坡商务会展奖励旅游司有关部门可以为客户“量身打造”奖励旅游产品，根据客户的需要度身定制独一无二的奖励旅游方案。同时，新加坡专业从事奖励旅游服务的目的地管理公司，承担从策划到组团旅行的所有业务，为不同规模的公司提供新颖周到的奖励旅游服务。

三、国外会展业发展的经验对北京会展业的启示

会展业作为一种新兴产业具有广阔的发展前景，已成为 21 世纪新的经济增长点。北京会展业的发展具有良好基础和条件，并已经取得一定的成绩，但仍然存在一些薄弱环节。通过总结发达国家会展业发展的经验和国际会展业发展的新趋势，为北京会展业的进一步发展提供以下几点启示。

（一）设立统一的会展业宏观管理机构

政府对会展业进行统一归口管理是会展业协调健康发展的重要保证。西方发达国家及其著名会展城市普遍设立唯一的、独立的、权威性的会展业管理机构，如美国设立了国际展览管理协会（LAEM），其著名会展城市拉斯维加斯设立了会议和旅游局，统筹管理会展业发展；德国成立了展览业协会（AUMA）统一管理会展业，法国建立了海外展览委员会技术、工业和经济合作署（CFME-ACTIM）作为会展业管理部门。而我国目前从国家到城市都缺乏统一的会展业管理主体，仅会展审批单位就有经贸委、贸促会、商务部等多个部门，北京市会展多头审批、重复办展现象尤为严重，尚未形成有效的管理协调机制。因此，为了有效促进会展业的快速健康发展，北京市应当借鉴国外经验设立一个专门的管理机构，将各个部门的权力集中，进行统一归口管理，提高工作效率，规范会展业的发展。

（二）政府对会展场馆建设给予资金支持

会展业是现代服务业的重要组成部分，政府在会展业发展过程中应该充

分发挥服务职能，而不是作为直接的管理者。发达国家的政府部门对会展业的介入主要体现在对会展活动和场馆建设的资助，尤其是对大型和特大型会展设施建设的资金支持，而不是过多地干涉会展行业的内部事务或作为办展主体。如德国的展馆基本都是由各州和地方政府投资兴建，展览公司也是由政府控股，实行企业化管理。如德国法兰克福展览馆占地46.5万平方米，由政府投资建设，不属于任何私人机构，投资总额中市政府占60%，黑森州政府占40%；法兰克福展览公司中市政府占60%股份，但不收取任何费用，赢利全部用于再投资，政府只从不断增加的税收中得到回报。北京现有的会展场馆布局分散，新建的新中国国际展览中心周边配套尚不健全，且二期开发尚未完成，其他展馆的单体规模都较小，多数展馆设施陈旧，无法满足现代会展业的发展需要。北京市政府当务之急就是大力支持大型会展设施的建设，为会展业的发展提供强大的载体支撑。

（三）积极培育有国际影响力的会展品牌

随着会展经济的不断发展，现代会展的市场份额逐步向最有价值的品牌会展集中，会展品牌已成为国际会展业竞争的重要筹码。德国的工业展、意大利的服装展、法国的航空展无一不是行业中最具号召力的权威品牌展。当今发达国家的会展业已经相当发达，其国内的会展市场已经接近饱和，随着经济全球化发展，许多跨国展览巨头纷纷把自己的品牌向落后的发展中国家移植，如德国汉诺威会展集团在北京设立办事处。面对外资会展集团的进入，北京市应当根据自身的产业特色、发展基础、资源条件积极开发展览主题，培育展览品牌，与国际同行抢占行业的制高点。

（四）高度重视会展业的配套服务

会展业是以服务为主的行业，办展单位的专业服务和城市的配套服务水平直接影响会展品牌的可持续发展。汉诺威博览会的主办方汉诺威展览公司以及汉诺威政府多年来一直坚持为展商提供全方位服务，包括银行、邮局、海关、航空、翻译、日用品、商店、餐馆，整个服务体系成为一座城中城，从而解决了参展商的后顾之忧。北京应当改变以往“重招商、轻服务”的思想，加快配套服务体系建设，形成以参展商、参观者和贸易商为中心的服务机制。另外，北京会展服务还要与国际接轨，按照国际通用的标准和流程为展商提供“一站式”的服务，包括运输、餐饮、住宿、法律咨询、广告发布等，给广大参展商和观众一个良好的会展城市形象，使优秀的服务水准成为吸引其参加会展的城市名片。

（五）积极培育专业的会展人才

发达国家非常重视会展人才的培养，如德国部分大专院校都设有展览专业，系统讲授展览理论知识；德国展览委员会建立了一套系统完整的专业人才培养计划，并通过课堂学习、工作实践、参与协会活动和考试等方式培育专业人才。美国国际展览管理协会举办了注册会展经理培训班，这也是目前世界会展业唯一的资格认证体系，会展从业人员通过参加该培训并考试合格后，将被授予注册会展经理证书，该称号被认为是具有理论知识和从业技能的重要标志。目前北京市大多数组展单位是国营或“二国营”企业，靠政府批任务，吃“政策饭”，工作人员基本以退休和待退休人员为主，缺乏专业的会展管理人才。因此，北京不仅要积极引进高层次的会展人才，贯彻现代化的用人观念，做到合理用人、人尽其责，还要善于培养专业的展览人才，建立一支懂展览、懂市场、懂管理的高素质人才队伍。

课题组：中国国际贸易促进委员会北京市分会
北京国际会议展览业协会
北京方迪经济发展研究院

我国其他城市会展业发展的启示

会展业是现代服务业的重要组成部分，具有较强的创新引导、开放融合、集聚辐射等特征。改革开放三十年来，越来越多的城市尤其是中心城市认识到会展业对经济社会发展的积极作用，通过兴建会展场馆、完善配套设施、培育各类会展主体、创新会展管理体制和运营机制等方式积极推动会展业发展。其中，上海、广州和深圳会展业发展都处于所在区域的领先地位，并对相关产业的发展起到辐射带动作用，走出了各具特色的会展业发展道路。

一、上　　海

（一）上海会展业的基本情况

上海是长三角地区的龙头城市，区位优势得天独厚，基础设施日益完善，服务业在GDP中占据半壁江山，现已率先在国内建立了地方性会展业协会，会展行业发展态势良好。上海多年来持续加大对会展业的投资力度，在会展场馆和配套设施建设、会展主体培育、会展运营体制与机制优化、会展服务水平提升等方面都取得了较好成绩。“十一五”时期，上海会展业强势增长，2009年上海共举办展览会项目526个，比2005年增长了31.5%；总展出面积723万平方米，比2005年增加了81.7%。2010年上海世博会加快了上海和长三角地区基础设施的完善和提升，为未来上海和长三角地区会展经济的快速增长奠定了良好的基础。世博会的永久性场馆设施，扩大了上海可供展览的面积，提高了上海会展场馆设施的现代化水平。世博会的成功举办为上海会展业的进一步发展带来新契机。

（二）上海会展业发展的经验借鉴

1. 加大外资引进力度，促进场馆建设和国外会展项目移植

上海积极引入外资，加大国际合作力度。比如上海浦东土地发展公司与德国汉诺威展览公司、德国杜塞尔多夫展览公司、德国慕尼黑国际展览有限公司共同投资建设上海新国际展览中心，探索新的会展场馆投资和经营模式。另外，上海市积极对接国际著名会展公司和会展品牌，移植有发展前景的会展项目。如充分利用世界性业务网络对接德国法兰克福、慕尼黑、汉诺威、杜塞尔多夫等国外知名展览公司，目前国际展览公司在上海先后举办了两百多场展览会，为当地带来了丰富的办展经验和巨大的经济拉动效应。但是，上海会展业在国际合作中也遇到了一些问题。如在上海新国际展览中心的项目合同中规定，三家德国展览公司可优先挑选时间使用展馆。导致德国的公司占据了大量旺季时间，挤压了国内的品牌展会发展空间。

2. 全方位、多层次培育和吸引专业会展人才

为适应会展业发展的需要，上海市通过多种手段培养和引进专业会展人才。一是新增会展策划与管理专业。2003 年，上海开始探索新型会展人才培养体制，并将会展策划与实务纳入“上海市紧缺人才培训工程”中。2007 年 10 月起，上海高等教育自学考试首次开设会展策划与管理专业，致力于培养专业人才。二是开展会展业职业资格认证。上海市引入美国国际展览管理协会的展览管理认证制度，并结合实际情况，将会展人才资格认证分为助理会展师、会展师、注册会展师和高级会展师四个岗位等级，实行会展业职业资格认证考试制度。三是加强会展人才培养的区域联动效应。2008 年 10 月，上海市会展行业协会和长三角 12 所高等院校共同发起成立了“长三角会展教育与培训专业委员会”，加强长三角地区会展教育和培训资源整合，推动长三角地区会展人才教育的联动培养。

3. 重视品牌展会的规模化、专业化发展，提高会展业国际竞争力

近年来，上海市重视培育规模大、专业性强的国际化展会。如在上海新国际博览中心举办的上海国际汽车工业展览会，其展览面积达到 17 万平方米，是国际 A 级车展之一，同时也是国际展览协会（UFI）认证展会；中国国际模具技术和设备展览会的展览面积达到了八万平方米，是亚洲规模最大的模具专业展览会；中国国际染料工业暨有机颜料、纺织化学品展览会展览面积达二万平方米，是全球最具权威、最有影响力的染化专业展会，得到了国际展览协会认证。国际性品牌会展为上海对外开放和宣传提供了有效途径，为会展市场提供了强有力的支撑，从而进一步提高上海市会展业在全球的影

响力和竞争力，促进会展业的可持续发展。

二、广　　州

（一）广州会展业的基本情况

近年来，广州会展业发展态势良好，产业规模不断扩大，带动效应不断增强，已连续三年荣膺“中国最具活力会展城市”称号，和北京、上海一起成为全国最有影响力的三大会展城市之一。2009 年，广州市会展业经营收入同比增长 39.0%，营业税收同比增长 18%；办展总面积达 627 万平方米，位居全国前列。广州市现有专业展览场馆 11 个，展览面积 49 万平方米；可办展的主要体育场馆及各大酒店、宾馆的会议中心等场地约 65 万平方米。

（二）广州会展业发展的经验借鉴

1. 政府有控制地逐步放手，鼓励会展业市场化发展，培育民营会展企业

广州市政府在会展业发展方面，有控制地逐步放手，鼓励其向市场化方向发展，并发挥本地区市场化程度高、氛围宽松自由的优势，培育民营会展企业。在新的《关于促进广州市会展业加快发展的若干意见》报告中提出，传统大型展览仍由政府主办，但政府倾向于不再负责具体事务，而是进行宏观上的指导，由民营会展企业主办会展。目前，广州市涌现出了一批具有竞争力的大型民营展览公司，培育了多个具有国际影响力的展览品牌。例如，由广州光亚展览公司创办的广州国际照明展，目前规模已是亚洲第一、世界第二；振威展览集团最初在广州创立，现已在北京、上海、天津、广东、陕西、新疆等地都成立分公司。

2. 实行区域协同合作，促进地区联动发展，规避恶性竞争

广州会展业重视区域合作，并充分利用区位优势，提速会展业发展。2003 年，以广交会为首的珠三角会展区提出了“两小时会展圈”，其中包括珠三角、香港、澳门三地组成的会展黄金带，利用地域邻近优势吸引三地参展商和观众。在排展方面，特别注意多地展会时间紧凑连接、展会内容不重复，使参展商和观众同期可以到广州、东莞、顺德、中山多地参加不同的展览，并且充分发挥珠三角地区的产业腹地支撑作用，参展商如有意向，可以直接到工厂看样品。

3. 大中小各类展馆设施体系齐全、差异定位，满足不同规模不同类型展览市场的需求

广州拥有国内一流的会展基础设施，大中小各类展馆设施体系齐全，可

满足不同规模不同类型展览市场的需求。如面积在二万平方米左右的展馆有锦汉展览中心、东宝展览中心、广东国贸展馆；面积在2万平方米~4万平方米左右的有花城国际会展中心，10万平方米以上的大型展馆有广交会流花路展馆和琶洲展馆。其中，琶洲展馆总建筑面积110万平方米，室内展厅总面积33.8万平方米，室外展场面积4.36万平方米，能满足举办世界各类大型展览的要求。锦汉展览中心是广州市内市场化运营最成功、服务最好的展馆，善于根据客户全方位需求，提供量身打造的会务统筹系统，具有一套比较成熟的市场营销体系、客户服务体系及会务统筹体系，着力培育中小型、专业性强、有发展潜力的优质会展项目。

三、深　　圳

（一）深圳会展业的基本情况

作为我国第一个经济特区和沿海重要的开放城市，深圳市非常重视会展业的发展，在“十一五”期间就对会展业进行了专项规划。近年来，深圳市利用特区城市的特有优势，相继打造出高交会、文博会、玩具展等会展品牌。据统计，2009年深圳市共举办展览会81个，展览总面积193.8万平方米，在国内会展城市中位居第四位；获得UFI认证的品牌展会比去年增加了两个，已达到12个，位列国内第三位。总体来说，深圳会展业已形成较为完善的市场运行和产业扶持政策，行业的规模不断扩大，区域影响力不断提升，深圳已成为全国第四大会展城市。

（二）深圳会展业的经验借鉴

1. 重视对会展业的资金扶持，细化扶持措施

深圳市重视会展业的政策扶持。2006年起，深圳市设立了会展业及国内参展财政资助资金。该资金对品牌会展培育、会展企业成长、加入国际组织等多方面进行资助。2010年，深圳市正式实施《深圳会展业资助资金管理办法》，进一步放宽了资助条件，提高了资助标准，增加了对品牌展会、国际会议和展会数据第三方认证的资助。具体措施包括：对在深圳原创且展览面积达到4 500平方米的展会，在不超过200万元的范围内，按实际场租的25%给予5届培育期资助；对不在深圳原创，但展览面积达到20 000平方米的展会，按实际场租的25%给予3届培育期资助；对已过培育期，实际展览面积比上届扩大20%或4 500平方米以上的展会，按实际增加场租的50%给予资助；对经认可的第三方机构对展会数据的认证费用，给予实际费用50%的资

助；对获国际展览业协会（UFI）等国际展览机构认证的展会（展览机构），一次性给予15万元的资助。

2. 充分利用优良的办展环境和优越的产业基础，积极吸引国外展览机构前来办展

深圳具有发展会展产业的独特优势。全市共有112个国内航线，23条国际航线；全市港口165个泊位，其中万吨级以上泊位64个，154个国际集装箱航线连接世界主要港口，优越的地理位置和交通条件，为境内外客商来深圳办展、参展提供了最大的便利。同时，深圳充分利用高新技术、物流、金融和文化创意产业等四大支柱产业和珠宝、钟表等优势传统产业，并建设完备的产业链配套体系，为会展业发展提供了优越的产业基础。深圳优良的办展环境吸引越来越多的国内外展览机构，外来展会已接近深圳展会总数的四成，如中国电子展、国际线路板及电子组装设备展、国际家纺布艺展等。国际知名会展机构中，继美国国际数据集团（IDG）之后，英国励展博览集团、德国美沙展览集团通过合资并购等形式进入深圳，德国慕尼黑博览集团也在深圳设立了办事处。

3. 通过聘请专业营销机构运作并提供资金支持，加大会展业宣传推介力度

深圳市政府通过一系列措施加大对会展业的宣传推介力度。通过聘请国内外优秀营销机构，对品牌展会的传媒选择、投放方式、投放时间、资金使用等进行专业化运作，并选择国内外若干重点城市开展深圳大型重要展会、品牌展会联合推广活动，以吸引各地参展商和专业买家。另外，深圳不断加大资金支持力度，对经认定的品牌展会在境内外专业媒体发布广告实际费用给予30%的一次性宣传推广特别资助，每个展会的资助金额不超过50万元；对重要国际会议按照实际场租费用50%、境内外专业媒体广告费用30%给予一次性资助，每个会议的资助金额不超过100万元。通过上述措施，深圳市会展城市形象和品牌展会的知名度不断提高。

四、上海、广州和深圳会展业的发展对北京的启示

上海、广州和深圳等城市在创新会展发展模式、出台优惠政策、重视品牌建设、积极宣传和推广等多方面取得了一定的成绩，为“十二五”时期北京市会展业的发展提供了经验参考。

（一）促进会展业市场化运作，加快培育民营会展服务和展览公司

会展业在国际上早已走上市场化的发展道路，中国会展业也逐步走向市

场化。近几年，广州、深圳等城市民营会展企业迅速发展。其中，广州借鉴港澳民营会展发展的先进经验，培育了一批较具实力的民营会展企业，未来广州市政府倾向于不再负责具体事务，而只是进行宏观上的指导，助推广州民营企业发展再提速。深圳在会展场馆附近预留规划用地，形成会展场馆和会展企业聚集区。深圳会展中心附近聚集了华博、中诗等知名的民营展览公司，并在附近的黄岗村聚集了百余家小型展览服务企业，打造会展业高地。北京会展业市场化运作相对落后，“十二五”时期，北京应按照市场经济发展的要求，建立符合现代企业制度的多元化会展和服务公司。

（二）加强政府服务意识，提高会展业的科学管理水平和公共服务质量

随着会展业的深化发展，政府的作用逐渐由管理转向服务，尤其是大规模国际化展览的举办对当地政府的公共服务应急能力提出新的更高的要求。展会期间会大量增加的公共服务需求主要包括公共交通疏导、餐饮卫生监督、安全生产监督、公共医疗、社会治安等。为了有效协调相关政府部门为展会提供高质量的公共服务，上海市浦东新区政府专门设立了旅游会展局，并在上海新国际博览中心设立了其派出机构浦东新区会展办公室。广州市会展业管理领导小组和会展行业协会，分别制定会展业管理指导意见，全面负责广州会展业发展的组织、规划、指导和协调工作，进一步规范了广州的会展市场秩序，营造出会展市场和谐发展的环境与机制。北京会展业发展过程中，政府部门从主办方位置脱离较晚，急需快速提高服务意识，提高公共服务质量和服务水平。

（三）做大做强已有品牌会展，积极培育符合国际趋势的新会展品牌

会展品牌是会展经济链中最富创意、最具价值的环节，上海、广州、深圳三地政府分别采取措施积极培育会展品牌。上海市重视培育专业化、国际化的会展品牌，上海浦东新区在“十一五”期间专门制定了促进会展旅游业发展的财政扶持意见，支持中国国际包装和加工科技展览、上海国际工业博览会等具有影响力的会展品牌。深圳市政府则出台了《关于发展深圳会展业的意见》，设立了2 000万元“深圳会展业专项经费”，并实施“重要展会排期保护”政策，保护“高交会”等一系列著名会展品牌。广州充分利用“广交会”这一享誉全球的会展品牌，继续培育“中国国际鞋业展览会”等一批专业会展品牌。北京应充分利用国家级行业协会资源，积极对接国际著名会展企业和会展品牌，争取国际会展举办权，打造科技、汽车、文化、服装等具有国际影响力的会展品牌。

（四）加强不同规模展馆及其配套设施建设，为会展业发展提供硬件保障

会展场馆及配套设施是举办展会的基础，各地政府越来越重视展馆及周边设施规划建设，甚至在用地方面给予前瞻性的考虑。比如，广州和上海浦东都在新建设的会展中心周边，预留了将来展馆扩充建设的用地。同时，各地政府都非常重视场馆配套交通、酒店、餐饮等配套设施建设。比如，上海新国际博览中心东距浦东国际机场35公里，西距虹桥国际机场32公里，还有磁悬浮列车和地铁线在中心附近汇聚，交通十分便利。同时，博览中心周围聚集了希尔顿大酒店等十几家高档商务酒店，并有麦德龙、百安居、汤臣高尔夫等高档购物及娱乐设施，配套设施十分齐备。广州琶洲会展中心周边已经规划建设五星级酒店2座，公寓式酒店4座，总面积20.3万平方米，还包括商务展示、餐饮、娱乐、文化、商业、金融、邮政等服务设施。相比之下，北京会展场馆硬件个体规模小、布局分散、设施陈旧、功能单一，新建的北京新国展周边缺乏食宿交通设施，给会展活动带来一定的影响。因此，北京会展业的进一步发展迫切需要及时完善会展场馆和配套设施建设，为会展业发展提供硬件支撑。

课题组：中国国际贸易促进委员会北京市分会
北京国际会议展览业协会
北京方迪经济发展研究院

附录

我国其他城市促进会展业发展的政策法规

上海市展览业管理办法

第一章　总　　则

第一条　（目的依据）

为了规范展览经营行为，完善展览业发展环境，增强城市综合服务功能，根据国家有关法律、法规，结合本市实际，制定本办法。

第二条　（定义）

本办法所称展览，是指举办单位（包括主办单位和承办单位）以招展方式在固定的场馆及预定时期内举办，通过物品、技术或者服务的展示，进行信息交流，促进科技、贸易发展的商业性活动。

本办法所称主办单位，是指负责制定展览的实施方案和计划，对招展办展活动进行统筹、组织和安排，并对招展办展活动承担主要责任的单位。

本办法所称承办单位，是指根据与主办单位的协议，负责布展、展品运输、安全保卫以及其他具体展览事项的单位。

第三条　（适用范围）

本市行政区域内有关展览的经营行为以及相关管理活动，适用本办法。

非营利性的展示活动以及以现场销售为主的展销活动，不适用本办法。

第四条　（原则）

本市对展览业的发展与规范，实行遵循市场规则、倡导有序竞争、鼓励行业自律、进行适度监管、依法维护展览活动各方合法权益的原则。

第五条　（管理部门）

上海市对外经济贸易委员会（以下简称市外经贸委）负责对本市展览业的规范与发展进行统筹规划与协调。

经济、工商、科技、教育、公安、旅游、知识产权等有关行政管理部门按照各自职责，做好展览业相关管理工作。

第六条　（行业组织）

展览行业组织应当在制定行业服务规范、建立展览评估体系、组织展览数据统计、发布展览资讯信息以及引导会员规范经营等方面，发挥积极作用。

各类专业性行业组织应当在利用专业信息资源，组织、举办专业性展览的活动中，发挥自律作用。

第二章　招展与办展

第七条　（主办单位的明确）

按规定应当由市外经贸委、市科学技术委员会（以下简称市科委）或者市教育委员会（以下简称市教委）等有关行政管理部门审查的国际性展览项目（以下简称国际展览），申请办理项目审查手续的单位为主办单位；无需申请办理项目审查手续的展览，发布招展信息的单位为主办单位。

第八条　（举办国际展览的要求）

未经市外经贸委、市科委或者市教委等有关行政管理部门审查，不得擅自举办国际展览。

第九条　（招展信息发布主体的明确）

招展信息应当以主办单位名义发布。

未经主办单位授权，承办单位不得擅自发布招展信息。

第十条　（招展信息的真实性要求）

招展信息应当客观、真实。不得发布与展览内容不一致的招展信息；未征得其他单位同意，不得在招展信息中将该单位作为举办单位或者其他参与主体。

对参加同一个展览的参展商，应当发布展览名称、展览主题、展览范围等与招展内容相一致的招展信息。

第十一条　（注明场馆租用、项目审查情况的要求）

尚未签订场馆租用协议的举办单位，应当在招展信息中以显著方式注明。

国际展览尚未获得审查批文的，应当在招展信息中以显著方式注明。

第十二条　（展览事项变更的限制）

招展信息发布后，主办单位一般不得变更展览名称、展览主题、展览范围和展览时间等展览事项。有正当理由确需变更的，应当立即告知参展商。

举办国际展览的主办单位应当按照审查确定的内容组织实施。有正当理由确需变更的，应当向相应的审查部门办理变更手续。

第十三条　（治安、消防、交通与市容环卫管理的要求）

主办单位应当依照国家及本市规定，向公安治安管理部门申领《上海市公共场所治安许可证》，向公安消防管理部门申报检查并领取检查后的《消防安全检查意见书》。

举办大型展览可能影响周边区域的交通和环境的，主办单位应当事先将举办展览的时间、地点、规模等相关信息向公安交通和市容环卫等部门报告，并接受其指导。

第十四条 （专业性场馆及珍贵物品展区的安全要求）

专业性场馆应当根据需要，配置电视监控、防盗报警、紧急报警和出入口安全检查系统。

举办金银珠宝饰品、钻石、钟表、字画、文物（《文物藏品定级标准》三级或者三级以上）等珍贵物品展览的展区，除应当符合前款规定的安全要求外，还应当设置单人出入通道和符合防护要求的展台展柜等。

第十五条 （展览有关单位的安保义务）

场馆单位应当制定安全防范工作制度，组建安全保卫机构，配备专职保安人员。

主办单位应当制定、落实展览的安全防范和应急措施；承办单位以及参展商应当配合开展安全防范工作。

发生刑事、治安案件或者治安灾害事故时，场馆单位、举办单位和参展商等应当采取应急措施，配合公安部门进行处理。

第十六条 （展览期间的知识产权保护措施）

主办单位可以根据办展实际情况，制定展览现场知识产权侵权投诉处理规则，在展览现场设立知识产权侵权投诉接待机构。

第十七条 （政府办展、招展的限制）

除国家有关部门或者市人民政府批准外，各级行政管理部门不得主办或者承办经营性展览。

各级行政管理部门不得违背企业意愿，采取或者变相采取行政干预手段要求企业参展。

第三章　监管与协调

第十八条 （展览市场秩序的监管）

市和区（县）工商行政管理局（以下简称工商行政管理部门）负责对展览业市场秩序进行监管，依照本办法查处扰乱市场秩序的违法行为。

第十九条 （场馆单位的报备义务）

场馆单位应当在签订场馆租用协议之日起的30日内，将场馆租用的基本情况报给场馆所在区（县）的工商行政管理分局备案。

第二十条 （合同示范文本）

市外经贸委或者展览行业组织可以制订有关展览的合同示范文本，明确展览活动各方的权利、义务，维护展览活动各方的合法权益。

市工商行政管理局（以下简称市工商局）可以参与合同示范文本的制定。

第二十一条 （场馆租用协议中的责任保证约定）

场馆单位与主办单位应当在场馆租用协议中订立责任保证条款，对侵害参展商合法权益的赔偿责任进行约定。

第二十二条 （国际展览年度申报）

各主办单位应当于每年5月30日前，按规定分别向市外经贸委、市科委和市教委等有关行政管理部门报送拟于次年举办的国际展览的申请书及相关材料。

第二十三条 （国际展览的年度审查及其协调）

市外经贸委以及市科委、市教委等有关行政管理部门应当按照国家有关审查权限和程序的规定，履行各自国际展览审查职责。在作出审查决定前，由市外经贸委会同市科委、市教委等有关行政管理部门进行协调。

市外经贸委以及市科委、市教委等有关行政管理部门应当在完成审查后的15日内，将审查结果以书面形式通知申报单位，同时以书面形式告知市工商局。

第二十四条 （年度国际展览名录的编制和发布）

由市外经贸委会同市科委、市教委等有关行政管理部门根据国际展览审查结果，编制次年的《年度国际展览名录》。

《年度国际展览名录》应当及时在中国上海网站（www. shanghai. gov. cn）上发布，并由市外经贸委委托展览行业组织、展览专业杂志或者其他新闻媒体发布。

第四章 法律责任

第二十五条 （擅自举办国际展览的法律责任）

违反本办法第八条规定，未经审查擅自举办国际展览的，由工商行政管理部门责令停止，并处以3万元以下罚款。

第二十六条 （擅自发布招展信息的法律责任）

违反本办法第九条规定，未以主办单位名义发布招展信息或者承办单位擅自发布招展信息的，由工商行政管理部门责令限期以通告形式予以更正，并可处以1万元以下罚款。

第二十七条 （发布虚假招展信息的法律责任）

违反本办法第十条规定，发布虚假招展信息的，由工商行政管理部门责令改正，并可处以3万元以下罚款。

第二十八条 （未注明场馆租用、项目审查情况的法律责任）

违反本办法第十一条规定，未以显著方式注明场馆租用情况、展览项目审查情况的，由工商行政管理部门责令限期改正，并可处以2万元以下罚款。

第二十九条 （违反有关治安管理等方面要求的法律责任）

违反本办法第十三条第一款规定，未经治安许可、消防安全检查，擅自举办展览的，由公安治安管理部门或者公安消防管理部门按照有关法律、法规的规定予以处罚。

违反本办法第十三条第二款规定，未向公安交通、市容环卫等行政管理部门报告的，由公安交通、市容环卫等有关行政管理部门责令限期报告，并可处以3万元以下罚款。

第三十条 （场馆单位法律责任）

违反本办法第十九条规定，场馆单位未将场馆租用情况报备的，由工商行政管理部门责令限期报送，并可处以2 000元以下罚款。

第三十一条 （民事、刑事责任）

展览活动当事人侵犯他人民事权利，造成损害的，依照《中华人民共和国民法通则》以及其他有关法律、法规的规定承担民事责任。

展览活动当事人违反本办法有关规定，构成犯罪的，依法追究刑事责任。

第三十二条 （不服具体行政行为的救济途径）

展览活动当事人对有关行政管理部门作出的具体行政行为不服的，可以依照《中华人民共和国行政复议法》或者《中华人民共和国行政诉讼法》的规定，申请行政复议或者提起行政诉讼。

第五章 附 则

第三十三条 （施行日期）

本办法自2005年5月1日起施行。

上海市人民政府

二〇〇五年三月十五日

广州市关于加快会展业发展的若干意见

各区、县级市人民政府，市政府各部门、各直属机构：

为贯彻落实《珠江三角洲地区改革发展规划纲要（2008—2020年）》，进一步提升广州会展业发展水平，加快国际商务会展中心建设，按照市委、市政府《关于加快发展现代服务业的决定》和《广州市建设现代产业体系规划纲要（2009—2015 年）》要求，经市政府同意，现提出以下意见：

一、指导思想

贯彻落实科学发展观，遵循中心城市发展规律，以建设国家中心城市、综合性门户城市为目标，进一步发挥广州区位、经济实力、产业基础和展馆设施的优势，坚持展览与会议并重，积极整合会展资源、优化会展环境、规范会展市场，发挥广交会龙头带动作用，加快培育品牌展览、壮大会展企业、延伸关联产业，大力集聚符合我市产业发展导向和城市发展战略的品牌会展，提升会展业专业化、品牌化、国际化和信息化发展水平，培育成为现代服务业的先导产业、支柱产业和新的经济增长极，努力建设成为具有较高知名度的国际商务会展中心城市。

二、基本原则

坚持政府推动与市场主导相结合。充分发挥政府规划、调节、监管、服务功能，营造良好的发展环境；充分发挥市场对资源配置的基础作用，推动会展业各类经营主体公平、有序地竞争发展。

坚持产业联动与专业化发展相结合。积极引导会展业与优势产业、新兴产业、特色产业融合互动，加快会展专业化发展步伐。

坚持重点培育和大力引进相结合。做强做大重点专业会展和品牌会展，大力引进国内外知名会展企业和品牌会展落户。

坚持错位竞争与协调发展相结合。加强与国内外会展城市、企业、项目的合作和协调，利用广州的产业基础和港澳台地区的营销网络、管理经验、资金和人才优势，努力构建区域会展业发展多赢格局。

三、发展目标

产业规模逐步扩大。力争未来 5 年 ~ 10 年，会展业年均增加值增速高于全市第三产业 GDP 增速，会展场次和面积、经营收入、从业人员等主要指标位居亚洲前列，会展业成为全市现代服务业的支柱产业之一。

服务功能不断完善。建立健全加快会展业发展政策框架和服务体系，会展场馆功能设施更加完善，配套设施更加完备，会展市场运行机制更加健全，行业管理和行业服务更加规范有效。

发展质量显著提升。集聚一批具有较强市场运作能力和开拓能力、管理和服务水平与国际接轨的会展龙头企业，形成一批优质配套服务企业，培育一批国内外知名的会展品牌，打造一批为珠三角产业优化升级的会展服务平台，把广州建设成为亚洲会展名城和国际商务会展中心城市。

四、主要措施

（一）着力打造会展功能集聚区

1. 重点培育琶洲国际商务会展核心功能区。发挥中国进出口商品交易会的龙头带动作用，引进更多国际国内品牌会展落户琶洲，把琶洲地区打造成我市举办国际性、综合性和大型专业展的主要承接地。高起点规划建设嵌入或环绕展馆周边的商务办公、酒店宾馆、文化娱乐等配套设施，提升琶洲地区商务办公功能，使其成为广州市商务会展集聚中心。

2. 着力提升流花会展区功能。充分挖掘流花地区会展发展潜力，利用流花地区商流、物流、人流和信息流集聚，展馆资源、配套酒店、餐饮、高端商贸市场集聚的优势，重点发展中小型专业展、消费展和巡回展，打造以流花展贸中心为核心的区域中小型专业会展集聚区和我市中小型会展成长发展的重要培育孵化地。

3. 积极打造白云新城会议功能区。依托白云山西麓，围绕白云国际会议中心和白云新城的建设，统筹规划文化、体育、商贸、娱乐等配套设施，重点发展会议、论坛、文化与学术交流等会议型会展，重点打造国际会议活动聚集区。

4. 紧密结合新的城市功能定位，根据不同区域特色和产业定位，发展各具特色的会展业。

（二）培育会展龙头企业和品牌会展

1. 做强做大会展龙头企业。落实商务部与广东省推进内外贸发展的合作协议，发挥中国（广州）对外贸易中心的拉动作用，支持会展龙头企业通过收购、兼并、联合、参股、控股等形式，跨地区、跨行业组建大型国际展览集团，打造具备较强竞争力的会展领军企业，扶持一批服务水平高、经营规模大、核心竞争力强的专业会展企业，打造为珠三角产业优化调整升级的会展服务平台。

2. 着力培育新兴会展企业。支持企业创办展览项目，培育一批有潜力的中小型会展企业，使其向规模化、专业化、品牌化方向发展壮大。引导中小型会展企业建立同业战略联盟，加强与展览场馆、商会、行业协会的合作，推动联合办展、共创品牌。鼓励各专业园区、专业市场、企业集团和自然人等投资组建有发展前景的会展经营公司和服务公司。

3. 重点扶持品牌会展。按代表地区产业发展方向，具备综合性、聚集行业精粹，体现专业性和连续多届办展拥有持续性的原则，每年滚动确定一批重点会展品牌目录进行扶持发展。鼓励按照区域特色、产业链条特色，发展各类特色会展，努力打造具有行业特色和地方特色的专业展览品牌。对5万平方米以上、已连续举办多届的展览提供工商登记、立项审批等优先服务。鼓励中小会展企业以项目为中心加强联合，培育更多的2万~5万平方米的专业品牌展，使之成为支撑我市展览业的中坚力量。力争在5年内培育2个~3个具有国际水平、4个~5个位于亚洲前列、15个左右位于全国前列的专业品牌展览。

（三）加强会展业对外交流与合作

1. 推动会展业国际交流。加强与国际展览业组织、会展跨国公司的交流合作，学习会展业先进国家和地区的经营理念、管理经验，加强在办会办展、场馆设施、人员培训、信息交流等方面的广泛合作。大力扶持品牌展览、会展领军企业走出去开拓市场。鼓励国际高端会展公司参与我市展馆经营，引入更多的国际知名展览品牌和配套服务企业落户，扩大会展业的国际影响力。

2. 加强会展业穗港澳台合作。主动对接参与港澳台举办的国际性会展。推动四地会展业相关管理部门、行业中介机构和相关企业建立良好的合作互动机制，建立穗港澳台会议展览协会战略联盟，定期召开行业联席会议、举办合作论坛，共同推动“穗港澳琶洲会展合作试验区”的建设，吸引港澳台会展企业来穗办展或合作办展，联合开展会展业国际推广活动，形成穗港澳台多层次、多领域、相互补充的会展市场结构。

3. 引入国外会展龙头企业落户。发挥我市带动华南和影响东南亚的地理区位、上下游配套的产业基础、广阔的市场腹地、发达的营商环境和健全方便的国际网络等方面的优势，重点吸引世界前20名的国际会展龙头企业以及香港知名会展企业在广州设立地区总部和办事机构，重点引进专业会议服务公司、目的地管理公司、国际会展组织和机构以及展台设计和搭建公司等，促使更多的国际会展机构集聚广州。

4. 引进和承办大型国际会议。加强与国际大会，与会议协会、国际会议中心协会、国际协会联盟等国际会议组织、机构的联系，积极引进国外会议组织和机构来广州举办各类高层次的论坛、会议，积极争取具有国际影响的大型会议落户，把广州逐步建设成为承接国际高端会议的知名城市。

（四）推动完善会展产业链条

1. 大力拓展会展题材。加强与国家级行业协会的合作，争取各大商会、行业协会的行业展览移植广州。做强做大广州博览会、广州国际汽车展、广州国际设计周、中国（广州）国际机械装备制造业博览会等特色品牌展览。争取引进国际知名电子信息展、海洋工程和石油化工等制造业展览会。培育物流、金融、信息、创意与设计、旅游、广告等现代服务业展览会。填补能源、新材料、生物医药等专业展的空白。结合广州巨大的消费市场和珠三角巨大的货源生成量，做大纺织服装、美容美发、家居用品、酒店用品、家具建材、皮具和礼品等消费类展览，培育壮大与我市产业结构调整方向和国家中心城市功能定位相适应、有利于进一步增强我市聚集产业发展要素能力的各种题材会展。

2. 积极发展会展关联产业。大力促进会展业与旅游产业、休闲产业、文化产业、科技产业的融合，延伸会展产业链条，促进会展物流、保税仓储、电子商务等生产性服务业和酒店、餐饮、零售、交通等生活性服务业发展。鼓励发展为会展业配套的广告、策划、礼仪、会计、咨询、法律、公证、通关等服务业，逐步形成以专业会展公司、社团组织为主体，以各类专业服务组织为配套的会展市场体系。

3. 促进会展业信息化发展。充分利用现代信息技术发展“网上会展”和会展电子商务，因地制宜、因业制宜举办特色会展，加强虚拟会展与实体会展的互动和配合，开发国内外协作网络资源，打造“永不落幕的展览会”。

（五）做强会展公共支撑体系

1. 加强公共服务平台建设。扶持发展会展公共服务平台，采取政府购买服务的方式，建立为会展活动和办展企业服务的信息平台维护、会展评估等咨询服务平台。加快会展产业研究机构建设，为重大决策提供政策咨询服务，为国内外组展企业、参展商提供公共资讯等配套服务。

2. 加强城市会展品牌推广力度。在政府的城市推广和招商引资中加强对广州会展环境和品牌会展的整体宣传推广，提高广州会展城市国际知名度。制作“广州会展一本通”及会展信息宣传手册，方便企业在广州办展和服务企业到广州参展。完善“广州会展网”，健全全市会展信息收集、处理、发布机制。通过电视、报纸、杂志、互联网等多种媒体、媒介，大力宣传会展经济、会展企业、会展人才，对重点培育的展览和大型会展活动提供公益宣传，举办论坛、研讨等活动增强广州会展文化内涵，营造良好的城市会展文化。

3. 加强会展专业人才培训和引进。开展多层次、多渠道的会展职业教育、全方位立体式的资质培训和在职会展人员再教育培训等。鼓励会展行业与国际会展组织或机构合作，积极吸引会展策划师、会展设计师、会展高级项目经理等会展高端人才落户广州。完善会展人员的职称评审工作，健全完善相应的职称考评体系、技能人才评价体系以及考核鉴定办法。

4. 加强行业自律。充分发挥行业协会的作用，加快制定会展行业标准和经营准则，开展信息发布、行业培训、沟通协调、咨询服务、创立刊物等工作，配合政府协调同期举办的同题材会展项目，组织专家智囊团为会展业发展提供咨询和出谋划策，推动和引导会展行业健康有序发展。

5. 加强会展业统计。完善会展业统计调查制度和统计指标体系，健全会展业行业统计网络，完善会展信息发布平台，加强统计调查和统计指导。各区、县级市和市各有关部门、行业协会、会展场馆及会展活动举办相关单位应积极配合统计部门做好会展业统计工作，为产业发展评估及产业政策制订提供科学依据。

（六）加强政府扶持与服务

1. 加强组织领导。市会展业管理领导小组全面负责全市会展业组织、规划、指导、协调和管理工作，审定扶持会展业发展资金年度使用计划，研究解决全市会展业发展中遇到的重大问题。市经贸委负责全市会展业的统筹协调、宏观规划、综合管理和引导促进，承担市会展业管理领导小组的日常工作。会展业集聚的区、县级市要加强会展业有关管理机构的建设和力量配置。

2. 强化政策引导和资金扶持。研究制定并组织实施《广州市展会管理条例》、《广州市会展业发展规划（2010—2015年）》和《广州市展会知识产权保护办法》。加强依法管理，明确会展准入、资质、报关、展装、广告、知识产权、消防安全、卫生防疫等行业管理规范，逐步建立健全事前把关、事中和事后监控的全程监管模式。设立扶持会展发展资金，制定资金管理办法。

3. 提升政府服务效能。加强口岸、海关、税务、检验检疫、工商、公安、交通、城管等部门的协调，精简会展有关审批事项，优化办事程序，在琶洲会展综合服务区预留国际展览品监管功能区域，做好有关国际展览品监管、保税功能区域的规划和建设协调工作，完善国际展览品通关、监管、检验快捷服务系统。充分发挥市、区两级城市管理等执法队伍的作用，加强展览期间场馆治安及周边环境的整治，在符合有关规定的前提下，对重点支持的大型会展举办期间，展览馆周边的广告、灯饰设置给予快速审批和绿色通道待遇，在城区主要出入口及突出位置设立广州会展专题的大型户外电子广告牌，营造会展整体氛围。进一步完善专业展馆周边的公交路网，保证会展交通便利。

广州市人民政府办公厅

二〇一〇年一月二十三日

深圳市会展业财政资助专项资金管理办法

第一章 总 则

第一条 为加强对深圳市会展业专项资金（以下简称专项资金）的管

理，提高财政资金使用效益，根据《印发关于发展深圳会展业意见的通知》（深府〔2004〕66号），制定本办法。

第二条 本办法所指深圳市会展业专项资金是指市财政每年在预算中安排，在市产业发展资金中列支，专项用于扶持我市会展业发展的财政专项资金。

第三条 专项资金的管理和使用坚持“公开、公平、公正”的原则，实行“企业申报、社会公示、政府决策、绩效评价”的制度。

第二章 管理职责及分工

第四条 市财政部门是专项资金的管理部门，主要职责是：

（一）审核专项资金年度预算，确定专项资金年度支出结构、审查专项资金年度决算。

（二）负责专项资金的日常管理，会同市科工贸信委下达专项资金年度使用计划，办理专项资金拨款。

（三）参与制定有关实施细则和操作规程。

（四）监督检查专项资金的管理和使用情况，负责对专项资金进行绩效评价。

第五条 市科工贸信委是专项资金资助项目的业务主管部门，其职责如下：

（一）根据我市经济社会发展情况和会展业发展规划，向市财政部门提出专项资金年度预算，编制年度专项资金决算。

（二）会同市财政部门制定有关实施细则和操作规程。

（三）编制资助指南，受理会展项目的资助申请，组织对资助申请单位及其项目的审查。

（四）会同市财政部门下达专项资金年度使用计划，负责建立资助项目的档案并进行管理。

（五）负责对资助项目进行绩效评价。

第六条 资金使用单位责任：

（一）接受有关部门的指导、监督和检查。

（二）提供展会、会议情况的有关资料，对资料数据的真实性负责。

第三章 资助对象与资助方式

第七条 专项资金资助对象：

（一）在我市举办的重要展会。

重要展会是指：以国务院各部委、全国性社团组织、广东省人民政府名义在深圳举办的大型展会；以深圳市人民政府名义举办或经市政府批准、以市政府部门名义在深圳举办，或其他办展机构举办的、对我市经济社会发展具有重要促进作用的展会。

（二）在我市举办的国际会议。

国际会议是指：经政府有关部门审核认可，定期举办，由 5 个以上国家或地区（不含港、澳、台地区）或国际性组织参加，会期 1 天以上，与会人数 50 人以上，外国与会人士占 20% 以上，对我市经济社会发展具有重要促进作用，且以服务产业、推广产品等经济文化交流为主要目的的会议。

第八条　本专项资金采取事后资助方式对重要展会和国际会议的宣传、推广、认证等费用给予补贴和奖励。

第九条　有下列情形之一的，专项资金不予资助：

（一）知识产权有争议的项目。

（二）市政府已经安排专项经费或已经获得我市其他财政性专项资金资助的项目。

（三）已经获得市政府给予场租特别优惠的项目。

（四）申请单位近两年内因违法被执法部门查处的。

（五）申请单位违反本办法规定，正在接受有关部门调查的。

（六）其他有关部门认定为不适宜资助的项目。

第四章　资助条件及标准

第十条　重要展会的资助条件与标准：

（一）对属于在我市原创且展览面积达到或超过 4 500 平方米的展会，最高按照实际租用场馆场租费用的 25% 给予宣传推广资助，资助金额不超过 200 万元且不超过该届展会实际宣传推广费用支出的 70%，资助不超过五届。

对不属于在我市原创，但首次在我市举办且展览面积达到或超过 20 000 平方米的展会，最高按照实际租用场馆场租费用的 25% 给予宣传推广资助，资助金额不超过 200 万元且不超过该届展会实际宣传推广费用支出，实际资助不超过三届。

办展方申请资助时必须提供第三方机构对展会数据的认证报告。

（二）对已过培育期的重要展会，其实际展览面积比上届扩大 20% 及以上，或实际展览面积达到 20 000 平方米且比上届扩大 4 500 平方米以上的，最高按实际增加租用场馆场租费用的 50% 给予宣传推广资助，资助金额不超过 100 万元且不超过该届展会实际宣传推广费用支出。

办展方申请资助时必须提供第三方机构对展会数据的认证报告。

（三）对经会展主管部门认可的第三方机构对已获本办法资助展会数据的认证费用，最高给予实际费用50%的资助，每个展会的资助金额不超过10万元。每个展会最多可获得5次资助。

（四）对由于政府重大活动和决策引起改期、变更场地而导致损失的，按展会面积和遭受影响的具体情况，经市政府批准可给予补偿资助。

（五）对获得国际展览业协会（UFI）等国际展览机构认证的品牌展会可给予以下资助：

1. 对获国际展览业协会（UFI）等国际展览机构认证的品牌展会（展览机构），一次性给予15万元的资助。

2. 对经主管部门认定品牌展会境内外专业媒体发布广告实际费用给予最高30%的一次性宣传推广特别资助，每个展会的资助金额不超过50万元。品牌展会认定办法另行制定。

本条两款资助可重复获得。

3. 对遭受外部激烈竞争或因不可抗力发生临时性困难的品牌展会，根据遭受临时性困难的实际情况，经批准最高按其实际租用场馆场租费用的30%给予资助，每个品牌展会的资助金额不超过100万元。

第十一条 国际会议的资助条件与标准：

对在我市召开的重要国际会议最高按照实际场租费用50%、境内外专业媒体广告费用30%给予一次性资助，每个会议的资助金额不超过100万元。政府财政已安排经费的会议不享受此项资助。

重要展会和国际会议的资助标准和比例视当年申请情况和财政承担能力作适度调整。

第五章 专项资金的申请与审批

第十二条 市会展业主管部门提出当年专项资金预算，市财政部门审核制定资金支出结构意见报市政府审定后执行。

资助申请由主管部门受理。每年年初由市会展主管部门会同市财政部门公开发布资助申报指南。

第十三条 申请时限：

重要展会的资助常年接受申请。国际会议的资助申请应在项目举办前6个月向市会展业主管部门备案。

第十四条 审批程序：

（一）市会展业主管部门受理资助申请后，应组织有关人员对申请单位进行审查，对其资助申请予以立项。

（二）市会展业主管部门对已经立项的资助申请进行审议，对申请单位的申报资料进行审核，提出资助计划。

（三）市会展业主管部门每年8月底前审核上半年的项目，次年3月底前审核上年度下半年的项目，制定资助计划，送市财政部门复核。

（四）市财政部门复核后，由市会展业主管部门将资助计划向社会公示5个工作日。

（五）市财政部门根据公示结果，将资助资金直接拨付给项目申请单位。

第六章　监督和检查

第十五条　所有申请资助的项目应在项目举办时报请市会展业主管部门现场核查。项目完成后，市会展业主管部门负责对项目进行绩效评价。绩效评价结果将作为资助申请人再次申请资助的重要评审依据。

市财政部门负责对上年度专项资金的整体使用情况进行绩效评价。绩效评价结果将作为安排年度预算的重要依据。

绩效评价实施办法由市会展业主管部门会同市财政部门另行制定。

第十六条　对于违反财经纪律，虚报、冒领、截留、挪用、挤占专项资金经费的行为，由市财政部门责令改正，同时按照《财政违法行为处罚处分条例》规定的权限由市财政、审计、监察机关进行处理、处分或处罚。构成犯罪的，依法移交司法机关处理。

对存在上款违规行为的单位，市会展业主管部门3年内不受理资助申请，并将受资助单位及责任人列入会展资助不诚信名单。

受委托的社会中介机构在项目和经费的评审、评估和审计过程中，存在弄虚作假、隐瞒事实真相、与资助资金申请单位串通作弊等行为并出具相关报告的，取消其项目和经费的评审、评估和审计资格。同时市财政部门按照《中华人民共和国会计法》、《中华人民共和国注册会计师法》和《深圳经济特区注册会计师条例》等有关法律、法规对相关单位和责任人进行处罚。社会中介机构提供虚假审计报告，造成专项资金损失的，依法追究法律责任。

第十七条　本资金的管理工作人员违反本办法，没有认真履行职责，在管理和监督工作中滥用职权、玩忽职守、徇私舞弊的，由市财政和监察机关等按照《财政违法行为处罚处分条例》、《深圳市行政过错责任追究办法》规定的权限对责任人进行处罚、处分。构成犯罪的，依法移交司法机关处理。

第七章　附　　则

第十八条　专项资金的管理费用按照有关规定列入年度部门预算申报安排。

第十九条　市会展业主管部门和财政部门负责对本办法的解释。市会展业主管部门和财政部门可根据实际情况制定有关实施细则。

第二十条　本办法自发布之日起实施，有效期至2013年12月31日止。

深圳市人民政府办公厅

二〇一〇年七月五日

美国会议产业现状分析

一、关于会议产业

一直以来，国内对于“会议”、“展览”相关的概念一直没有形成统一认识，所谓“会展业”主要指的是“展览业”，这对我国会议业、展览业以及旅游业的健康发展是不利的。只是到了近两年，“会展”即“会议”和“展览”的概念才逐步被业界人士认同。

“会议”和“展览”两个概念之所以经常被人们混在一起使用，就是因为这两种活动类型在现实市场运行当中确实是常常交织在一起的，而且随着会议展览业的进一步发展，“会中带展”、“展中带会”的情况越来越多。

考虑到“会议”与“展览”从活动形态常常与“旅游”活动交织在一起，因此也就出现了发达国家普遍存在的由政府成立“会议与旅游局（CVB)”统一管理协调“旅游”、“会议”、“展览”的情况。

如果说由于各种原因国内各界很难就以上概念达成共识的话，那么，国际权威机构——联合国世界旅游组织（UNWTO）关于“会议产业”及“会议”的解释则可作为一种比较公正的参考。

联合国世界旅游组织（UNWTO）在其发布的《会议产业经济重要性评价报告》（Measuring the Economic Importance of the Meetings Industry）中指出，会议产业主要包括会议、展览及奖励旅游三个方面。这是迄今为止国际上对于“会议产业”最权威的解释。美国会议产业理事会（CIC）2011 年年初发布的《美国会议产业经济影响力报告》就是依据此标准来进行统计的。

根据世界旅游组织（UNWTO）的解释，“会议”主要是指“一群人聚集到某个地方，来商讨某件事情，或举办一项活动。”“会议”的主要目的是激励参与者、开展业务活动、分享观点以及学习等。“会议”必须具备三个条件：一是持续时间不少于 4 小时（半天）；二是规模不少于 10 人；三是必须在签约场所举行。

从我们国家目前的情况分析，“会议产业”的概念可以界定为：围绕着会议策划、会议组织、会议管理、会议接待（会议场所）、会议服务、会议教育与研究、会议技术与设备、会议附加活动等而展开的一系列市场行为的总和。由此形成的“会议产业链”主要包括：会议组织方、会议接待场所、会议城市、会议策划与服务公司、会议技术与设备企业等有关方面。

现代会议产业的端倪出现于19世纪晚期的北美地区。美国是第一个认识到“会议”能够为举办城市和举办地带来潜在经济利益的国家。自从1896年美国第一个会议局——底特律会议局（CB）成立以来，会议产业开始得到越来越多的地方政府与相关机构的重视，并逐步发展起来，在国际社会经济生活中发挥着日益重要的作用。

纵观国际会议产业发展的历程，可以分为以下三个阶段：

第一阶段——从19世纪末到二战结束为酝酿时期。这一时期，北美地区很多城市成立了自己的会议局，与会议产业相关的一些国际行业组织也在这一阶段相继成立，比如国际协会联合会（UIA）于1907年成立、国际会议局协会（IACB）于1914年成立等。但总的来说，这一阶段国际会议产业的运行体系尚未健全。

第二阶段——从二战结束到20世纪70年代为快速发展时期。这一时期，国际会议产业相关行业组织全面发展起来，发达国家以城市为基础的会议产业运行模式逐渐成熟，会议产业作为现代服务业的一个重要组成部分开始在社会经济发展中充当重要角色。这一时期成立的国际会议产业相关行业组织有数十个之多，知名的主要有：1949年成立的会议产业理事会（CIC，前身为The Convention Liaison Council）、1957年成立的专业会议管理协会（PCMA）、1963年成立的国际会议协会（ICCA）、1968年成立的国际专业会议组织者协会（IAPCO）、1972年成立的会议专业人员国际组织（MPI）以及1973年成立的国际奖励旅游管理者协会（SITE）等。这一时期国际会议产业的发展主要集中在欧美国家。

第三阶段——20世纪80年代至今为全面发展时期。1981年亚洲会议与旅游局协会（AACVB）的成立，标志着亚洲会议产业的兴起以及国际会议产业开始在全球范围内全面发展。亚洲国家最先发展会议产业的是日本、新加坡、韩国以及中国的香港等经济比较发达的国家和城市，中国大陆地区会议产业起步较晚，大约从21世纪初中国加入世贸组织——中国改革开放进入新的发展阶段开始，到目前为止大约十年左右的时间。中国会议产业虽然起步较晚，但发展速度很快。随着中国经济的高速发展以及中国国际地位的进一步提升，中国会议产业在国际会议产业发展中所占地位必将越来越重要。但从目前全球会议产业发展情况看，美国会议产业在国际会议产业总体发展中仍然占有举足轻重的地位。

国际会议产业的发展历程表明，无论是在萌芽时期，还是在后来的快速发展、全面发展阶段，美国会议产业始终引领着国际会议产业发展的潮流。

另外，从会议产业在社会经济发展中的作用以及会议产业对于展览业、旅游业的推动方面分析，美国也是最具代表性的国家。虽然会议产业作为一种产业形态具有自身鲜明的特点，但从活动的形态、目的与作用等方面看，会议又与旅游、展览密不可分。因此，会议产业会因为国家及城市产业结构特点等方面的差异而表现出不同的特点。比如，德国是世界头号展览强国，因此德国的会议产业从属于展览业的特点比较明显；新加坡是一个知名的旅游城市，会议与旅游结合得更紧一些。美国会议产业在社会经济发展中的地位及其对展览、旅游发展的促进作用，对于我国会议产业的发展具有重要的借鉴意义。再加上美国会议产业的基础条件与我国有很多相似之处，比如人口规模、国土面积、国内市场、产业结构等因素，因此研究美国会议产业对于刚刚起步的中国会议产业来说，意义就更为重大。

二、美国会议产业
经济影响力报告摘要

美国会议产业理事会（CIC）是美国会议产业界最为知名的行业组织之一。该组织每五年发布一次的《美国会议产业影响力报告》，是美国会议产业界最权威的行业报告。本文将 CIC 所做的《2011 美国会议产业经济影响力报告》内容摘要如下：

1. 会议产业对美国经济的直接贡献

◎ 美国 2009 年会议产业直接支出为 2 630 亿美元。

◎ 在会议产业直接支出的 2 630 亿美元当中，与旅行、旅游有关的开支占 43%。

◎ 会议产业提供直接工作岗位 170 万个，间接工作岗位 630 万个。

◎ 对 GDP 的贡献额为 1 060 亿美元。

◎ 带来联邦税收 143 亿美元，州与地方税收 113 亿美元。

◎ 会议产业为旅游业贡献了 1 130 亿美元，约占旅游业总收入的 16%。

◎ 参会代表的机票支出占航空运输业营业收入的 9%。

2. 会议产业的总量、住宿量及参会代表数量

◎ 美国 2009 年共有 2.05 亿人次参加了 180 万个各类会议、展览、奖励活动等。

◎ 在 180 万个会议当中，130 万个为企业或商务型会议。

◎ 85% 的会议是在具有住宿功能的设施中举行的。

◎ 180 万个会议共产生了 2.5 亿间夜的客房需求。

◎ 在 2.05 亿人次的参会者当中，1.17 亿人次旅行 50 英里以上参会或在会议地点住宿；0.8 亿人次参会者的旅行距离少于 50 英里或不过夜；其中 500 万人次为国际参会者。

◎ 在 2.05 亿人次的参会者当中，1.62 亿人次为会议代表，0.18 亿人次为参展商，0.25 亿人次为其他类型的参会者，包括会议组织者、工作人员、媒体等。

3. 直接花费分类

◎ 在 2 630 亿美元的直接花费当中，1 510 亿美元为会议策划与会议组织相关花费。

◎ 在 2 630 亿美元的直接花费当中，113 亿美元为旅行与旅游相关花费。

◎ 会议、展览参与者在参会方面的花费为 1 450 亿美元，其中绝大多数（46%）为注册费用、住宿费用（17%）和餐饮费用（13%）。其他为支持产业相关花费，包括交通（9%）、零售（3%）、休闲娱乐（3%）、汽车租赁（3%）以及市内交通（1%）等。

三、美国会议产业的主要特点

（一）会议类型的构成

美国会议产业按照会议类型划分由三部分组成（见图 4.1），第一类是一般性会议，即 Meeting，包括企业会议、协会类机构举办的中小型会议等；第二类是 Convention，主要指的是大型会议，每年或者是每 2 年、3 年定期举办的年会，主办者通常是协会类的组织，往往带有展览，规模比较大；第三类是 Incentive，主要是指奖励会议、活动、旅游。

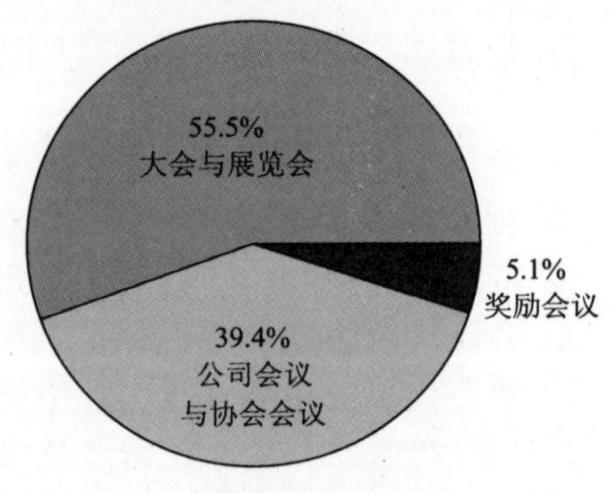

图 4.1　美国会议类型构成示意图

美国的年会（Convention）在会议市场上具有特别重要的地位。美国《会议》杂志统计数据显示，2007 年美国协会机构举办年会类会议 1.37 万个，参会总人数达到 1 970 万，总花费是 304 亿美元，每个会议的平均参会人数是 1 438 人。

（二）会议管理促进机构与接待服务体系

会议目的地城市。美国各大城市都设有会议与旅游局（CVB），主要负责该城市作为会议及旅游目的地城市的推广及协调服务工作，特别强调为“年会”服务。以芝加哥为例，芝加哥是美国协会类、企业类会议的首选目的地城市之一。芝加哥会议及旅游局（CCVB）可以为会议策划者提供非常专业的服务，其中之一是会议策划者可以在指定的 18 位会议专家中选择一位为其服务，官方网站上有这 18 位专家的照片及工作经历、擅长领域等简单介绍。对于一些特别重要的会议，芝加哥市政府还通过“市长欢迎计划”这项特殊服务，让会议代表感觉亲切、受到重视。

根据芝加哥会议与旅游局（CCTB）提供的数据，2009 年，芝加哥接待各类游客 3 700 万人，其中会议旅游者 960 万人，占游客总人数的 26%；各类游客共支出 102 亿美元，为城市增加税收 5.87 亿美元，提供工作岗位 12.5 万个；在 102 亿美元的支出总额中，会展商务客人支出 47 亿美元，占支出总额的 46%。

会议场所。美国举办的会议场所包括会展中心（Convention Centers）、会议中心（Conference Centers）、酒店（Hotels）、度假村（Resorts）、邮轮（Cruises）等。会展中心是接待大型会议的场所，2009 年，北美地区拥有各类会展中心设施 569 个，大部分为会议展览兼容型设施。接待小型会议的专业设施被称为“会议中心”，数量也有三百多家。此外就是多用途的酒店、度假村等。会展中心设施通常是一个城市的标志性建筑，其投资主体主要是当地政府。根据美国会议产业理事会（CIC）发布的数据，美国酒店业总收入中会议收入所占比例达到 36%（2004），比我国大约高出 9 个百分点（2008）。

会议服务。除了层次齐全、设施完善的会议接待设施之外，美国各主要会议旅游城市都有较为完备的会议服务体系，包括会议技术与设备、搭建与装饰、现场管理与服务、会议附加活动策划与组织等。在构建完善的服务体系方面，会议与旅游局发挥了很好的培育和支持作用，功不可没。

（三）专业会议组织者

美国的专业会议组织者（PCO）的核心工作内容是会议管理、会址选择和会议执行。美国 PCO 的主要特点有：

◎ 专业人才多，能力过硬。高端会议专业人才可以深入到会议组织机构内部，为其提供会议管理、策划、运作等方面的咨询。

◎ 技术手段先进。技术手段包括会议管理、注册管理、现场管理、意见搜集与反馈等。

◎ 资源丰富。会议资源包括各类会议场所、区域性的会议服务机构（DMC）等。

◎ 执行力强。美国专业会议组织者（PCO）的自身实力和执行力都很强，排名前三的 PCO 分别是 Experient、HelmsBriscoe 和 ConferenceDirect。

（四）会议与展览的融合

美国会展业具有高度融合的特点。美国举办的年会、大会（Convention）就是会议与展览融合的典型代表。美国的年会、大会数量多、规模大、消费额高、影响力强，而且绝大多数附带不同规模的展览活动。美国年会、大会的直接收入占整个会议产业收入总额的三分之一左右。

美国的年会与大会已经形成了一个相对独立的产业链，主要组成部分包括：一是行业协会，如会议产业理事会（CIC）、专业会议管理协会（PCMA）；二是专门的会议公司，负责年会与大会的策划、运作；三是专业会议场所，即会展中心等。

中国与美国会议产业有很多相似之处，因此，中国会议产业中会议与展览融合将是一种必然的发展趋势。

（五）会议产业支持系统

美国会议产业拥有一个完善的支持体系，主要组成部分包括：

专业协会。美国有会议相关协会数十个，服务对象各有不同，包括会议产业、会议策划者、会议目的地、会议场所、会议公司、演讲人等，几乎囊括了会议产业的所有方面。

值得一提的是，美国会议相关协会所做的专业认证得到了国际范围的认可，如会议产业理事会（CIC）的“会议专业人员认证”（Certified Meeting Professional，CMP）；会议专业人员国际组织（MPI）的“会议经理认证”（Certified Meeting Manager，CMM）等。

专业媒体。美国的会议专业杂志有二十多种，内容涵盖了会议产业的方方面面。

教育、研究、咨询等。美国会议产业还拥有比较完善的会议专业教育、培训、研究、咨询等体系。

《会议》杂志社　王青道

附录一 2010年北京主要场馆举办会展一览表

中国国际展览中心（老馆）

序号	展会名称
1	2010快乐新年北京购物节
2	北京图书订货会
3	东风标致新车发布会
4	北京地区毕业研究生专场供需见面、双向选择招聘会
5	人才招聘会
6	亚洲国际品牌体育用品及运动时尚博览会
7	国际木工机械及家具生产设备展览会暨国际家具配件、材料及木制品展览会
8	中国国际采暖、供热暨空调、通风产品与技术展览会
9	国际新能源暨节能环保产业展览会
10	北京国展人才招聘会
11	中国国际广播电视信息网络展览会
12	中国国际纺织面料及辅料（春夏）博览会
13	中国国际礼品赠品及家庭用品展览会
14	中国（北京）国际医药生物产业展览会
15	“共创未来”国展人才招聘大会
16	中国（北京）国际烘焙、食品加工和包装机械及包装制品展览会
17	京正·北京孕婴童用品展览会

续表

序号	展 会 名 称
18	北京国际美容美发美体化妆及洗涤用品博览会
19	中国（北京）国际照明电器博览会
20	北京酒店用品展览会
21	中国国际门业展览会
22	北京国际汽车展览会
23	中国（北京）国际健康产业产品博览会
24	北京国际游泳沐浴 SPA 展览会
25	北京国际 LED 展览会
26	京城职场国展招聘会
27	国际现代化工厂/过程自动化技术与装备展览会
28	中国国际物料搬运与物流技术展览会
29	北京国际动力传动与控制技术展览会
30	国家部委联合人才招聘会
31	中国国际专业音响、灯光、乐器及技术展览会
32	中国北京国际科技产业博览会
33	北京国际煤炭装备及矿山技术设备展览会
34	中国国际新型墙体材料技术装备及产品展览会
35	中国（北京）国际动力传动及控制技术暨液压气动密封件展览会
36	中国（北京）电视购物展览会
37	中国国际照相机械影像器材与技术博览会
38	国际教育博览会
39	北京夏季国展人才招聘会
40	北京国际旅游博览会暨北方旅游交易会
41	北京国际旅游博览会
42	中国北京国际家具及木工机械展览会
43	中国国际酒业博览会
44	北京国际纯电动车、混合动力车暨清洁能源车及零部件展览会
45	中国（北方）印刷及设备器材展览会

续表

序号	展会名称
46	北京国际五金机电、压缩机、减速机齿轮工业展览会
47	北京国际电子、电池工业展览会
48	北京国际物流、卡车、起重运输机械展览会
49	中国北京国际礼品、赠品及家庭用品（秋季）展览会
50	多美滋慈善嘉年华
51	北京国际广播电影电视设备展览会
52	（北京）国际红木古典家具、现代家具及室内装饰艺术展览会
53	北京国际建筑高科技及城市建设展览会
54	中国国际啤酒饮料制造技术及设备展览会
55	中国国际机场技术、设备和服务展览会
56	中国国际眼镜业展览会
57	北京国际儿童及婴幼儿食品博览会
58	北京国际食品饮料博览会　中国国际酒业博览会
59	北京国际军民两用技术展览会
60	北京国际给排水、水处理、泵阀管道暨城市环保、脱硫除尘设备展览会
61	北京国际风能、太阳能核电工业及电力电工设备技术展览会
62	中国国际汽车零部件博览会
63	中国国际信息通信展览会
64	国际电力设备及技术展览会
65	中国国际膜与水处理技术暨装备展览会
66	中国机械工业节能减排与资源利用大会
67	中国国际汽车制造及生产设备博览会
68	北京国际美容化妆品及医学养生健康产业博览会
69	中国国际马业马术展览会
70	中国国际光电产业博览会暨中国国际激光、光电子及光显示产品展览会
71	北京国际广告及 LED 展览会
72	中国国际社会公共安全产品博览会
73	中国（北京）国际钢管工业展览会

续表

序号	展 会 名 称
74	中国国际冶金工业博览会暨中国国际铸造、锻压、热处理及工业炉展览会
75	国家部委联合人才招聘会暨中国科学院知识创新工程专场招聘会
76	中国国际珠宝展览会
77	中国国际创意设计推广周
78	中国国际服务贸易博览会
79	中国北京国际文化创意产业博览会
80	中国国际环境监测仪器展览会
81	中国国际煤炭加工利用及煤化工展览会
82	中国（北京）国际工程项目、工程机械设备及工程建筑材料博览会
83	北京国际纺织、制衣工业及家纺面辅料展览会
84	中国国际福祉博览会
85	中国创业加盟品牌展览会

中国国际展览中心（新馆）

序号	展 会 名 称
1	中国（北京）国际建筑装饰及材料博览会
2	中国（北京）国际石油石化技术装备展览会及中国国际管道防爆电气自动化展览会
3	中国国际服装服饰博览会
4	国际制冷、空调、供暖、通风及食品冷冻加工展览会
5	北京国际汽车展览会
6	中国国际冶金工业展览会/中国国际铸造、锻压及工业炉展览会/中国国际铸件博览会
7	中国国际体育用品博览会
8	北京埃森焊接与切割展览会
9	中国国际包装博览会
10	中国国际玻璃工业技术展览会
11	中国国际机床工具展览会

续表

序号	展会名称
12	中国国际集约化畜牧展览会
13	北京国际风能大会暨展览会
14	中国国际宠物水族用品展览会

全国农业展览馆

序号	展会名称
1	农展年货商品采购交易会
2	京城职场人才招聘会
3	农展人才市场
4	中国汽车用品展览会暨中国改装汽车展览会
5	国际食品及饮料、酒店及餐饮设备、烘焙及零售设备供应服务展览会
6	北京家居·装饰·建材博览会
7	中国国际核工业展览会
8	北京汽车展销会
9	北京国际餐饮连锁加盟展览会
10	中国国际给排水、水处理、泵阀管道暨城市环保、脱硫除尘技术设备展览会
11	亚太（北京）皆喜婚礼展
12	中国国际薯业博览会
13	北京国际社会公共安全产品与技术设备、警察反恐技术装备暨交通与网络安全展览会
14	春季农展服装节
15	中国国际葡萄酒及烈酒展览会
16	当代艺术博览会
17	中国国际天然气汽车、加气站、燃气技术设备博览会 2010 中国国际电动车辆产业展览会
18	中国国际专业音响·灯光·乐器及技术展览会
19	苏杭丝绸制品交易会
20	中国国际大屏幕系统集成及投影视听产品展览会

续表

序号	展会名称
21	江西抚州名优特色产品北京巡展
22	中国国际摩托车及零部件交易会
23	首届中国农民艺术节
24	北京国际现代农业展览会
25	中国国际美发美容用品博览会
26	北京医药保健品交易会
27	西部大开发十周年生态环境与人居环境成就展
28	军转办
29	平谷大集进京城
30	农展馆消夏文化生活用品购物节
31	宝马汽车展
32	北京家居·装饰·建材博览会
33	中国国际保健博览会
34	汽车测试及质量监控博览会
35	艺术北京 2010 经典艺术博览会
36	迎国庆金秋购物节
37	国际消防设备技术交流展览会
38	中国（北京）国际洁净展
39	中国国际道路交通安全产品博览会暨交通安全论坛
40	北京原创动漫作品交流会
41	中国国际煤炭展览会
42	新疆特色优质农产品展
43	中国中华老字号博览会
44	山西特色农产品北京展销周
45	中国（北京）国际照明展览会　中国国际路灯、庭院灯暨户外照明展览会
46	北京国际特许加盟连锁与中小型创业项目展览会
47	全国优质农产品（北京）展销周
48	全国扶贫协作优势产业推介表彰会暨中国外资扶贫成就展

续表

序号	展会名称
49	信息化与现代农业博览会
50	农展服装节
51	情系中国虎　保护大自然——2010 年马新华先生千虎图画展
52	全国医药卫生行业人才招聘会
53	区域优势农产品展销会
54	广西名特优新农产品北京展销周

中国国际贸易中心展厅

序号	展会名称
1	活力澳门推广周·北京
2	名牌服饰折扣购物展
3	北京国际创意礼品及工艺品展览会
4	中国国际教育巡回展
5	中国国际婚纱及摄影器材博览会
6	北京旅居人士服务展览会
7	北京国际喷涂聚脲技术、聚氨酯节能及工程防水展览会 北京国际土工展览会
8	中国国际纺织纱线展览会
9	中国北京春季房地产展示交易会
10	中国特许展
11	中艺博国际画廊博览会
12	中国出境旅游交易会
13	中国国际酒店博览会
14	北京国际咖啡博览会
15	北京国际玩具及幼教用品展览会暨中国国际孕妇及婴童用品展览会
16	中国国际葡萄酒博览会
17	金融展
18	中国北京夏季房地产展示交易会
19	北京欧美超级家具展览会

续表

序号	展 会 名 称
20	北京国际珠宝展览会
21	北京国际艺术博览会
22	国际健康生活方式博览会
23	北京国际儿童婴儿孕妇产品博览会
24	中国北京秋季房地产展示交易会
25	北京国际减灾应急技术设备博览会
26	中国国际教育展
27	北京国际钱币博览会
28	北京国际顶级私人物品展
29	中国对外投资合作洽谈会
30	北京国际礼品、赠品及家庭用品（年底）采购订货会
31	中国北京冬季房地产展示交易会

北京展览馆

序号	展 会 名 称
1	春节食品（北京）团购会
2	中国国际游艺机博览会
3	春季中国（北京）国际婚博会
4	北京教育装备展示会
5	京城职场春季（北展）人才招聘会
6	中国国际科学仪器及实验室装备展览会
7	中国国际花卉园艺展览会
8	中国国际警用装备博览会
9	中国国际模型博览会
10	中国国际设计艺术博览会
11	北京国际餐饮食品博览会
12	中国国际国防电子展览会
13	北京美化家居展览会暨北京第九届环保建筑装饰装修材料展览会

续表

序号	展会名称
14	中国海洋工程和舰艇科技展览会
15	（北展）定期人才招聘会
16	中国国际交通技术与设备展览会
17	中国国际软件博览会
18	中国国际智能卡与 RFID 博览会
19	巧夺天工——中国非物质文化遗产百名工艺美术大师技艺大展
20	中国北京国际节能环保展览会
21	全国关心下一代工作二十年回顾展
22	中国国际肉类工业展览会
23	避暑胜地·休闲之都·魅力承德展
24	金融系统反腐倡廉建设展
25	中国国际广播影视博览会——中国国际影视节目展
26	秋季中国（北京）婚博会
27	中国国际金融（银行）技术暨设备展览会
28	第四届中国国际建设环境友好型社会成就展览会
29	中国国际流体机械展览会
30	中国国际网络文化博览会
31	中国国际住宅产业博览会
32	北京国际金融博览会
33	中国国际数字城市建设技术与设备博览会
34	国际自动识别技术展览会
35	中国国际轨道交通技术展览会
36	中国绿色产业和绿色经济高科技国际博览会
37	冬季中国（北京）婚博会

国际会议中心

序号	展会名称
1	亚洲风能大会暨国际风能设备展览会
2	中国国际绿色能源展览会——太阳能世界

续表

序号	展 会 名 称
3	中国国际医药电子信息技术及低碳医疗设备展览会
4	北京国际酒店用品展览会
5	中国（北京）国际食品博览会
6	中国国际广播电视信息网络展览会
7	国际真空大会
8	中国医师协会重症大会
9	国际智能绿色建筑与建筑节能大会及展览
10	中铸协第六届会员代表大会暨第九届中国铸造协会年会
11	中华护理学会年会
12	中国肿瘤内科大会
13	国际晶体生长大会
14	2010 年互联网大会
15	“提高心性　拓展经营”稻盛和夫经营哲学北京报告会
16	中华医学会第九次全国妇产科学术会议
17	亚洲胸心外科医师学会年会
18	世界包装大会
19	2010 中国血管论坛（CEC 2010）
20	太平洋钢结构大会
21	全国公路科技创新高层论坛
22	国际石油天然气大会暨展览会
23	第四届妇女大会暨国际学术会议（TWOWS）
24	国际合作社联盟亚太地区第九届代表大会
25	2010 亚太电磁兼容会议

注：上表所列为 2010 年在国际会议中心举办的部分展览和 500 人以上会议。

国家会议中心

序号	展 会 名 称
1	中国裘皮革皮制品交易会
2	首届新能源博览会

续表

序号	展会名称
3	中国（北京）门业展览会
4	中国（北京）国际供热空调、卫生洁具及城建设备与技术展览会
5	全国汽车用品、汽车养护及改装车（北京）博览会
6	全国汽车保修检测诊断设备（春季）交易会
7	国际医疗仪器设备展览会
8	中国水处理工程师/设计师大会暨2010中国国际水技术展览会
9	中国国际水泥技术及装备展览会
10	2010高尔夫球展览会
11	当代艺术展
12	中国北京国际广告“四新”展
13	下一代网络通信展
14	中国（北京）国际矿山、起重运输机械、叉车展览会
15	中国国际建筑材料博览会
16	柳工装载机全球产销、整机出口庆典暨战略发布会
17	中国国际燃气技术与设备展览会
18	中国国际品牌鞋及配饰展
19	中国（北京）国际休闲食品展
20	中国国际智能卡博览会
21	国际化学工程和生物技术展览暨会议
22	中国（国际）婚博会
23	特许金融分析师考试
24	中国国际口腔设备材料展览会暨技术交流会
25	亚洲风能大会暨国际风能设备展览会
26	全国新特药品交易会
27	中国自主品牌汽车展览会
28	中国国际妇女儿童产业博览会
29	中国国际健身大会
30	中国（北京）玩具动漫教育文化博览会

续表

序号	展 会 名 称
31	北京汽车展览会
32	中国国际医用仪器设备展览会暨技术交流会
33	北京国际营销传播暨广告业展览会
34	广东坚美铝型材厂有限公司产品推介会
35	中国国际煤化工展览会暨高层论坛
36	北京国际酒店用品展览会
37	中国国际安全生产及职业健康展览会
38	中国（北京）国际商务及会奖旅游展览会
39	多国仪器仪表学术会议暨展览会
40	中国国际复合材料工业技术展览会
41	中国国际茶业博览会
42	进口汽车展览会
43	首届亚太（中国）室内设计展览会
44	中国国际体育用品博览会
45	中国国际建筑展览会
46	中国国际屋面和建筑防水技术展览会
47	中国国际医药工业展
48	绿色酒店展览会
49	中国（北京）国际门窗幕墙博览会
50	中国国际运输与物流博览会
51	中国水博览会
52	中国国际版权博览会
53	中国国际羊绒交易会
54	中国国际内燃机及零部件展览会
55	中国国际现代化铁路技术装备展览会
56	《孔子》全球首映庆典
57	全国新能源大会
58	兴业银行北京分行十周年庆典

续表

序号	展会名称
59	中国珠宝首饰设计颁奖典礼
60	《锦衣卫》首映式
61	中国电影新春之夜
62	朝阳区创建全国文明城区动员大会
63	广东外商投资企业产品（内销）博览会新闻发布会
64	亚太肝病学会年会
65	中国介入心脏病学大会
66	《杜拉拉升职记》首映礼
67	国际心血管病热点论坛
68	积水潭骨科论坛
69	《叶问2》首映礼
70	北京台资企业协会二十周年庆典暨京台经济合作高端论坛
71	绿色经济与应对气候变化国际合作高峰论坛
72	国际基础设施合作高峰论坛
73	国际影像科学大会
74	中国卫星导航学术年会
75	地理信息产业创新发展高层对话会
76	绿色种子中国行动启动仪式
77	中国宇航光电会议
78	中国呼叫中心及企业通信大会
79	儿童精神卫生及相关学术会议
80	中国儿童青少年威盛中国芯技术表演赛颁奖典礼
81	亚太避孕理事会第三届国际大会
82	中国文化办公设备制造行业协会
83	世界心脏病大会
84	中国餐饮业发展大会
85	国际海岸及极地工程大会
86	天坛国际脑血管会议

续表

序号	展会名称
87	国资委表彰大会
88	甲骨文（中国）软件系统有限公司年会
89	全球数字监控论坛
90	心算小博士争霸赛颁奖典礼
91	中国数字出版年会
92	南非旅游推介会
93	中国寻根之旅
94	中国控制会议
95	世界音乐教育大会
96	北京奥运会成功举办两周年纪念主题晚会
97	北京奥运城市发展论坛
98	北辰集团成立20周年庆典
99	中国心脏大会暨北京国际心血管病论坛
100	认知科学国际会议
101	数字出版与图书馆发展学术研讨会
102	中国国际煤化工发展论坛
103	世界精神病大会
104	全国眼科学术大会暨亚太眼科学会年会
105	医学影像与计算机辅助干预年会
106	国际心血管病麻醉学术会议
107	中国科学院地理科学与资源研究所70年庆典
108	全国人口普查宣传月启动仪式暨北京市第六次全国人口普查动员誓师大会
109	北京消化内镜节消化研究节
110	亚太空间设计师协会北京年会
111	显微外科学术年会
112	亚洲光电子会议
113	中国气象学年会
114	中国医院建筑设计及装备国际研讨会暨展示会

续表

序号	展会名称
115	全国高性能计算学术年会
116	国际地球观测组织峰会
117	世界临床疼痛大会
118	北京微电子国际研讨会
119	中国国际继续医学教育大会
120	三维空间信息平台技术自主创新论坛
121	全球可持续发展领袖论坛
122	《赵氏孤儿》首映礼
123	中国教育家大会
124	从中国制造到共同创造主题报告会
125	全民健身纲要颁布 15 周年庆典
126	国际平板显示产业高峰论坛
127	软件技术教育大会
128	孔子学院大会
129	甲骨文全球大会
130	消费指导师国家职业培训项目启动仪式发布会

注：上表所列为 2010 年在国家会议中心举办的展览和部分 500 人以上会议。

中华世纪坛

序号	展会名称
1	展示人文科学计算技法、探索汉字草化未解之谜——黄军胜大型书法展
2	京派油画联展
3	中国早期老油画
4	超现实梦境——伊斯特·克罗切塔现代油画展
5	黑白人体摄影展
6	全国地铁车票展
7	寻觅他乡雪山——云南三江流域老照片（1933－1952）
8	张宗彪精品书法展
9	“2010 非洲文化聚焦”开幕式及中非文化交流成果展

续表

序号	展会名称
10	京台文化节“海峡两岸书画艺术家联袂展览”
11	港澳视觉艺术展
12	2010 沙特阿拉伯文化周
13	刘超书法展
14	锦绣中华·山魂——陈庆珠大型风景画展
15	“扉间寸心”全国藏书票小版画艺术展暨国际邀请展
16	“残垣惊梦”奥尔莫与圆明园历史影像摄影展
17	水墨画大师翁树欣六十年回顾展
18	国家重点档案抢救和保护成果展
19	学院精神油画展
20	中国观赏石博览会·中华世纪坛精品邀请展
21	简约隽永——明式黄花梨家具精品展
22	走进莱卡展

九华山庄

序号	展会名称
1	中国国际钓鱼用品贸易展览会
2	北京市文明养犬宣传活动
3	奥运频道会议
4	汽车经销大会
5	冀东水泥企业会议
6	北新建材行业会议
7	玫琳凯公司会议
8	如新公司总结表彰大会
9	中国贸促会专商所年终总结会暨表彰大会
10	诺和诺德会议
11	中国建材进出口企业春节联欢会

续表

序号	展会名称
12	北京东亚信鸿国际会展中心
13	钓具展
14	太平洋保险公司会议
15	玛氏食品公司会议
16	东南融通会议
17	越界服饰公司会议
18	施耐德会议
19	藏獒展
20	鵕睿公司会议
21	金鸡公司会议
22	美的公司会议
23	北京海福鑫商贸有限公司会议
24	优卡二手车会议
25	易车中国汽车产经年会
26	中国兽医大会
27	天马国际旅行社会议
28	中国白羽肉鸡产业发展大会
29	北京大北农科技集团股份有限公司会议
30	饲料蛋白源应用技术研讨会暨蛋白源大会
31	华人名师高峰会
32	北京骨科年会
33	杭州市赤杭贸易商行会议
34	深圳市新时代红星商行会议
35	如新公司会议
36	ageLOC 的未来会议
37	中国青少年艺术人才展演活动
38	北京市卫生应急处置演练总结会
39	国际糖尿病教育管理研讨会

续表

序号	展会名称
40	日本国樱花眼部诊所株式会社学术会议
41	中国医药交流会议
42	春夏季羽毛球产品订货会
43	急诊医师全国年会
44	全国临床肿瘤学大会
45	国家旅游局优秀旅游学术成果评奖会
46	华夏儒商会议
47	北京市保障性住房管理信息系统培训班
48	北京市传染病网络直报工作业务培训会
49	新时代健康产业集团会议
50	学习型中国世纪成功论坛

注：上表所列为2010年在九华山庄举办的部分500人以上会议。

附录二　北京市“十二五”时期会展业发展规划

一、发展背景

1. “十一五”发展成就

“十一五”期间是北京会展业发展进程中具有转折意义的五年。第29届北京奥运会的成功举办、北京现代服务业的快速发展、“中国特色世界城市”与“亚洲会展之都”战略目标的定位，为会展业的稳步发展创造了良好的环境条件。北京会展业正从单纯的会议业和展览业走向集会议、展览、节庆活动、奖励旅游[①]等多业态融合发展的新阶段，呈现提升发展的良好态势。面对国际金融危机的影响，北京会展业逆势而上，成为拉动内需、促进消费的重要力量、北京经济新的增长点，2010年达到历史最好水平，圆满完成了“十一五”规划确定的主要目标任务。

北京市会展业“十一五”期间的发展特征：

会展经济实现显著增长。2009年北京市会展业总收入达124.4亿元，2006～2009年期间年均增长19.47%，高于同期国内生产总值的年均增速[②]（见图1）。其中，会议业收入72.5亿元，展览业收入51.9亿元。接待会议22.4万个，接待会议人数1 615.3万人次；承接展览项目1 216个，展出面积共计（含室外展览面积）649.7万平方米。会展业从业人员达20.7万人。

---

① 即Incentive Travel。按照国际奖励旅游协会的定义：奖励旅游是一种现代的管理工具，目的在于协助企业达到特定的企业目标，并对目标的参与人员给予一个非比寻常的假期作为鼓励，同时也是大公司安排的以旅游为一种诱因、以开发市场为最终目的的客户邀请团。

② “十一五”期间会展统计口径有所变化，增长率数据有待统计局确认。会展活动调查范围包括住宿业、会议（展览）场馆、主办会议（展览）的单位和会展服务业四部分。2008年住宿业单位的调查范围由星级饭店和星级以外年营业收入500万元及以上法人单位调整为星级饭店和星级以外年主营业务收入200万元及以上法人单位。

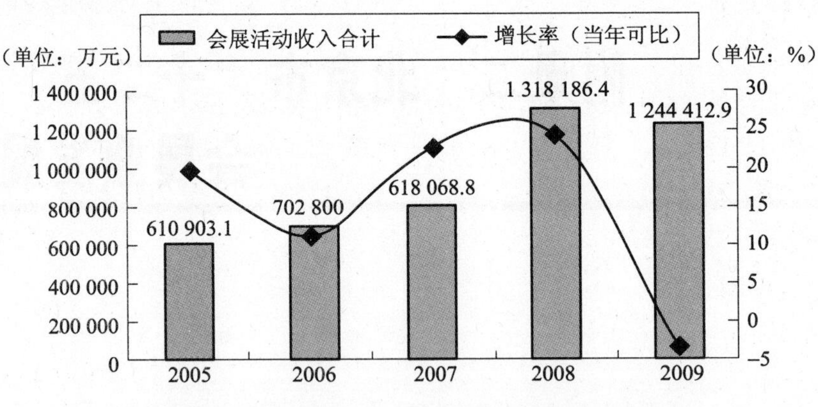

图1　北京市“十一五”期间会展收入变化

会议业蓬勃发展，正向全球国际会议十强举办地迈进。2009 年北京市接待会议 22.4 万个，比 2005 年增加 5.2 万个，年均增长 6.6%；会议收入 72.54 亿元，比 2005 年增加 38.9 亿元，年均增长 21.2%①（见图 2）。在国际大会及会议协会（ICCA）发布的 2009 年举办国际协会会议数量全球城市排名中，北京（举办 96 个）位居第十名，在亚洲地区仅次于新加坡（排名第五，119 个）。

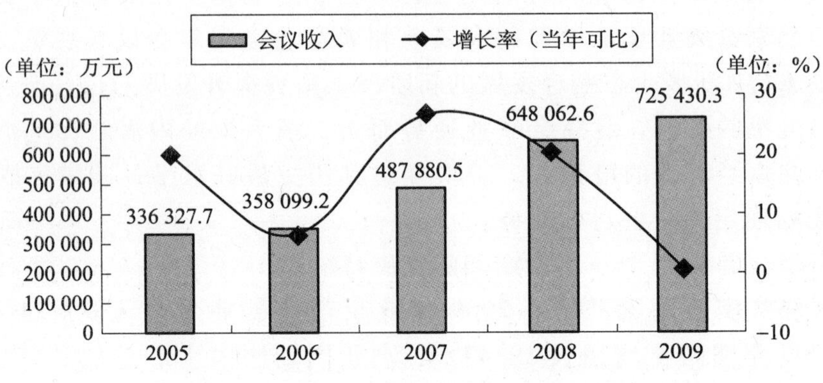

图2　北京市“十一五”期间会议收入变化

展览业规模化、品牌化、国际化、市场化发展。北京已形成由生产设备展、教育培训艺术展、咨询顾问人才招聘展和房产建材装潢展为主的四大类展会主体②。2009 年全市举办各类展览 1 216 个，比 2005 年减少 1 151 个，但展览收入达到 51.90 亿元，保持年均 25.6% 的增速（见图 3）；展出面积

① 2007 年之前，会展收入中包括会议收入、展览收入和其他收入，从 2007 年开始，会展收入中只包括会议收入和展览收入。

② 2008 年四大类型展会个数分别占总展览个数的 25.2%、14.4%、12.6%、6.5%。

649.72万平方米，比2005年增加204.70万平方米；举办大型展览[①]个数由“十五”期末年的3个增长到13个；经全球展览业协会（UFI）认证的展会数量由2004年的10个增长到2009年的13个，北京国际汽车展等不少大型展会虽未申报UFI认证，但也具有较高的国际影响力；国际展览累计面积占接待展览累计面积的50.0%，中国国际机床展览会等展会的境外参展面积和境外企业比例达30%~50%。政府主导型展会数量比重约为20%，市场化运作的展会较为普遍。

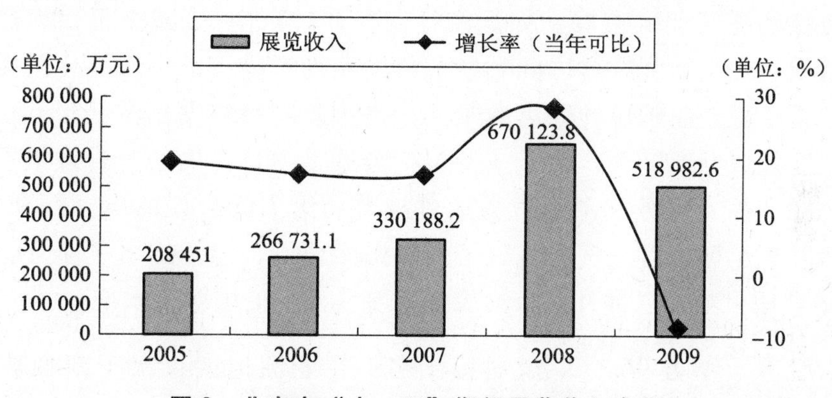

图3 北京市“十一五”期间展览收入变化

会展设施不断完善。2009年北京市拥有（可出租）会议室5 718个，比2005年增加2 028个；其中规模超过500座席的大型会议室179个，比2005年增加一倍。新建中国国际展览中心新馆（一期）、九华国际会展中心两处大型展览设施，完成了国家会议中心的奥运后功能改造以及全国农业展览馆新馆的改扩建，2009年全市展览场馆展厅使用面积35.4万平方米、室外展览面积21.5万平方米，比2005年分别增加了15.0万平方米和15.1万平方米。2010年拥有星级饭店785家，其中四星和五星级饭店202家、客房6.4万间以上，成为北京会展业发展的重要依托。

政府主导型展会产业引领作用明显。经过多年培育和发展，北京形成了以中国北京国际科技产业博览会、文化创意产业博览会、旅游产业博览会和节能减排技术博览会等一批政府倡导或有关政府主管部门发起，符合北京产业结构发展方向，政府引导与市场运作相结合，具有一定市场生命力的展会项目，对本领域的产业发展和对北京会展产业的发展都产生了积极的影响，发挥了很好的促进作用。

奥运会的成功举办提升了会展业的整体实力。奥运会作为全球规模最大、

① 指展出总面积达到5万平方米及以上的展览。

参与人数最多、最具吸引力的文化会展活动，为北京会展业硬件设施的改善奠定了基础，以“奥运”为主题的会展活动也使北京成为亚洲乃至世界最吸引眼球的会展中心城市之一。奥运会在人才队伍培养、规范管理、国际合作、对外宣传、广告策划、品牌建设、市场营销等方面积累的经验，为北京会展业提供了辐射和示范效应，同时带动了物流、交通、旅游、餐饮、购物、娱乐等相关行业管理水平的进一步提升。

会展业促进措施进一步增强。一是出台了全国第一个展览行业知识产权保护的地方性法规《北京市展会知识产权保护办法》，有效减少了知识产权投诉案件的数量。二是结合应对国际金融危机的系列举措，进一步深化落实了北京市会展业营业税差额纳税的优惠政策。三是市政府每年安排不低于五亿元的文化创意产业发展专项资金，用于扶持包括会展类项目在内的符合政策重点支持的文化创意产品、服务和项目；另通过旅游局给国际会议的申办行动以资助。四是积极开展全球性行业资质认证工作的国际合作，包括推出“全环会议专家认证”培训项目等，以提升北京会展策划专业人才的国际化水准。

2. “十二五”发展环境

（1）发展机遇

北京建设“中国特色世界城市”、“亚洲会展之都”目标的助推。“十二五”时期北京将努力打造“国际活动聚集之都、世界高端企业总部聚集之都、世界高端人才聚集之都、中国特色社会主义先进文化之都、和谐宜居之都”，而会展业自身所具有的经济辐射功能、政治传播功能、文化教育功能、信息传递功能、宣传营销功能使其成为北京迈向“中国特色世界城市”目标的一个重要推手；“亚洲会展之都”建设目标的确立，为北京会展业的整体提升发展指明了方向。北京市会展业将迎来前所未有的重要战略机遇期和新的快速增长期。

北京战略性新兴产业和文化创意产业发展的机遇。大型会议、论坛、展览不仅是展示最新技术和发布行业最新发展的重要平台，也是传播新视角、新导向的“风向标”。“十二五”期间北京市将重点发展信息、生物医药、节能环保、新能源、纯电动汽车、新材料、航空航天等战略性新兴产业。同时，大力推动首都功能核心区文化发展，建设文化功能街区，发展公共文化事业和创意文化产业。这些重大举措将为这些领域的专业品牌会展的培育和进一步提升提供极为重要的产业支撑和经济基础。

环渤海区域经济快速发展和区域一体化加强的机遇。环渤海地区是我国最大的工业密集区和重化工业基地，近年来高新技术产业和先进制造业规模化发展，成为北京会展经济发展重要的产业支撑。同时，以北京为中心的“四横四纵”高速铁路专线网的建设、京津冀地区主要城市“2 小时交通圈”

的形成，将进一步增强北京作为国内三大会展城市的吸引力和竞争力。伴随环渤海区域一体化的不断深化以及京津同城化效应的不断显现，区内各城市之间的经济联系将日益密切。作为区域内会展业的龙头城市，北京会展业的发展将更多获益于整个区域以及国家经济和产业的平稳增长。

（2）主要挑战

国内外严峻形势与挑战。国际金融危机影响深远，世界经济增速减缓、人民币汇率升值、重大突发事件常态化、北京城市资源环境与人口交通的巨大压力，对北京会展业整体竞争力的提升带来难以预料的影响。同时，国内不少地方政府越来越重视会展业的发展，纷纷出台扶持政策，采取有力措施，一批新兴会展城市和会展项目不断涌现，区域和城市之间的竞争日益激烈。“十一五”期间，有29个省区市把会展业列入本地经济发展规划之中，四十多个城市设立了会展办、会展协会组织；三百多个展览场馆中，绝大部分是由各级政府直接投资或通过土地置换投资。会展行业自身项目并购步伐的加快、外资会展企业的不断加盟，也对北京会展业管理和服务水平的提高提出了更高要求。

制约因素明显。尽管北京会展业“十一五”时期取得了跨越式的发展，但与国外会展业发达城市以及北京建设“中国特色世界城市”的目标要求相比，在会展业的规范发展、国际竞争力以及体制、管理、环境、服务等方面还存在较大差距，即管理体制仍未理顺，会展行业行政主管机构仍不明确，多头管理；现有展览场馆在规模和设施条件上难以满足大型国际品牌展会的需求；会展产业集聚发展不足，综合配套与服务不够完善，业态较单一；会展业促进体系有待完善，政策支持力度明显偏弱，会展人才缺乏，会展信息咨询和发布系统有待完善。

二、总体要求

1. 指导思想与原则

贯彻科学发展观，紧密围绕北京建设“中国特色世界城市”、“亚洲会展之都”战略目标，以市场化、效益化、专业化、国际化和产业化发展为根本，市区（县）统筹、产业集聚、功能强化、优势互补、错位发展为主线，通过加大政府支持力度、创新机制体制、优化发展环境与空间，构建由会展组织者（PCO）、目的地接待者（DMC）分工协作的会展服务体系，创新发展融会议、展览、节庆和奖励旅游于一体的大会展产业（MICE）[①]，力争将北京会展业发展成为推动首都战略性新兴产业快速增长的重要支撑，实现北京建设

---

① 由于会议、展览、奖励旅游等消费形式具有基本相似的特征，所以国际社会把它们统称为会展奖励旅游（MICE），即 Meeting（会议）、Incentives（奖励旅游）、Conferences（大型会议）、Exibitions（展览会）。

中国特色世界城市目标的重要抓手。

【名词解释】

专业会议组织者 PCO 和目的地管理公司 DMC

专业会议组织者 PCO（Professional Conference Organizer），指为筹办会议、展览及有关活动提供专业服务的公司或从事相关工作的个人，主要办理行政工作及技术顾问相关事宜，依据合约提供专业的人力及技术、设备来协助处理从规划、筹备、注册、会展到结案的工作，具体工作内容包括会议或展览活动的策划、政府协调、客户招徕、财务管理和质量控制等。在组委会和服务供应商之间起到纽带的作用。

目的地管理公司 DMC（Destination Management Company），指负责会展活动在主办地的现场协调、会务和旅行安排等工作的公司，它不同于传统意义上的会议公司、旅行社，而是将会议展览所需的资源进行有机整合，提供定制更专业、更全面的目的地所需的一切服务，包括策划组织安排国内外会议、展览、奖励旅游等以及其延伸的观光旅游，策划组织安排国内外专业学术论坛、高端年会、高级培训等活动以及餐饮、宴会、娱乐、旅馆预定、交通、导游等其他特殊服务。

PCO 和 DMC 都是会展业发展不可缺少的重要内容。国际会展的举办通常都是由 PCO 进行组织，在选定会展目的地城市之后，会展的服务以及会展奖励旅游和主题活动则交由 DMC 负责。

——坚持服务全国和服务首都相结合。发挥国家政治、经济、文化等中心功能，通过理念与发展模式创新、国际合作与交流、资源整合、管理与人才输出等途径，服务国家社会与经济发展战略目标诉求，提升首都服务功能，打造世界知名的会展城市，保持会展业的全国领先地位；同时，衔接首都城市建设与经济发展，使会展业成为北京战略性新兴产业和文化创意产业创新发展的平台与动力，推动经济发展方式转变、产业优化升级、生产性服务业全面发展的主要落脚点。

——坚持政府推动和市场运作相结合。政府通过增强服务意识、制定竞争规则、规范市场秩序、提供政策支持和公共服务、投入资金参与场馆建设、宣传“亚洲会展之都”形象，承担搭建发展平台、健全市场监管与社会公共服务及管理等职责。在会展项目运作上，充分发挥市场配置会展资源的基础性作用，会展企业以市场需求为导向，通过市场竞争发展壮大，形成以企业为主体、政府有效监管和适度推动与引导的可持续、健康有序的发展机制。

——坚持多行业融合与业态创新相结合。树立“大会展”理念，在会议、展览并举发展基础上，向节事活动、奖励旅游拓展和延伸，通过会奖、展览、节事活动与商业、文化、娱乐、演艺、体育等相关行业的融合，形成会展与多行业融合发展和互动发展的态势。同时，在不断学习国际会奖业发展理念和模式的基础上，以开放促业态创新，加快融入国际会展领域，提升北京会展业的国际知名度和美誉度。

2. 发展目标

通过“十二五”期间的奋斗，将北京建设成为亚洲会展之都、全球国际会议五强举办地之一、亚洲排名领先的会奖旅游目的地、中国会展行业的引领者，力争实现会展业以高于全市 GDP 增长的倍增速度发展，2015 年全市会展业收入达到 300 亿元以上。

——北京会展业经济功能和社会效益日趋显著。率先形成会展经济与社会协调发展的格局，会展业对相关行业的带动系数保持在 1:10 以上，实现北京会展业增加值占全市 GDP 比重超过 0.2%（发达国家标准），成为生产性服务业的重要支柱。

——会展业整体实力实现跨越式提升。到 2015 年，接待国际大会及会议协会（ICCA）会议数量达到 130 个以上[①]；接待会奖旅游团队人数年均增长 15% 以上；举办规模 5 万～15 万平方米大型展会 30～40 个，规模在 15 万平方米以上的超大型展会 10 个以上。

——会展场馆设施规模化和现代化建设加速。到 2015 年，会展场馆硬件设施达到世界一流水准，室内展览总面积达到 60 万～70 万平方米，其中新建规模 20 万平方米以上的大型专业展馆一座；在区县建成六处以上可接待定时定址、规模超过 1 000 人的大型国际会议接待中心。

专栏 1　“十二五”期间北京市会展业主要发展指标

年　份	2011 年	2012 年	2013 年	2014 年	2015 年
会展收入（亿元）	167～179	194～215	225～258	261～310	303～372
会议收入（亿元）	98～101	113～119	131～141	152～166	177～196
展览收入（亿元）	69～78	81～96	94～117	109～144	126～176

备注：“十二五”期间北京市会展业收入年均增速为 16%～20%。“十一五”时期展览业收入年均增长略高于会议业，“十二五”期间按展览业增速高于会议业增速（16%～18%）预测。

① 据权威机构国际大会与会议协会（ICCA）统计，每年度全球举办的参加国超过 4 个、与会宾客超过 50 人的各种国际会议达 40 万个以上，会议总开销 2800 亿美元。

三、主要任务

1. 着力培育和建设“四核六板块”会展产业集聚区

结合北京城市空间结构调整和产业发展，以产业集聚和业态创新发展为目标，重点建设四大会展业综合发展核心功能区，即：顺义新国展片区、奥体会展片区、国展－农展馆片区、首都会展片区（大兴）；六大会议业主导的会展产业集聚板块，即：密云龙湾水乡板块、怀柔雁栖湖板块、昌平小汤山板块、海淀稻香湖板块、石景山首钢板块、丰台青龙湖板块。

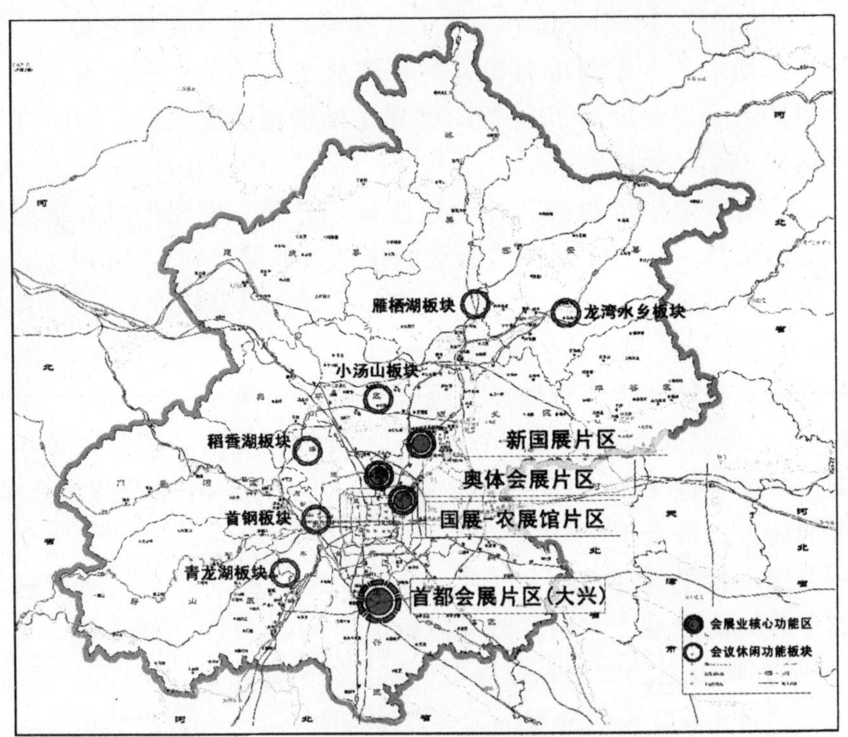

图4　北京市“十二五”会展产业功能区布局

四大会展业综合发展核心功能区依托区内的专业展馆、会议设施和周边配套，大力引进和举办大型展会和国际会议、重大体育赛事、国际性演艺活动，开发会奖旅游；六大会议业主导的会展产业集聚板块依托区县旅游度假区环境和设施，发展会议业、特色展会、重大节庆活动和民俗演艺，打造各具特色、差异化发展的会展产业集聚区。

专栏2 北京市四大会展业综合发展核心功能区

功能区	发 展 方 向
新国展片区	以承接大中型展览为主，相关会议为辅，依托新国展（包括二期）及花博会场馆，完善周边服务设施与交通配套，建成具有集聚效应的会展综合服务功能区
奥体会展片区	以承接国际重要会议为主，中小型展览为辅，依托国家会议中心和北京国际会议中心等设施，结合文化科技活动、大型文艺演出和重大体育赛事的承办，打造多业态融合发展的国际会展服务中心
国展－农展馆片区	整合展览场馆及周边的商务酒店资源，实现中小型展览和会议并举发展
首都会展片区（大兴）	结合首都新机场建设契机，以大型场馆（展馆20万平方米以上）建设和“服交会”的品牌培育为启动，留足发展空间（3～5平方公里），在北京南部地区（大兴）全力打造以会展业为龙头、配套齐全、设施一流、与相关生产性服务业融合发展的中国会展航母

专栏3 北京市六大会议业主导的会展产业集聚板块

产业集聚板块	发 展 方 向
密云龙湾水乡板块	依托龙湾水乡国际休闲旅游度假区项目，重点开发高端定制会议、企业年会等会议市场，打造以低碳、绿色、环保为主题，会议与观光、娱乐、度假、康疗、运动休闲等多业态融合发展的会议度假板块
怀柔雁栖湖板块	以申办G20峰会为契机，依托北京雁栖湖国际会议中心设施，整合周边长城、影视、宗教等旅游资源，高起点、高标准打造融会议、节庆、演艺与休闲度假于一体的商务会议休闲度假基地
昌平小汤山板块	依托九华、龙脉、花水湾、御汤泉等温泉度假酒店群，完善提升会展及配套服务设施，深度开发政府、企事业、社团等会议市场及小型专业展会市场，打造温泉主题特色鲜明的会议与康疗养生基地
海淀稻香湖板块	依托现有会议酒店设施及周边良好的生态环境，整合海淀区内高等院校、科研院所、科技园区等优势资源，以亚洲教育北京论坛等品牌提升和培育为重点，大力发展高端学术会议和科研会议接待服务

续表

产业集聚板块	发展方向
石景山首钢板块	结合石景山区"首都文化娱乐休闲区"（CRD）的建设，依托北京世界贸易中心，以商务贸易会展为重点，打造京西会展商务区
丰台青龙湖板块	以世界种子大会和中国国际园林博览会举办为契机，依托周边文化休闲旅游项目群，围绕文化多样性主题，打造文化会议产业集聚区

2. 加大国际会奖旅游市场开发

积极申办联合国及附属机构、专门机构和其他重要国际组织的年度大会及有重要影响力的国际会议，争取在京举办更多国际影响力强、与城市战略性新兴产业发展关联度高的经济、科技、文化、旅游等高端主题论坛。高标准做好G20峰会、中非合作论坛、中美战略对话等重要国际活动的筹备和举办工作。

鼓励会议相关组织和企业加入国际大会及会议协会（ICCA）、国际协会联盟（UIA）、国际专业会议组织者协会（IAPCO）、会议策划者国际联盟（MPI）等国际会议组织，提升国际知名度，赢得国际会议承办机会，增强国际交往服务能力。

借鉴香港、新加坡以及上海等城市的经验，建立"会议大使"制度。政府层面积极开展同其他国家、城市旅游局（委）、会议局之间的沟通和交流，利用政府平台，推广北京作为世界级的会议旅游目的地形象。

针对国际会奖旅游市场需求，强化主题宣传，打造会奖品牌。策划印制精美实用的专项宣传促销手册，推出独具北京特色的产品和服务项目，包括景区景点与消费项目、演出节目、主题晚会、活动策划、豪华住宿与特殊交通工具选择等，公布问讯电话、海内外办事机构和会奖旅游网址，加大北京作为国际会奖旅游首选目的地的宣传力度。鼓励专业会奖机构和公司发展，逐步将会奖旅游业务从旅行社一般业务中剥离出来，从组织机构和人员素质上提供专业和质量保障。

3. 完善建设现代化的大型专业会展设施

新建大型展馆，打造中国会展航母。应对国内外会展行业规模化、品牌化发展趋势，采取政府先期投入和主导、后期市场化运作的方式，结合首都新机场建设契机，在南部地区（大兴区）规划建设一处与北京"中国特色世界城市"地位相符，集展览、会展服务（会展策划、组织、工程、广告等）、会展培训教育以及居住、购物、餐饮、娱乐等功能于一体，通过产业集群方式带动相关生产性服务业互促发展的会展产业基地。总用地规模为3～5平方公里，先期启动一座20万平方米以上的大型专业展览场馆建设、“服交会”品牌展会培育、餐饮和酒店等一流的设施建设以及便捷的交通服务配套；预留用地近期可作为景观公园，中远期视市场发展趋势可适当新建会展场馆及配套设施，发展关联产业和业态。

加强现有专业会展场馆（特别是国际展览中心新馆）周边地区设施配套和功能完善，创新发展服务业态。按照会展商务区或会展产业集聚区的要求，配套宾馆、会议中心、商务楼、餐饮以及相关休闲娱乐业态；吸引会展相关配套企业（广告、公关、搭建、物流、咨询等）入驻，形成积聚效应；加快地铁M15号线建设，强化公共交通的直达性。

集中力量对占有一定会展市场份额的老场馆进行挖潜改造和设施配套。加强对老展馆智能化和信息化建设，增加展览空间和停车及餐饮设施，强化公共交通的直达性。

提升中心城区会议设施的服务和接待水平，鼓励会议服务技术创新，加强个性化服务；结合雁栖湖生态发展示范区、青龙湖国际文化会都等重大项目的建设打造一批高端会议设施场所，通过会议设施与高品质度假环境、特色化休闲设施的有机结合，发展会奖旅游。

4. 大力培育依托北京产业优势的品牌展会

坚持自主创新与积极引进相结合。在继续积极申办国际性重要会议和引进品牌展会的同时，结合北京城市功能定位和战略性新兴产业发展，自主创办一批定时定址的主题论坛，培育“中国服务业交易大会与展览会”等与居民生活关联密切、影响力大的商贸服务型品牌展会，以及若干依托特色产业的专业品牌展会。

加强品牌会展项目的培育和引进。制定“展会评估体系与品牌展会评定标准”，鼓励和引导办展机构进行展会数据第三方审计；鼓励会展企业及会展项目按照UFI等国际通行标准进行运作，争取更多会展企业及会展品牌通过UFI等认证；鼓励国内会展企业以融资的方式直接整合国外展览品牌资源，联合打造中外合作的展览品牌。

5. 加快培育和引进实力雄厚的专业会展企业

积极吸引国内外大型旅游会展总部或分支机构落户北京，引导形成旅游会展总部经济聚集区。通过资源整合支持和鼓励会展企业向集团化发展。通过联合、兼并、参股等形式，培植一批实力雄厚、竞争力较强的会展企业；实行多元化经营、跨地区经营和跨行业经营，依托国际国内两个市场，培育并扶持会展企业向集团化发展。

强化会展产业链中组展、场馆、配套服务三大环节的专业服务能力、信息化能力和产业链协同能力。大力发展装饰装修、信息咨询、广告宣传、展品运输、宾馆酒店、旅游票务等传统会展服务业态；积极培育和发展会展新业态，如专业会展审计机构、专业会展技术服务公司[①]、服务总承包商(GEC)[②]、新型会展媒体[③]等，为会展活动提供优质、高效的全方位服务。

6. 全面推进会展与多行业的融合发展

加强会展业和旅游业的互补联动，加强会展旅游软硬件建设，促进会展活动与旅游活动的有机结合。注重会展活动的旅游延伸，选择特色品牌展会将其打造成为特色旅游产品。包装会展设施为旅游吸引物，并转化会展的配套服务设施为旅游所用。提升旅游饭店的会议设施，满足国内中小型会议需求。掌握国际会展信息和旅游发展趋势，将国际会议、展览项目的申办与北京旅游的海外宣传促销有机结合。利用高知名度景区对参展商和观展商的吸引作用，将大型精品旅游节庆活动和大型会展相结合，形成以会展带动旅游，以旅游促进会展的良性互动的模式。

7. 加强联动，优化行业发展环境

落实《北京市展会知识产权保护办法》[④]，加强展会知识产权保护工作。对参展商知识产权状况要进行备案审核；要建立展会现场侵权投诉程序，相关执法部门要加强巡查监管，做好参展商品的知识产权保护工作。制定展会排期管理规则，保护现有重要展会、品牌展会以及市政府引进的国内外大型品牌展会的排期，避免同一时段同类主题展会的重复办展、恶性竞争行为的发生。

改革管理体制，简化市场准入手续，把目前的多头审批、多头管理向地域性行业管理过渡，变被动的限制准入为积极的市场准入；制定会展项目管理收费标准，明确举办不同类型、不同规模展会涉及的海关、税务、工商、公安、消防等政府相关部门管理收费标准，通过明码标价降低参展商不必要的顾虑；加强中央单位与北京市之间以及各相关部门之间的协调，提高办事效率和服务水平，建立北京会展品牌服务体系。

加速会展行业信息化建设，加快推进会展统计制度的完善，构筑科学、完整、可比的会展业统计监测指标体系。建设展会数据库和展会信息发布平

---

① 如向展会组织者提供场地规划软件的美国 ACT 公司等。

② 如受美国展览界普遍认可的 Freeman 公司，可以提供除主办之外的绝大多数服务项目，包括展台设计及搭建、展具租赁、展品运输、现场餐饮服务等。

③ 如以会展为题材的电视栏目等。

④ 2008 年 3 月 1 日正式实施。

台，办好北京展会网，努力提高现有网站的功能，增强其时效性和信息量；完善会展信息收集、传递、处理各环节的电子化和自动化，为电子商务在会展事务中的应用创造良好的信息平台；发展网络展览交易平台，实现实物展览与网上展览、网上交易之间的互相补充。

加强会展业整体宣传推广。整合政府、办展机构、会展中心、会展协会和驻外机构等各方资源，打造北京“亚洲会展之都”的鲜明形象。制定北京会展业整体宣传推广计划，整合北京市会场、展馆、酒店、景点、会展公司、私人会所等会展信息资源，制作统一的宣传手册、宣传片对外发放；定期参加国际权威性的会展年会、论坛以及相关经贸活动，重点推介北京的城市环境、办展环境、服务设施和政府扶持政策等，吸引具有影响力的大型会展到北京举办，全面提高北京国际会展城市的知名度和影响力。

扶持北京市重要品牌展会的宣传推广，在本市机场、火车站、地铁等重要交通枢纽设置广告牌，发布办展信息；在主要会展客源市场投放广告或购买广告牌用于宣传北京的品牌展会，吸引各界的关注。

8. 强化会展专业人才培养与会展培训基地建设

为实现北京会展产业可持续健康发展，要加大对会展产业的各种翻译、导游、会展服务接待人才的培养力度，尽快培育和壮大一支熟悉国际会展业惯例，善于会展市场开拓，强于策划、营销、组织和管理的会展专业队伍，不断提高北京会展业的服务质量和管理水平。

建立健全会展人才培养机制与体系。积极发展会展高等教育，鼓励和支持北京更多的高等院校设立本科及硕士研究生教育层次的会展经济与管理专业；有计划地发展一批以国际会展项目管理、会展策划与管理、会展与广告、会展商务、会展旅游等专业为重点的职业教育学校；通过院校、中介组织和会展企业三条渠道组织经常性的会展职业短训，对现有会展从业人员和会展管理人员分期分批进行在职培训；以行业协会为主导，与国际展览管理者协会（IAEM）、国际展览业协会（UFI）等国际会展组织或机构合作开展会展业高级人才培训或研修项目，形成会展高等教育与会展职业教育、会展职业短训相结合的会展教育与会展人才培养基地。

充分认识会展专业实务操作性和流程性极强的特性，重视会展高等教育与职业教育的结合，推行理论与实践交叉学习的教育模式。鼓励会展教育定制化，与组展商合作培养专业人才，实现课程设置模块化、实习活动主题化、理论和实践循环互动的良好机制。注重国际会展培训体系的整体引进，同时结合实际逐步实施本土化内容。

加大会展人才引进与人才交流力度。对符合引进条件的高级会展专业人才，在户口、住房和子女入学等方面提供便利和支持；定期选派会展业相关管理部门公务员到中国香港和新加坡、欧美等会展业发达国家或地区进修学习。

开展会展人才职业资格认证工作，形成各个级别和层次的会展管理和会展技术人才评估机制和专业人员聘用体系。

四、保障措施

1. 专设会展业管理机构

在机构设置上与发达国家及国际会展奖励业（MICE）接轨，尽快研究设置独立的北京市会展产业发展促进机构作为行业行政主管部门，强化政府层面对北京市会议业、展览业和奖励旅游业发展的统筹与宏观调控、部门协调和资源整合等方面的服务功能，形成推动北京会展业发展的新动力。会展业管理机构应负责协调解决有关北京会展业发展的重大问题，包括产业政策制定、会展业中长期行动计划拟定、会展业专项资金管理、北京会展设施和服务的宣传推介、重大会展活动的报批备案等。

2. 建立会展联席会议制度

建立由市政府主要领导担任组长，北京市会展产业发展促进局牵头组织，会展相关部门和企业参加的会展联席会制度，针对会展产业发展政策、重大会展项目及活动的申办或举办等议题定期召开联席会议（必要时可邀请在京国家有关机构参加），协调工商、卫生、消防、公安、交警、城管、海关、检疫、知识产权等相关行政管理部门，解决会展企业发展中遇到的实际难题。

3. 出台《北京市会展业发展管理办法》

由会展主管机构牵头，在深入调研和吸纳相关政府部门、会展企业和专家意见的基础上，尽快起草出台《北京市会展业发展管理办法》。管理办法要对会展管理体制和协调机制加以明确；要鼓励专业会展公司和行业协会成为商业性会展的主体；要明确政府部门和机构办展的条件；对会展项目的登记审批及备案、信息发布、安全措施、知识产权保护、违法监督及投诉处理等方面行为予以规范；同时明确人才培养、对外合作等方面政府层面扶持的内容。通过立法鼓励北京会展行业的有序竞争、规范办展，为会展业健康发展创造良好的法制环境。

4. 建立会展业发展专项资金

充分发挥财政资金的引导和激励作用，市财政每年安排一定的资金（不低于3 000万）专项支持会展业发展，用于鼓励和支持大型品牌展会项目、重大国际会议的引进或连续举办，经国际权威会议机构认定的国际会议的在京申办，在本市举办的展览申请通过国际展览联盟（UFI）认证，本市会展企业组织出国参展及产品的国际推广活动，会展信息平台建设，以及对会展人才引进和培养作出突出贡献的企业、个人给予补助或者奖励等。同时配套出台《北京市会展业发展专项资金使用管理办法》，落实奖励细则，规范会展专项资金的使用与管理。

5. 完善会展行业协会职能与作用

会展行业协会应充分发挥中央与地方会展机构之间、政府与企业之间的桥梁与纽带作用，在政府有关部门的指导下，制定会展行业标准和经营行为规范，建立和推行符合国际惯例的会展项目评估和主体资质认证，建立会展宣传推广、信息交流、行业培训等公共平台，承担起行业统计、信息发布、沟通协调、行业自律、咨询服务等职能，推动和引导会展经济健康有序地发展。